25位顶尖外汇交易员的秘密——②

背离交易系统

从入门到精通

宁建一 魏强斌 / 著

图书在版编目（CIP）数据

背离交易系统：从入门到精通/宁建一，魏强斌著. —北京：经济管理出版社，2024. 3
ISBN 978-7-5096-9553-1

Ⅰ. ①背… Ⅱ. ①宁… ②魏… Ⅲ. ①外汇交易—基本知识 Ⅳ. ①F830.92

中国国家版本馆 CIP 数据核字（2024）第 021304 号

策划编辑：勇　生
责任编辑：勇　生　王　洋
责任印制：黄章平
责任校对：陈　颖

出版发行：经济管理出版社
（北京市海淀区北蜂窝 8 号中雅大厦 A 座 11 层　100038）
网　　址：www. E-mp. com. cn
电　　话：（010）51915602
印　　刷：北京晨旭印刷厂
经　　销：新华书店
开　　本：720mm×1000mm/16
印　　张：19.25
字　　数：335 千字
版　　次：2024 年 3 月第 1 版　2024 年 3 月第 1 次印刷
书　　号：ISBN 978-7-5096-9553-1
定　　价：78.00 元

联系地址：北京市海淀区北蜂窝 8 号中雅大厦 11 层
电话：（010）68022974　　邮编：100038

丛书总序

科学地交易，25位顶尖外汇交易员的秘密

国外权威外汇交易刊物刊登了一篇实证研究文章，其中一个重要结论是：在学习交易的阶段，90%的交易者亏光了一个以上的账户，而剩下10%的交易者则亏到接近破产的程度。看到这里，你一定大吃一惊。为什么交易是如此的难以学会，以至于不经历重大的亏损就无法掌握。并不是人们的智商不够高，事实上愿意从事金融交易的人的智商至少也是中等，那么他们为什么还会花上这么多的学费呢？最根本的原因是，他们没有学习过“科学地交易”，他们认为交易基本有赖于天分，最多是看上一两本相关书籍就能学会。其实，市面上绝大部分的书籍都是非交易人士写的，千篇一律，拿外汇书来讲，就是先讲外汇和外汇市场的定义，币种有哪些，外汇交易的形式，接着就把约翰·墨菲书中那些西方技术图形介绍一遍，再加上些“不要恐惧和贪婪”的“狗皮膏药”。正是这些行外人士写的外汇交易书籍误导了绝大部分的初学者，初学者因此形成了如下错误的观念：

所谓正确的外汇交易方法就是那些能够保持胜率在80%，甚至95%以上的方法；

所谓正确的外汇交易方法就是那些能够在半年内将1000美元变成10万美元的方法；

所谓正确的外汇交易方法就是那些准确预测到汇率的最高点和最低点的方法；

所谓正确的外汇交易方法就是那些在电视和网络上大肆宣传，高价出售的方法；

正是这些商业鼓动使外汇交易的初学者们将交易看得过于容易。交易是简单的，但并不容易。交易是科学，不是炼金术！你需要学习的是如何科学地交易。

不少读者也许看过我们出版的《外汇交易进阶》《外汇交易圣经》等比较具有综合性的书籍，看过这些书籍后会使你对外汇，乃至黄金的交易理念和手法有比较完整和深入的认识和掌握，但是也会使你产生新的疑惑，那就是如何将这些理念和手法用于具体的交易过程。在本套丛书中，我们就是以提供具体、有效的可操作外汇交易方法为宗旨。

交易首先是一门科学，其次才谈得上艺术。很多外汇交易书籍之所以显得无用，最为主要的原因在于它们过多地宣扬交易“艺术的一面”。如果外汇交易主要是一门艺术的话，那么也用不着太多的笔墨和理论来介绍了。如果这些书籍是真正做交易的职业人士所写的话，断然不会提出如此谬论的。其实，即使是像书法、雕塑、绘画这样高度艺术化的技艺也是体现着不少规则和规律，如果艺术完全是艺术的话，那么我们就无法对艺术作出评定，因为评定依赖于标准的存在，而标准则意味着存在某些公认准则，一旦存在这些公认的准则，则艺术也是建立在科学的基础上的。所以，就我们的实际交易经验而言，交易准确地说是一门建立在科学上的艺术。对于初学者而言，我们强调交易科学的一面；对于交易老手而言，我们会提醒他交易艺术的一面。但是，在本书中我们着重强调的一点是如何科学地进行外汇以及黄金的交易。

现在中国内地关于外汇交易的书籍大概在240种，而且还在以每年10%的速度增长。但是我们发现这些书籍有一个共同的特点：着重于基础定义，基础知识和基础理论。其实，这样的书看一两本好的就足够了，我们推荐《外汇交易进阶》《外汇交易圣经》，如果你想对其中的某个专项领域有更深入的学习和掌握，则可以阅读实战丛书的其他书籍。

不过，我们可以坦诚地说：这种倾向于理论的外汇交易书籍对于一个新手介入外汇市场而言并不够。原因是什么呢？这是由外汇交易的本质来决定的，外汇投机交易不能建立在外汇理论的基础上，而是建立在对“进场和出场”的完整掌握上，如果一本外汇书没有告诉你什么时候进场、什么时候出场，则这本外汇书就没有告诉你关于交易的可操作方法。

一个完整的交易方法必然涉及进场点和出场点的决定，而一个高效的外汇交易方法则必然是正期望值的外汇交易系统。那么，从哪里去寻找这样的完整和高效外汇交易系统呢？从那些长期获利的交易者身上！但是，并不是每个成功的外

汇交易者都有时间、精力和意愿来分享其交易秘诀。同时，很多的交易秘诀也过于简单，使读者会质疑其有效性，毕竟不少入门级的交易者总是将一个有效的外汇交易系统想得过于复杂了。

为了将那些仍被职业外汇交易者使用的有效系统介绍给大家，我们出版了这套丛书。其实，真正成功的外汇交易方法不多，但也不少，说不多主要是从比例上而言的，说不少也主要从绝对数量而言。周规则是一个被广泛传播的有效交易系统，但是却并没有因此而失效，其根本原因在于不少人热衷于高胜率的系统，比如胜率在90%以上的系统，其实这类系统的长期回报率都很差，原因在于一个很差的风险回报率。还有一个不可忽视的原因是人类天性对交易过程的干扰，人类天性倾向于“截短利润，让亏损奔腾”，长期下来势必平均亏损远远大于平均盈利，人类的天性使很少有人能够坚决执行有效系统的交易信号。由于这些原因，一个有效的外汇交易系统即使被广泛传播也不会得到广泛使用。你知道它，但很难执行它，不是因为它复杂，而是因为你缺乏相应的意志力。

在本套丛书中，我们将介绍海内外25位职业外汇交易人士的外汇短线交易方法，这些人士绝大部分采用了假名，但是这无损于方法本身的效率和可靠性。当然，有些涉及经验和个性的细节可能没有完整地述及，对此我们只能尽力避免这类问题。

需要补充的一点是，本套丛书提供的方法只是提供给你作为参考，没有一个适合任何人的普遍方法，最终的盈利还有赖于你的情绪控制和个性化改良，一个比较负责的说法是：按照你对本书的个人化理解和特定理解程度并不能保证你绝对盈利！

但是，可以保证的是你能够比不采用这些科学交易方

麻省理工学院著名金融学家罗闻全指出：适应性市场假说的前提是跟物理系统（physical system）相比，金融市场和经济体本身更像是一个生态系统（ecosystem），这就意味着，经济体遵循的不是物理定律，而是进化生物学和生态学定律。在适应性市场假说的框架之下，我们同样能够建立和使用数学模型，但是这些模型势必和经济学家半个多世纪以来在理性预期（rational expectation）和有效市场（efficient markets）框架下的模型大有不同。

法的时候做得更好！更为重要的是**外汇市场具有自适应性，具体来讲就是外汇市场跟物理系统相比，更像是一个生态系统**。

这意味着外汇市场的运动并不遵循物理定律，而更符合进化生物学的定律。交易群体在学习，外汇市场在演化，因此具体的有效方法也要考虑到这一前提，刻舟求剑是交易界当中最常见的错误，与时俱进才是唯一克敌制胜的法宝。**将成功的先例与当下的实践结合起来，才是你的正确道路**。

现在，就让我们向你一一介绍 25 位顶尖外汇交易员的秘密吧！

前　言

动量衰竭与交易的正向不对称性

在人世间有一种庸俗势力的大合唱，谁一旦对它屈服，就永远沉沦了，真是可惜。

——王小波

当没有人想要某种资产的时候，一个机会就出现了。当绝大多数投资者一致同意某个观点时，那么他们往往都错了。

——卡尔·伊坎（Carl Icahn）

我寻找的是 5：1 的收益风险比，承担亏一美元的风险去赚五美元。即使我的正确率只有 20%，我还是不会亏钱，80%的时间我是错的又何妨？我的投资理念：不想承担太大风险，倾向于不停地寻找机会，寻找那些回报风险极其错位的机会！

——保罗·都铎·琼斯（Paul Tudor Jones）

交易的关键在于等待，有时候最难的部分在于什么都不做。

——大卫·泰珀（David Tepper）

什么是世间的“庸俗大合唱”？就交易界而言，所谓的“庸俗大合唱”就是那些未能经受起实践检验的陈词滥调，以及那些大众高度一致拥护的观念和看法。

这本书就是要用我自己的亲身体验来打破关于交易的一些观念和策略上的僵化共识和迷信。背离是一个古老而鲜活的话题，在股市上我们谈论背离，在商品和金融期货市场中我们谈论背离，在外汇市场中我们也谈论背离……那么究竟什么是背离呢？它是否有效呢？应该如何运用它呢？它是不是与我们通常遵循的“顺势而为”的原则相悖呢？

所有这些问题的核心其实都聚焦于一点——“能不能利用背离在金融市场中挣钱”？

其实，我们只要把前言标题的两个关键词**“动量衰竭”“正向不对成性”**讲清楚了，上面的问题自然就迎刃而解了。

要搞清楚什么是“动量衰竭”就要先搞清楚“动量”是什么。交易界目前阶段常用的动量可以划分为两种类型：**第一种类型是时序动量**，这也是我们最常使用的动量。时序动量是比较目前价格与最近一段时间价格水平的相对强弱。我们在本书探讨和剖析的“背离”绝大多数时候都是基于时序动量的。

第二种类型是截面动量，或者说是“横截面动量”。这是不同交易品种或者标的之间的价格水平的相对强弱。这种思路在股票市场上和期货市场上运用得比较广泛，外汇市场也有一些运用，但不及前两个市场普及程度高。

我最近在看一本全面探究动量交易的英文书籍，全名为 *Dual Momentum Investing: An Innovative Strategy for Higher Return with Lower Risk*。该书结合了理论和实践，更重要的是作者提出了“双重动量”的交易理念。作者指出过去十年间，动量的研究主要集中在四个领域：

1. 确定各类不同资产的动量效应（Determining the momentum effect across different assets）；
2. 动量回报的统计特征（The statistical prosperities of momentum returns）；
3. 动量效应的理论解释（Theoretical explanations for the momentum effect）；
4. 动量交易策略的绩效提高（Enhancements to momentum-based strategies）。

大家也可以思考探索一下，如何将时序动量和截面动量结合起来选择最强势的标的做多，最弱势的标的做空。

基于动量构建交易策略的主要思路有两类：第一类是动量延续，往往就简称为“动量因子策略”了，这类思路是假设“强者恒强，弱者恒弱”；第二类是动量反转，有点类似于“均值回归”或者“盛极而衰”的概念。

那么，我们的这本书要着重介绍的背离交易策略属于上述哪一类呢？显然，属于“动量反转策略”。

动量延续，我们应该顺着目前的价格方向去操作，这是“顺市”，顺着市场的方向。动量反转，意味着趋势要反转了，但目前市场还未反转，这就是“逆市”了。

背离要捕捉动量反转阶段，这就需要考虑“动量衰竭”这个概念了。从理论层面来讲，动量是价格的一阶导数，那么“动量衰竭”就是动量的一阶导数，也就是价格的二阶导数了。

如何度量动量衰竭呢？从技术分析的角度来看，第一种度量动量衰竭的方法是通过“低位金叉”或者“高位死叉”定量。那么什么是低位，什么又是高位呢？对于震荡指标 KD 而言，大于 70 算不算高位？大于 80 算不算高位？小于 30 算不算低位？小于 20 算不算低位？这个就需要某种程度上的回测了。品种不同，历史时期不同，时间框架不同，则对于低位和高位的定义就不同。

第二种度量动量衰竭的方法则是我们本书的主题——“背离”。大幅上涨后，顶背离出现了，这就是上涨动量衰竭了；大幅下跌后，底背离出现了，这就是下跌动量衰竭了。为什么要加上“大幅上涨”“大幅下跌”这些限制前提呢？因为在震荡横盘行情中，底背离和顶背离的探讨就没有实际价值了。

为什么要做背离交易呢？就是要抓市场的反转点。两段反向趋势的交接点，一段趋势结束，另一段趋势开始，要抓这个临界窗口，这也是保罗·都铎·琼斯的主要交易哲学。琼斯推崇技术分析，特别是波浪理论，从这点来看，是不是觉得他不太可能赚到大钱，但截止到 2023 年 3 月，琼斯的个人财富是 175 亿美元，福布斯榜上有名。

琼斯喜欢在底部和顶部进行操作，而不是传统思维上的“吃鱼身”，这又与大众推崇的交易哲学相背离。

琼斯的交易方法论本质上也在寻找“动量衰竭”的趋势反转交易机会，而且是重大机会。

趋势跟踪与价值投资是金融市场的两大赚钱圭臬。趋

“顺市”与“顺势”、“逆市”与“逆势”，仔细区分两者的差别，我们可以得到深入的认知。如果是“市”是速度的代表，那么“势”就是其一阶导数，是加速度的达标。“市”是价格的曲线，而“势”则是价格曲线的斜率。

正如知名的动量策略研究大家 Wesley R.Gary 所说："In short，value and momentum represent the two sides of the same behavioral bias coin."

艾略特波浪理论与背离实际上有关系密切，三五浪的动量背离是模型的一部分。

势跟踪偏向于动量延续，而价值投资则偏向于动量反转或者说均值回归。谁对谁错呢？

保罗·都铎·琼斯掌管的是宏观对冲基金，似乎与基本面分析关系更大，但他却"独宠"艾略特波浪理论。对我们这个时代的所有交易者而言，艾略特波浪理论不是一个"公认的花瓶"吗？

但这个世界有趣之处恰恰在于公认的东西往往都经不起推敲。因此，我们在深入而广泛的实践之前不能轻言武断某些观念和想法，以及做法。

动量、时序动量、截面动量、动量延续、动量反转、动量衰竭、死叉、金叉、背离……上面提到了一大堆概念和定义，你现在应该对动量衰竭与背离的关系有透彻的了解了。对于背离的运用，你应该也有一些基本的认知和想法了。

下面我们接着聊"正向不对称性"这个主题。为什么我习惯并且专注于背离机会的交易呢？一言以蔽之，背离具备了"正向不对称性"。正向其实也可以替换为"正面"，因为其英文应该是"Positive"。对我有利的风险和收益成不对性，就是"正向不对称性"（Positive Asymmetry）。**老派的金融理论反复强调收益与风险成正比，但事实上一线的交易者都在寻找收益远远大于风险的机会。**

哪个金融交易者不贪婪？欲望是万事万物进化的动力，实现欲望的能力才是绝对和相对稀缺的。这就是进化的必要性和残酷性。

欲望并不稀缺，这是悲剧的根源；能力和资源非常有限，这是一切奇迹的前提。

发掘和捕捉"正向不对称性"可以让最大的贪婪得到最大的满足，但在此之前却要迈过几道芸芸众生终其一生无法逾越的高墙。

第一道高墙在认知这个层面上。受制于象牙塔的正统金融界人士，可能无视行为金融学最近二十年的发展，也可能无视一线交易实践的经验累积。他们可能不会认同风险和收益的反向变化，他们更倾向于两者是正相关，高收益意味着高风险，低收益意味着低风险。要突破这个认知，坚信存在低风险高收益的机会，只要承认这样的机会存在，才能迈开步子去寻找这样的机会。

人生功课的具体形式是将“绊脚石”转变成“垫脚石”。读万卷书，行万里路，如果学到的东西与这个转变无关，那也等于零。

第二道高墙在能力这个层面上。发掘低风险高收益的机会需要能力，把握住这样的机会也需要能力。一个是观察和分析能力，另一个是仓位管理能力。能力的养成需要一个很长的过程，不是一蹴而就的，刚开始进步很小，一旦迈过某个点之后，就会超预期地成长。但是，我们对能力成长过程往往是直线预期的，而实际上的能力成长是非线性的（见图 1）。

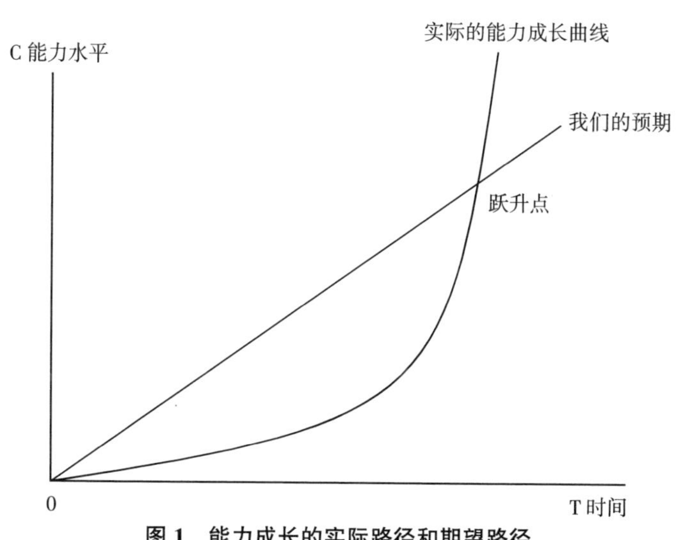

图 1　能力成长的实际路径和期望路径

我构建的是以背离为中心的交易策略，这个策略无论如何迭代升级都是以最有效捕捉正向不对称性为目标函数。

第三道高墙在心态这个层面上。认知解锁了，能力解

锁了，心态跟不上，认知和能力也是锁不住的。在我们迈入社会之前，在我们踏入交易界之前，肯定受过这样那样的心理创伤，肯定存在这样那样的家庭问题。除了早年成长的环境，基因也会影响我们的风险偏好和思维习惯。所有这些都会影响我们在压力环境下的心态，进而影响我们的分析和操作。因此，即便我们已经有了有效的认知和方法，仍旧不能摆脱失败的轮回，这就是心态了。

心态是成功交易者的最后一关，这是模拟交易无法解决的问题。模拟交易可以在认知和能力让帮助我们进步，在心态上却毫无助力。

认知关过了，能力关过了，心态关基本上就是个时间问题了，没有人会在这一关放弃。至少我们没有见过这样的人。毕竟，通过实践你知道自己的实际能力，信心油然而生，心态就是一个磨合期的问题了。

低风险和高收益构成了“正向不对称性”，我们就是要捕捉这样的机会。除“低风险—高收益”这对范畴外，我们还关注“高胜率—高赔率”这对范畴。在交易领域，通常认为高胜算率对应着低赔率，而高赔率对应低胜算率，足球彩票的盘口也是这样的。通常而言，趋势跟踪交易的赔率很高，但是胜算率很低，很多时候还不到40%；超短线交易的胜算率很高，但是赔率很低，很多时候赔率也就是风险报酬率还不到1∶1，也就是平均盈利幅度与亏损幅度差不多，根本达不到理想的3∶1。理论家们制定了3∶1这个比率，但实际上你去看许多顶尖的外汇和期货超短交易者，他们的赔率基本上是1∶1。

低风险且高收益的机会在理论家来看是不存在的，高胜率且高赔率的机会在理论家来看也是不存在的。但是，我们却要告诉你交易实践当中这样的机会却大行其道。

什么样的机会？**低风险高收益且胜率和赔率双高**。

这样的机会除了保罗·都铎·琼斯在捕捉外，还有一些知名的对冲基金经理和投资者也在围猎，比如提出“黑天鹅”概念的塔勒布（Nassim Nicholas Taleb）。他根据自己的理论建立了一只基金Empirica，这只基金的名字就强调了经验比理论重要。他主要以交易期权为主，因为期权的亏损是限制了的，但是最大利润在理论上是无限高的。这是不是将低风险高收益的机会了。

Empirica基金的首席交易员叫马克·施皮茨纳格尔（Mark Spitznagel），他于2007年创立了自己的对冲基金Universa Investments L.P.。此君也是一个有趣的人，他平时一直在经营自己的生态农场，远离世事，但是他其实只是在等待最佳的击球机会而已。

施皮茨纳格尔的交易原则有两条：第一条是学会认输，及时认输，限制亏损；第二条是等待低风险、高收益、高胜算、高赔率的重大机会。

施皮茨纳格尔传习了塔勒布的交易哲学和策略，在交易中追求的是**最大化凸性**（maximizing convexity）的机会，换言之就是**当标的资产价格同比例变动的时候，风险和回报呈现非常不对称的状态，也就是我们强调的“正向不对称性”**。

那么，施皮茨纳格尔的实际业绩怎么样呢？从 2007 年成立到 2021 年，Universa 对冲基金的复合年化回报率达到了惊人的 70%。最为精彩的部分是 2019 年 12 月到 2020 年 3 月，Universa 对冲基金的净值暴涨了 4144%，不到四个月时间取得 40 倍收益。

马克对冲基金的官方网站是 Universa.net，有兴趣的读者可以打开来仔细揣摩其交易哲学和策略。

施皮茨纳格尔写了一本书，名字叫《资本之道：一个扭曲世界中的奥地利学派式投资》（*The Dao of Capital: Austrian Investing in a Distorted World*）（见图 2），该书封

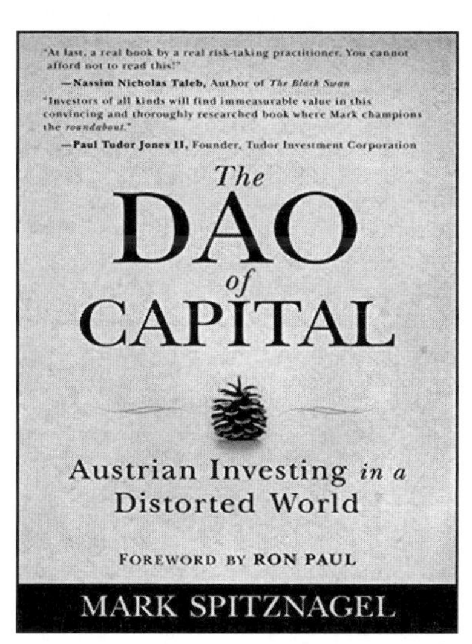

图 2 图中 The Dao of Capital 的封面

所谓“英雄所见略同也”。

面上的推荐人有两位，一位是其授业恩师塔勒布，另一位是谁呢？正是我们反复提到的保罗·都铎·琼斯。这就是同声相应、同气相求、心心相映的典型，当代的伯牙、子期。无论是马克·施皮茨纳格尔还是保罗·都铎·琼斯，他们都是“正向不对称性”机会的顶级猎手和哲学家。

施皮茨纳格尔是这样解释书名“避风港”含义的：避风港并非某种事物或资产，而是一种收益，可以有多种形式。它可能是金属、选股标准、加密货币，甚至是衍生品投资组合。无论以何种形式出现，其功能都是保存和保护你的资本，正是这一功能使其成为避风港。施皮茨纳格尔强调认为低风险不代表低收益，“避风港”，也就是“具有成本效益的风险缓释”才是低风险高收益的代名词。

在书中施皮茨纳格尔还多次提到道家哲学中“势”(Shi) 的这个概念，所以就算是“逆市”交易，你也得顺“势”而为。

2021 年 8 月 10 日，时隔多年后施皮茨纳格尔又出版了另一本书《避风港：金融风暴中的投资》(*Safe Haven: Investing for Financial Storms*)（见图 3）。这本书的推荐者里面有大名鼎鼎的爱德华·索普（Edward O. Thorp）。在这本书中，他进一步发展了对“正向不对称性”的解读和运用。当然，他用了“避风港”这个词，而不是“正向不对称性”。

图 3　图书 Safe Haven 中的封面

无论是琼斯、塔勒布还是施皮茨纳格尔，他们都在寻找“正向不对称性”的机会，也就是那些风险低、收

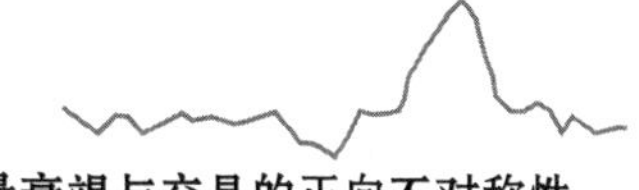

益高、胜率高、赔率高的“一低三高”类机会。

在我们来看，背离就是这样的机会。背离是动量衰竭，趋势处于强弩之末时的进场机会，止损幅度小，潜在的盈利幅度甚至可以达到止损幅度的几十倍，这就是风险低、收益高、赔率高。如果叠加一些有效的过滤指标和因子，则可以显著提升其胜算率。

琼斯利用艾特略波浪理论寻找市场的重大反转点。

施皮茨纳格尔利用奥地利经济学派的理论寻找市场的重大转折点……

他们是绩效足以闪耀全球资本的顶级掠食者，**捕捉“正向不对长性机会”是他们制胜的关键法宝，而背离不仅与艾略特波浪理论有关，也与奥地利经济学派关于危机的理论有关。**

艾略特波浪理论的第三浪和第五浪都是驱动浪。在上行趋势中，第五浪的高点高于第三浪的高点，但是相应的成交量或者动量却是走低的，这就是一种典型的顶背离。同理，在下行趋势中，第五浪的低点低于第三浪的低点，但是相应的动量却是走高的，这就是典型的底背离。因此，**我们的背离交易与琼斯的艾略特波浪理论有重要的共同基础，而这也是背离交易能够捕捉“正向不对称性”的机制之一。**

奥地利学派强调了过度投资在宏观泡沫和危机中的作用，哈耶克三角模型勾勒了经济过程中生产调整的滞后性，经济失衡导致流动过剩，进而导致资产泡沫，最终引发危机。**奥地利学派强调了生产和消费的背离、经济和金融的背离，这种周期的背离导致了泡沫和危机。对施皮茨纳格尔而言，泡沫和危机提供了交易的良机。**

如果说琼斯是利用技术面背离的大师，那么施皮茨纳格尔就是利用基本面背离的大师。

本书的写作从 2010 年延续到了 2023 年，因为交易繁忙，故而时断时续。在漫长的写作过程中，有了新的思考、新的想法，也有了新的疑惑、新的问题。教学相长、知行促进，道还是那条道，心却不是那颗心了……

背离之道在于“一致中反其道行之”，这是人生的大道，也是交易的大道。

既然是大道，那就共勉同行，切磋中前进，砥砺中提升。

宁泽一　魏强斌

目 录

泡沫是一个宏观结构，背离则是这个结构的终点信号。泡沫越大，则背离交易的利润空间越大。“陷阱周期”（Trap Cycle）与背离经常一同出现，也是“败位进场”的基础。“海龟汤交易”（Turtle Soup Trading）就是基于陷阱建立起来的败位进场交易策略。背离早于败位进场点出现，这就意味着激进的背离交易者可能获得“先手优势”。

布林带是一个非常有用的波动率概率分布分析工具，布林带可以用来过滤价格与震荡指标的背离，也可以直接用来定义背离，这就是布林带背离。你可以将布林带背离融入到已有的交易系统中，这是我经常尝试的路径。

没有对比，就没有真相！横向对比和纵向对比是我常用的方法。横向对比是基于横截面数据，纵向对比是基于时序数据。买东西要货比三家，分析问题要横向对比和纵向对比。为什么我们在价格和成交量走势图上看不出门道来？因为我们没有做横向对比和纵向对比，只是简单地找局部的规律。

背离属于纯粹技术的范畴，如果能够结合心理因子或者驱动因子来分析则会取得更加好的效果。把汇价走势与重要的基本面消息结合起来看，逻辑和情绪就通透了。背离是一种结构，而结构必须放在逻辑和周期中才能够搞清楚。毕竟，交易制胜意味着不能从理论框架出发，机械刻板地遵守单一的教条方法。

就绝大多数交易者而言，最好的做法是减少交易，仅仅专注于最好的机会。厚积而薄发，先做加法，后做减法。为什么这么多策略当中，我对背离交易如此钟爱？并非我只研究了这类方法，而是因为在大量学习和实践之后，它脱颖而出。所谓“由博返约”，前提还是一个“广采博收”。

第一章　背离交易法的优劣

良弓难张，然可以及高入深；良马难乘，然可以任重致远。利之中取大，害之中取小。

——墨子

基本面通常能解释一波行情55%左右的走势，但一波行情最后1/3阶段是非理性的，非理性的大众主导了局面。极少的理论和策略能够帮助交易者高效地应对行情的尾声阶段，不管是“熊市”还是“牛市”。这个阶段通常毫无逻辑，交易者不知道在这个高波动的阶段该做些什么。大多数的交易者倾向于费尽心思去分析市场疯狂阶段的逻辑。但是，等他们还没有彻底搞清楚之前，行情已经反转了。通过背离交易来学习如何应对这个转折阶段，是唯一可行的办法。

——伊瓦卢·伊万洛夫（Ivaylo Ivanov）

华尔街有时候将风险（risk）和不确定性（uncertainty）混为一谈了，而你能够干净利落地利用这个错误认识从市场中获利。低风险且高度不确定的情形给了我们绝佳的机会。这就好比扔硬币，正面的话算我赢；背面的话，我也不会亏太多。

——莫尼什·帕伯莱（Mohnish Pabrai）

从本质上来说，巴菲特是在赌变化不会发生，而我们是在赌变化会发生。当他犯错误时，他犯错的原因是他没有预料到事情会发生变化；当我们犯错误时，我们犯错的原因是事情的变化超出了我们的预期。

——马克·安德森（Marc Andreessen）

背离信号在交易中到底有没有用处？这是一个有趣的话题。一些外汇交易者

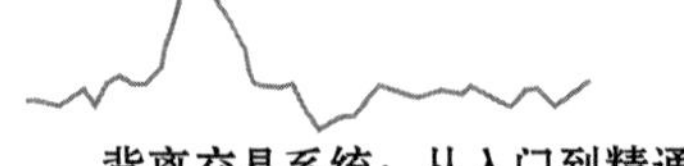

如何量化背离信号的绩效？

认为基于震荡指标的背离策略是技术分析的“圣杯”，而另一些交易者则认为这些技术模式实际上毫无用处。我曾经在国外论坛上看到一些关于背离信号的深刻评价，其中一部分对背离交易持严重怀疑的态度，另一部分则认为背离信号的绩效非常好。

典型的怀疑者是这样说的：

◆ 这类交易策略上的最大谎言就是“背离给出了最佳的交易信号”，你在无数的书籍和论坛热帖上都能读到这样的陈词滥调！

◆ 我曾经基于各种背离信号编写过几个自动交易程序，结果都非常差劲，没有一个有用！

◆ 我的结论是什么呢？或许背离交易在 30 年前有效，但现在我真的十分怀疑这一策略。谁能够给我一个有效的背离交易系统呢？如果真有这样的系统存在，我是否乐意研究它。

而支持者则有另一番说辞：

◆ 我在背离交易上的绩效非常可观。问题的关键在于“背离”只是一个指标，正如其他所有技术指标和信号一样，它不能被孤立地使用。

◆ 如果你能够将其与其他指标结合起来，将获得难以置信的效果。比如，我们可以利用水平支撑线、移动平均线、趋势线等作为背离信号的过滤指标。

◆ **我的经验是背离信号在走势转折上的预测能力很强**，前提是你能够将 100 期移动平均线、0.618 斐波那契回撤点位等工具引入进来。

◆ 因此，我认为当背离等到其他技术工具的确认时，它是一个极其有效的信号。

事实上，背离交易法的真正效用可能在两个极端之间，取决于你如何将背离与其他交易构件高效组合起来。

总体而言，在外汇交易中，采用指标背离的策略在资深交易群体中变得越来越普遍。

一个重要的原因是背离是一个领先信号，能够预示价格行为的变化。但是，我们不能忽视**基本面因子（Fundamental Factors）会破坏背离信号的有效性**。

比如下面这个例子，虽然美元兑日元1小时走势上已经出现了汇率与随机震荡指标之间的顶背离，但是美联储公开市场委员会会议（FOMC）的决议公布后，价格还是出现了飙升（见图1-1和图1-2），完全不管技术上的看跌信号。

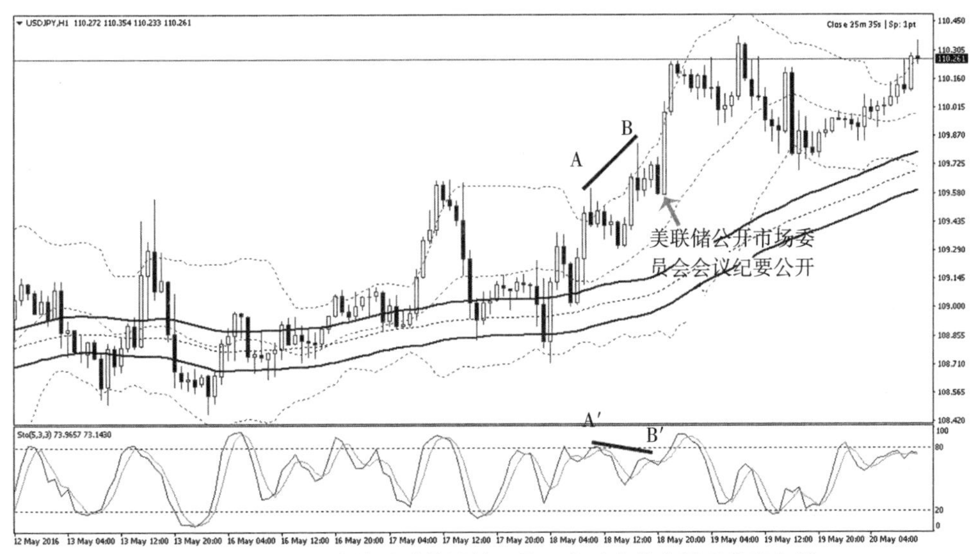

图1-1　FOMC决议导致美元兑日元1小时走势中的顶背离失效

资料来源：Metatrader5.0，DINA。

上面只是从少数角度探讨了背离交易法的优劣之处，那么从更全面的视野来看，背离交易法究竟有哪些优劣之处？

先来看看背离交易法所具备的种种优势。

第一个优势是背离交易法的赔率高。为什么背离交易法的赔率高呢？我们都知道常见的进场方式是突破而作，这种方法很早就流传开了。开山鼻祖是谁，众说纷纭，没有一个统一的口径。突破而作的止损点一般不会放在突破点之下，而是要更远一些，毕竟干脆的突破也并不是太多，虚假突破很多，也有许多洗盘的动作。所以，如果初始止损点放置的距离过近的话，很容易被噪声波动扫了。这是其一。其二是突破的时候，特别是在数据和事件催化下的突破会非常快，买卖

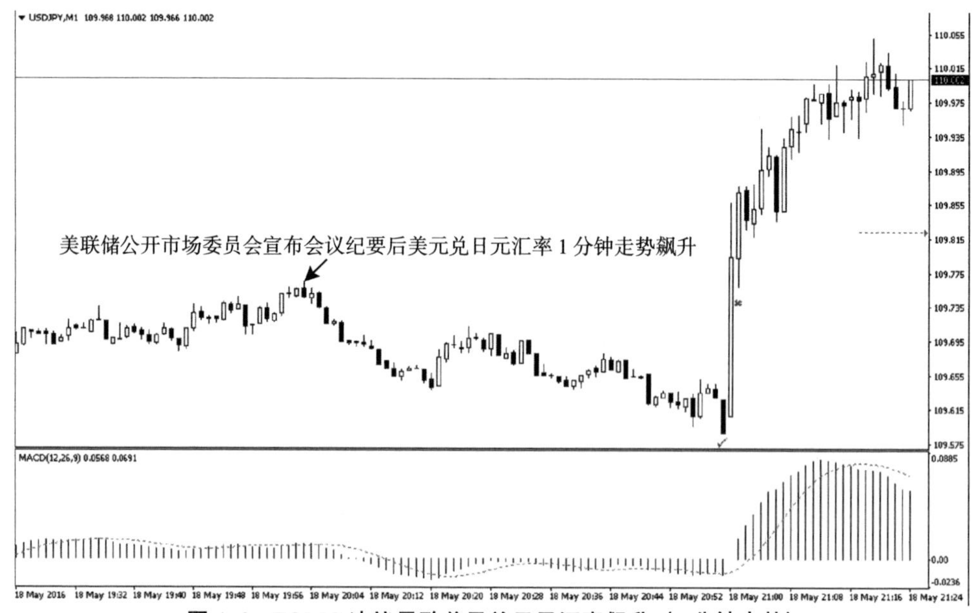

图 1–2　FOMC 决议导致美元兑日元汇率飙升（1 分钟走势）

资料来源：Metatrader5.0，DINA。

价差大，成交滑点大，而且成交量很少，这就使实际成交价位会远离突破点，这又拉大了初始止损幅度。

因此，就突破交易而言，初始止损幅度相对较大，基本上是不可避免的。由于海龟突破交易思路的广泛传播，突破后行情运行的幅度或者说可持续性就越来越差了。

市场看法分歧严重的时候，突破了，这样的突破往往是真突破；基本面发生重大变化了，突破了，这样的突破往往也是真突破。

大多数时候，突破都是无效的，特别是日内走势上，无论是股票交易还是外汇交易，以及商品期货，都存在这种情况。除突破交易思想被广泛传播外，IT 技术普及也是重要原因。

更快的信息传输和传递速度，更快的订单执行速度，财经媒体的效率提高等，都使市场消化和吸收信息的速度加快了许多。社交媒体和自媒体的发展也助长了“乌合之众”的群体心理特征。这就使突破很容易发生，交易订单在极其短的时间内涌入，快速耗尽，以至于突破的时候幅度很大，但是后继乏力，形成假突破或者宽幅震荡。

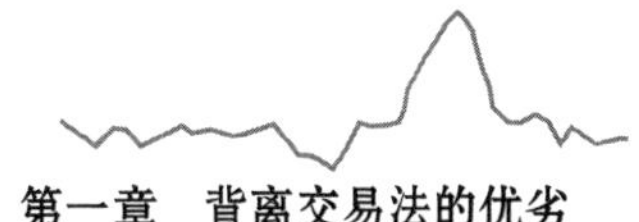

突破的赔率变低了，胜率也变低了，但是大行情都是以“不断突破”的形式展开的，所以**突破是大行情的必要条件，但不是充分条件**。

除突破进场外，还可以采取回调进场的方式。在上升行情中，我们等待价格下跌企稳的机会做多；在下跌行情中，我们等待价格回升乏力的机会做空。回调进场，也被称为“见位进场”。

比如美元兑日元处于上升走势中，上升幅度很大，突然出现了一个回调，震荡指标回调到了超卖区域，这个时候出现了金叉，这就是我所谓的“下跌企稳”（见图 1-3）。这个时候就可以做多或者买入了。

见位进场与后面介绍的“隐式背离”关系密切。败位进场则与“常规背离”关系密切。

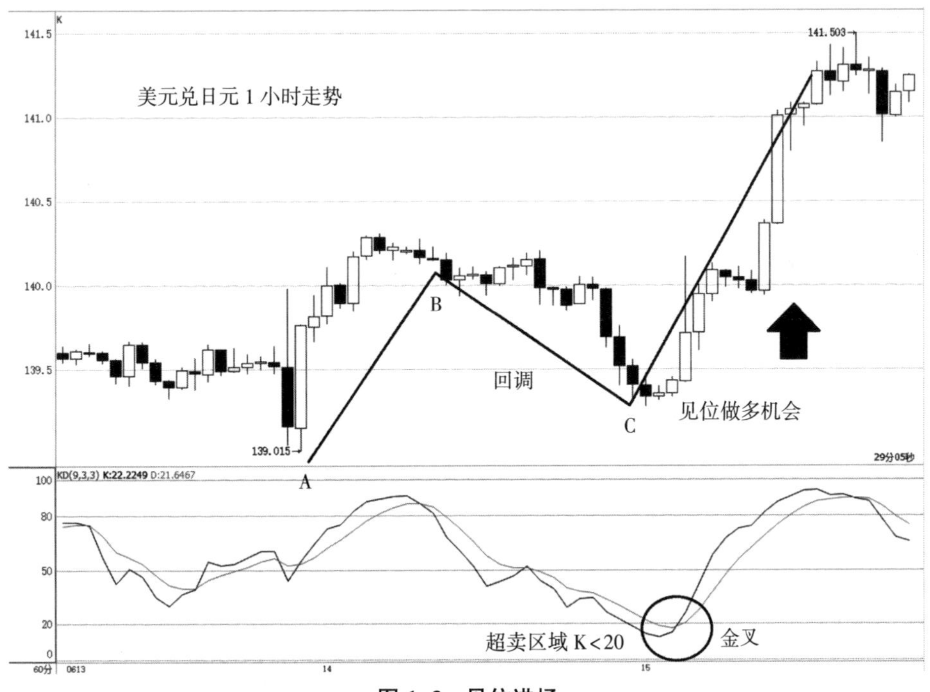

图 1-3　见位进场

资料来源：博易大师，DINA。

从这里大家可以看到我的风格，那就**是任何“定性的字眼”都可以通过“定量”来具体化和可操作化。没**

有可操作化的想法，还需要进一步通过提问，再细化和下切。

价格回调的时候，波动率较低，因此成交起来买卖价差和成交滑点都不大。这就意味着成交价格与止损点的距离不会显著超过预期。

此外，回调的时候，进场点位距离波段端点的距离相对较小。如果都以波段端点外侧作为止损设置区域，那么突破点与该区域的距离显著大于见位点与该区域的距离。

以做多的情形具体来讲：价格先从 A 点上升，接着从波段高点 B 出现回落，在没有创新低前出现了企稳点 C，这个 C 点也就是回调的最低点。我们在企稳后进场做多，具体的进场做多点是 L，那么 LC 之间的距离再加上一点就是初始止损幅度了。这个时候，价格进一步上涨，突破前期高点 B，我们在 B 点之上进场做多，这就是破位进场点 L′了，那么初始止损可以放在 B 点之下，但是大多数时候可能放在 C 点之下，也就是破位的止损幅度介于 L′B 和 L′C 之间，如果是 L′C 的话就显著大于 LC 的止损幅度了（见图 1–4）。

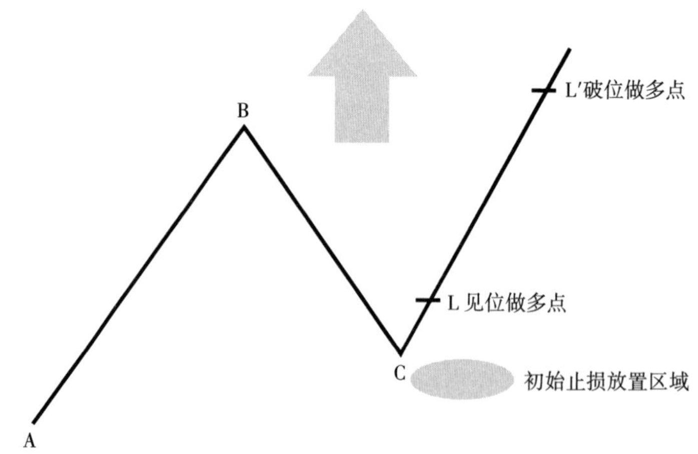

图 1–4　见位进场做多点和破位进场做点的止损比较

资料来源：DINA。

背离交易的情况与见位交易类似，初始止损点距离进场点较近，同时背离交易的时候价格的波动率可能比见位大一些，但是整体比破位要小一些。背离的过程中间会出现突破，但是我们的进场点在突破失败之后，因此成交滑点不会太大。**形象来讲，我们等待市场逐渐刹车并且开始掉头的时候跳上列车。在这个动**

量下降和衰竭的过程中，我们可以“气定神闲，等风来”。

第二个优势是市场中运用背离交易法的玩家占比很小，策略的竞争性较低，获得超额利润的概率相对高一些。

现代金融理论界和交易界试图从“因子”的角度研究股票，这种范式也被逐渐引进到了商品和外汇市场的研究中。“动量”是最重要的几个因子之一，而动量延续效应则是重中之重。背离作为动量衰竭的特征，只有极少的研究涉及，实际运用也少之又少。

我们可以将“背离”定义为一个因子。而一个因子的效率除取决于历史上的实际表现外，还要看在当下市场中的“渗透率”。**一个因子被越多的策略所利用，那么这个因子的渗透率就越高，其效率也就越低，这就是因子或者基于因子策略的“拥挤度”过高了**。

众争之地勿往，超额利润被激烈竞争和过度拥挤消灭！

动量延续因子的渗透率和拥挤度其实是很高了，以至于海龟交易法创始人理查德·丹尼斯（Richard Dennis）几次复出都失败了。而动静两衰竭因子，或者背离因子的渗透率其实很低，所以不会面对拥挤度过高带来的有效性显著下降。

因此，从因子渗透率和拥挤度的角度来看，基于背离因子的策略目前还是有竞争优势的，具有获得超额利润的潜质。

第三个优势是均值回归是自然界普遍存在的现象，人类在进化过程中逐渐将此现象烙进了习惯性思维中，因此动量反转类的操作其实更符合人的倾向。背离交易属于均值回归的一类策略，与价值投资一样，比较符合人类的世界观和自然哲学，比起追涨杀跌、买低卖高也更顺手从容一些。

突破而作，对于初学者而言不是那么顺手，但是一般的低买高卖往往是错误的，背离给了一个符合低买高卖

天性的机会，入门的时候不需要那么多的自我调适。

背离交易的心理门槛比较低，前期的心理建设基本上不需要太多时间，也不存在太多的心理重塑。因此，入门似乎很容易，但是易上手难精通。

为什么难精通呢？正因为看起来容易，也没有心理障碍，所以在信号优化上容易浅尝辄止。前期期望过高，半年内不及预期，达不到最初的设想就很容易放弃。任何上手容易的技能都存在类似的困境，两下就搞清楚了基本的东西，但是要提升，要进步，要真正具有竞争力就非常困难了。

接下来，我们再来看背离交易的一些劣势。

第一个劣势是背离交易的胜率不高，因为它整体上还是属于“逆市”类策略。一段趋势当中，只有一个转折点，在转折之前你“顺市”操作的胜率远远高于“逆市”操作的胜率。

要么没有明显的趋势，处于震荡之中，这个时候去做背离胜率不高，因为市场不存在显著的一致，也没有明显的分歧，成交量小，持仓量也小。市场的有效背离往往是在持续分歧之后出现了高度一致的情绪。

能不能从成交量和持仓量上看出所以然呢？外汇期货是可以的，因为持仓量是一个可以很容易获得的数据。成交量放大，持仓量也放大，这就是分歧在扩大，在延续，趋势延续的概率很大；成交量放大，持仓量减少，这就是分歧在收缩，趋势修正或者结束的概率很大；成交量缩小，持仓量放大，这是分歧在累积，趋势在酝酿；成交量缩小，持仓量减少，那是分歧在减少，市场缺乏新的催化剂，趋势消退，步入震荡市。

持仓增加，分歧增加；持仓减少，分歧减少。分歧增加，趋势延续；分歧减少，趋势消退。外汇期货我们可以看持仓走势，有助于我们了解分歧与趋势的变化。由于外汇期货与现货基本上是高度相关和联动的，因此可以通过将外汇期货的持仓变化为外汇现货交易，提供另类决策信息。

虚假背离信号往往处在趋势延续的阶段，也就是分歧扩大的阶段，这种背离的胜率非常低。你以为自己在底部做多，其实是下跌中继；你以为自己在顶部做空，其实是上涨中继。

“逆市”操作如果简单地基于纯技术分析，那么胜率肯定不高，因为短期内的市场还是以“动量延续”主导。在动量延续中，分歧占据了市场舆情，这个时

候去逆市操作，往往是错误的。

最近 50 年，金融学界对金融交易实践有四大重要的贡献：第一，组合分散化具有优势，可以在削减风险的同时稳定收益；第二，绝大多数人战胜不了市场，因此指数基金更具优势；第三，人的非理性行为可以解释大多数超额收益和市场机会；第四，动量延续是一个非常重要的超额收益来源。

第二个劣势是因为人类天性倾向于遵守均值回归，因为容易被带入沟里，走上歧途。不分情况，不分时间、地点和场合，一味追求反转点。手里有了锤子之后，看见什么都是钉子。接触背离交易之后，到处都是反转点。这就是被自己的本性带到坑里去了。

因此，**我们要明白均值回归发生的前提条件，这个需要结合一些具体的因子来设定**，比如均值回归相对于动量延续而言，需要更长的时间。如果我们没有搞清楚动量衰竭和均值回归的高胜率环境，就很容易陷入到“非理性背离交易”的陷阱中。

最有效的背离交易是出现在趋势衰竭之时：首先，此前有显著的趋势存在，这就是动量延续，市场处于不断递增的分歧之中。一段时间内的显著上升，才能提高后续顶背离的胜率和赔率；一段时间内的显著下降，才能提高后续底背离的胜率和赔率。其次，分歧之后要有一致，动量要衰竭，这才有背离交易。如果动量没有衰竭，市场的分歧继续扩大，那么背离的胜率和赔率就很差。

第三个劣势是背离技术信号出现的频率相对于其他技术信号也少很多，有效效果更少。因此，需要极大的耐心。这也意味着资金周转率显著下降了。我们知道，决定策略长期累计收益率的三个要素是胜率、赔率和周转率。对于复利而言，周转率可以看作是复利的期数 n，n 值小一点，最终的利润数字就差了一个几何级别。

背离信号的稀缺性是一个比较显著的问题。如何解决这个问题呢？增加可选品种是一条比较现实的路子。在外汇市场上，直盘货币对的相关系数较高，背离同时出现的概率较高，这就缺乏多样性，那么我们可以把交叉盘货币对，以及原油和贵金属加进来，把主要的股指期货加进

来，如恒指、日经指数和标普指数，甚至我们还有把大宗商品和数字货币期货加进来。当然，前提是这些交易标的是合法，权益受到法律保护。

如果我们不在品种上进行拓展，那么就要耐心等待围猎的机会，等待市场给我们机会，而不是强迫自己去进行不符合条件的交易。在交易过程中，放松进场条件，任意修改参数，这些都是非理性的行为。我们可以在一段时间后根据足够的数据来修改和完善策略，但绝不能在临盘交易过程中肆意妄为，这是情绪化交易。

所以，当背离提供的进场机会较少时，我们很容易陷入情绪化交易的陷阱。这时我们要先给自己“打预防针”，明确不能临时改变策略规则，同时也要告诉自己“机会少是背离交易的常态”。

第四个劣势是背离策略的相关研究和文献非常少。我们在市面上可以找到许多有关动量和趋势跟踪的研习材料，但是动量反转和背离的相关材料却少了很多。在最近 20 年，特别是最近 10 年，金融理论界对动量效应和因子展开了大量富有成效的研究，但是对于动量反转和衰竭的研究却极其少。

基于动量延续的顶尖交易者在数量上大概是基于动量反转的顶尖交易者数量的几十倍以上。比如著名的经济学家大卫·李嘉图（David Ricardo）放在现在也是一流的动量延续交易者，“截短亏损，让利润奔腾”（Cut your losses，let your profits run on）就是他说的，他利用动量延续策略在市场上挣了大钱之后，觉得应该找到更有意义的事情去做，于是就开始研究经济学了。经济学里面挣到大钱的人还有约翰·梅纳德·凯恩斯（John Maynard Keynes），他在股市操作中提出了“选美理论”，这也是一种基于动量延续的策略。

李嘉图之后，杰西·利弗摩尔（Jesse Livermore）横空出世，他奉行的也是动量延续策略，他扼要地描述了“在股票创新高的时候买入”（Buying Stocks when they are making new highs）。

利弗摩尔之后是理查德·威科夫（Richard Wyckoff），他提出来要在大盘强势的时候买入强势板块中的强势个股。

再往后，还有许多动量延续交易大师，比如 Jack Dreyfus，Nicolas Darvas，Gibert Haller，Richard Donchian，Ed Seykot，Richard Dennis，Michael Marcus，David Druz，Richard Driehuas；等等，这里我就没有必要一一翻译他们的名字了。

相较之下，主要以动量反转策略为主的交易大师，除了保罗·都铎·琼斯和马克·施皮茨纳格尔外，屈指可数。当然，如果把价值投资大师们算进来，那就多了好几倍，但是他们更多是基于价值因子，而非动量因子。

整体而言，动量延续的研习者远远超过了动量衰竭和反转的研习者，因此前者的参考资料和经验要远远多于后者。当然，也意味着**动量衰竭和反转的创新空间更大**。

现在股票市场上"因子挖掘"竞争十分激烈，但真正有效的因子屈指可数，价值、动量、市值规模、贝塔、波动率等少数几个因子被确认是持续有效的，但是后来发现的许多因子其实都是子虚乌有的。因此，从交易实践的角度出发，我们应该将精力更多地放在少数有效因子的创新运用上。比如在动量因子上，从延续转到衰竭研究上；在波动率因子上，探讨波动率与市场情绪的关系，高波动率是不是与分歧高度相关，低波动率是不是与一致高度相关？等等。

因子发掘现在已经有了全球排行榜，上面会按照学校和个人发掘的因子数量进行排名，这是一个好事，推动大家创新。但对于交易者而言，我们更关注那些能够提升交易绩效的创新，而不是追求因子数量，建造一个囊括尽量多因子的模型并非明智之举。

现实的情况是交易者不太敢放手去追涨杀跌，为什么呢？因为在现实中动量延续与动量反转其实是伴生的，交易者缺乏有效的经验和手段去辨别两者的临界点，因此研究再多动量效应也不能解决交易实践的残酷现实。**什么情况下动量延续，什么情况下动量反转**？

什么情况下的背离只是动量延续中的小插曲？什么情况下的背离是动量反转的特征？

动量能够延续，第一，时间短，超过某个临界点之后，动量反转的概率就显著上升了，在股票市场上一般认为9~12个月是日线动量的显著反转阈值。

第二，**动量在分歧中延续，在一致中反转**。我记得魏老师定义过"**动量分歧**"的概念，应该跟我说的这个原则是一致的，这就是市场的本质之一。你看再多的技术指标，无数的各种交易理论和策略，但能否有效地触及和利用"动量分歧"这一个本质，决定了你在市场中的竞争优

势有多少。

第三，**逻辑的兑现程度和新逻辑的发酵**。逻辑兑现了，那么动量延续就会过渡到动量反转；新的逻辑发酵了，与旧的逻辑相反，那么动量也要反转了，这个时候就是反转到另一个方向进行动量的延续了。

那么，如何扬长避短，如何将低效的背离信号转变得更加高效呢？

背离是时序动量衰竭的特征，但是时序动量衰竭是趋势反转的必要但非充分条件。简单地说，就是背离后趋势未必反转。或者说基于背离的趋势反转交易胜率不高。

再辩证一点来看：**纯粹的背离交易赔率高，但是胜率低**。

那么，如何提高背离交易的胜率呢？

我们可以从三个方面入手，分别是技术面有效叠加、基本面有效叠加以及心理面有效叠加。

什么是技术面有效叠加？最狭义的背离就是价格与动量指标之间的失衡关系，价格的高度和幅度与相应的动量不成比例。这就是动量衰竭的具体表现。但仅仅是动量衰竭，胜率并没有太大保证。

或许大多数交易者的想法是优化动量指标，比如将MACD换成MTM，诸如此类的。或许你还可以发明新的动量指标，但其实这些都是换汤不换药。底层的设计逻辑还是一样的，动量指标基本上是共线性的关系，所以这类做法的意义实际上并不大。

我们要想从技术面增加背离信号的胜率，就必须叠加一些不共线性的指数指标，比如移动平均线、乖离率、布林带、斐波那契点位、成交量，等等。我个人是比较喜欢叠加乖离率、布林带和斐波那契点位这些指标的，它们确实可以显著提升背离信号的胜率。在后面我会逐一介绍其

基本原理和底层逻辑，要远比具体的方法重要；尝试和针对反馈改进，要远比完美的理论重要。交易的早期我们容易走弯路，就是花太多力气去寻找现成的完美答案。

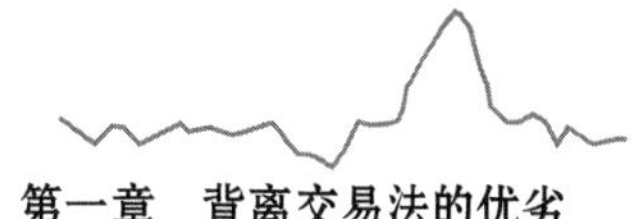

中的大部分，但更重要的是你亲自上手去尝试，根据结果去调整和完善。列出再多例子，不如上手调试，这才是真正将“绊脚石”转化成“垫脚石”的秘诀。**看再多资料，不如动手一试，再根据实际想解决办法**。

什么是基本面有效叠加？

要搞清楚如何通过基本面分析提升背离信号的有效性，就必须搞清楚：**导致趋势反转的基本面变化有哪些共同的特征**？

第一，逻辑到头了，兑现了，在这种情况下既有的趋势就会结束，除非有同向的新逻辑出来，或者说支持旧逻辑的新数据和新事件超了预期。逻辑还在发酵中，新的数据、新的事件和新的政策接连出现，而且有高于线性预期的催化剂，那么这种情况下即便出现了背离，也很难出现趋势的反转。

只有逻辑发酵得差不多了，兑现了，这个时候趋势就临近尾声了，聪明资金离场会引发其他资金撤出，形成连锁反应，价格就会出现很大幅度的反向运动，往往体现为减仓运动。

那么，什么是逻辑发酵得差不多了，什么是逻辑兑现了？在下行趋势中，基本面差得不能再差了，没有更差的消息了，最差的情况已经出现一段时间了；在上行趋势中，基本面好得不能再好了，没有更好的消息了，最好的情况已经出现一段时间了。

旧趋势的逻辑是不是已经被市场吸收得差不多了，这是基本面叠加背离信号的第一种情况。

外汇市场上的逻辑肯定是能够主导市场一段时间的基本面因子，这种因子往往是显而易见的，舆情上传播广泛，各种分析文章都会越来越频繁地提及。因此，这类因子是不是被市场“消费”得差不多了，是不是没有新意了，是不是没有新的证据来支持了，是不是拿不出什么超预期的数据了。这种情况下出现一个背离，胜率是不是就非常高了。

基本面叠加背离信号的第二种情况是反向的重大新逻辑出现了。旧逻辑可能刚好兑现完，也可能是新逻辑直接就把旧逻辑给否定了。

比如，本来美联储还在加息周期中，突然银行业出现倒闭潮问题了。华尔街就推断美联储可能停止加息，甚至转而降息；地方联储的官员也出来说应该考虑暂停加息了。这个时候就是一个新逻辑代替了旧逻辑，基本面出现了重大变化，

这种情况下欧元兑美元出现了一个底背离，你说这个底背离的胜率是不是很高了，赔率高那是背离天然的特征。

第一种基本面叠加背离是旧逻辑兑现后的连锁减仓行为引发了大反转；第二种基本面叠加背离是新逻辑启动后的连锁增仓行为引发了大反转。期货市场上，持仓变化是很容易看到的，因为行情软件上有数据。很多刚做期货的新手，都迷信了一套"增仓"确认信号有效性的说辞。这套理论认为趋势如果没有得到仓位的确认，则很难继续。比如，如果市场是减仓上行，那么上行不远；如果是减仓下行，那么下行不远。但实际上，增仓上行和增仓下行，与走得远的相关性也并不明显。增仓上行后，快速减仓也会导致价格大幅下行；增仓下行后，快速减仓同样也会导致价格大幅上升。

只有足够的市场成交流动性，那么市场整体减仓的时候也是可以操作的，况且大幅运动是赚钱的好机会，怎么能够墨守成规，做个迂夫子呢？

逻辑发酵，增仓前行，这是动量延续；

逻辑兑现，减仓反转，这是动量反转。

两者之间是什么？

新旧逻辑之间是什么？

动量延续和动量反转之间是什么？

是动量衰竭！

是背离！

背离就是太极阴阳鱼之间的"冲气"，是转机，是枢纽。

什么是心理面有效叠加？心理面叠加背离，可以提升背离的胜率，胜率上去了，乘上较高的赔率，自然整个收益期望值就上去了。当然，如果能够有足够多的背离盈利机会，那么周转率就上去了，累计盈利就高了许多。

心理面叠加背离有两种角度，但是不能称为两种类型。

第一个心理面叠加背离的角度是站在"分歧与一致"的舆情因子上的。分歧就是行情在走，但是大家意见不统一，犹豫不决的玩家和分析师不少，怀疑反对的玩家和分析师也不少，大众越是不认可，行情越可能持续下去。分歧的情况下出现背离，胜率就低了很多。

一致是市场还在走，甚至波动率和成交量创出了新高，同时交易者和分析师

都坚信市场会继续走下去，一致悲观或者一致乐观。**大众越是一致认为趋势要延续，而这个时候出现了背离，那么就是高胜算率的背离了。**

“分歧与一致”是看大众在目前走势上的舆情和共识预期，所以比较宏观一点的视角。有了一致叠加背离，那么背离的胜率就大大提高了。

玩家的心里怎么想的，大多数时候都是不能直接观察到的，这就是市场中的一个“黑箱”。但是我们可以通过舆情、持仓、价格对消息的反应来推测。

第二个心理面叠加背离的角度比较偏向于微观，需要细致地观察价格对消息的反应，价格是技术面，消息是基本面，而这种反应其实就是我们不能直接观察的心理面。利空消息出来了，但是不跌，这个时候出现了底背离，那做多的胜率就高不少了；利多消息出来了，但是不涨，这个时候出现了顶背离，那么做空的胜率就高不少了。

总之，背离不是“万灵药”，但是如果你想要提高外汇交易策略的绩效，那么背离是一个不错的起点，可以让你在一个较高的基础上开始构建自己的外汇交易策略。

第二章　背离的类型

荃者所以在鱼，得鱼而忘荃；蹄者所以在兔，得兔而忘蹄；言者所以在意，得意而忘言。

——庄子

我一直在寻找低风险、高收益的交易机会。巨大的盈利机会都是在市场转折阶段出现的。几乎所有人都认为没有办法确定市场的顶部和底部，只能顺着当前的趋势才能赚钱。但事实上，过去的几十年我都是从市场顶部和底部赚了大钱。如何识别这些重要转折点的类型和特征，是我的重要功课之一。

——保罗·都铎·琼斯（Paul Tudor Jones）

一个事实是，拥有一个可以完美执行的简单想法，有时候比拥有一个你无法执行的宏伟想法要好。

——黄仁勋

许多交易者只是学习如何识别发生在市场顶部或者底部的常规背离，而对另一类我称之为隐式背离的信号置若罔闻。实际上，隐式背离提供了额外的获利机会。

——芭芭拉·斯塔（Barbara Star）

背离（divergence）与趋同（convergence）是一对范畴，背离是两个对象呈现相反运动态势，趋同是两个对象呈现同向运动态势。背离是趋同的对立面，趋同的英文 convergence 来自于拉丁词汇“convergo”，意思是走到一起来。

什么是金融交易中的背离？它的定义和含义是什么？如何定义背离交易？广义的背离包括基本面、心理面和技术面等范畴指标之间的反向走势。

价格上涨，而基本面没有利好，这就是技术面与基本面的背离；基本面出了利好，但是价格却不涨，甚至下跌，这也是技术面与基本面的背离。价格上涨，心理面大众舆情分歧较大，甚至一致看跌，这就是技术面与心理面的背离。背离就是异常，异常值是我们洞悉本质时的关键信息。

狭义的背离则是指价格（汇率）与震荡指标（Oscillator Indicator）或者动量指标（Momentum Indicator）之间的反向走势，也就是两者之间呈现反向运动或者运动速率反向变化。震荡指标的计算是基于价格的数值进行的，因此震荡指标跟随价格变化。因此，当价格上涨时，震荡指标往往也随之上行；当价格下跌时，震荡指标往往也随之下跌。但是，由于两者的变化幅度和速率并非完全一致，因此出现了背离。

外汇交易中的狭义背离可以定义为汇价与技术指标之间的反向运动，技术指标可以是震荡指标，也可以是动量指标，这个就看使用者如何选择了，背后的原理都是一样的。具体来讲，就是汇价上升，但是震荡指标信号线下跌，反之亦然。我们来看一个具体的例子：欧元兑美元 1 小时走势图叠加了 MACD 指标，在 1.1900 整数关口下方出现了顶背离（见图 2-1）。

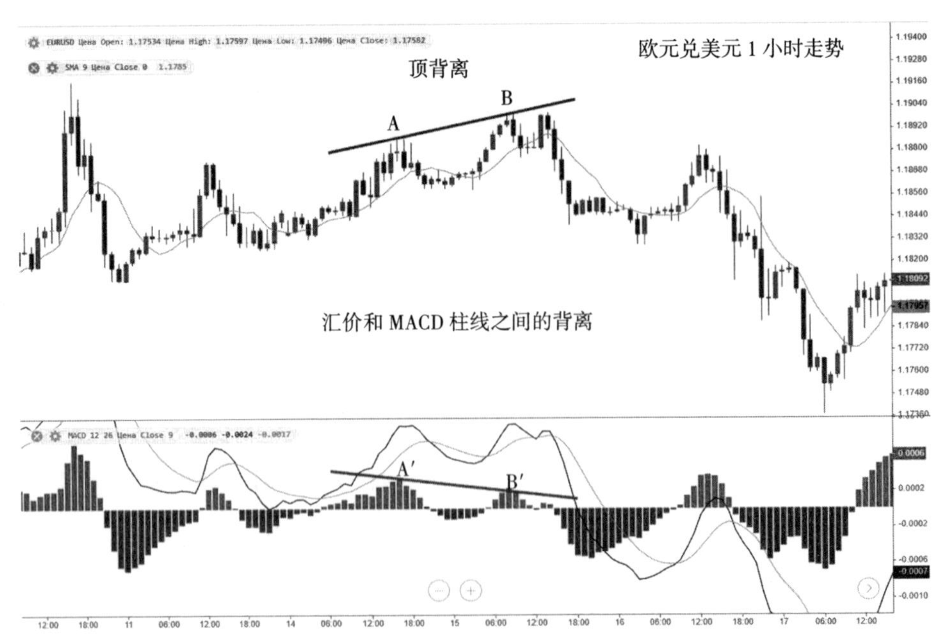

图 2-1　欧元兑美元 1 小时走势中的 MACD 柱线顶背离

资料来源：Metatrader5.0，Liteforex。

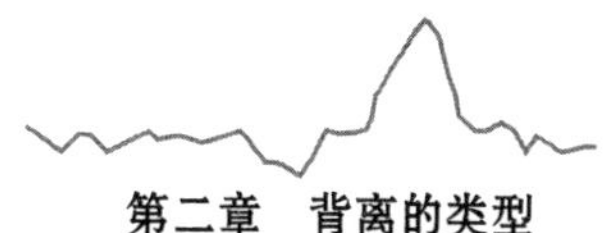

你可以从图 2-1 中看到价格高点 B 高于此前高点 A，而相应的 MACD 柱线则是 B′低于 A′。比起 B′，A′柱线更靠近零轴。当然，MACD 指标除采用柱线来分析动量背离和衰竭外，还可以利用两条信号线与汇价结合来分析背离和衰竭，这个就看使用者的偏好和习惯了。

此后欧元兑美元反转下跌，而顶背离信号有一点领先的意义。当然，这只是一个顶背离的简单例子。当欧元兑美元创出一个更高的高点时，相应的动量指标 MACD 柱线却形成了一个更低的高点。

尽管背离是一个简单的信号，但还是有一部分人仍旧搞不清楚背离的定义和基本结构是什么，一旦结合到外汇交易的具体实践，就会变得疑惑。归根结底还是因为对背离的类型不清楚，混淆了起来。

那么，狭义的背离有哪些类型？或者说技术背离究竟有哪些基本的分类范畴？

第一种背离分类范畴是按照背离结构展开的，分为四种或者六种背离类型。其中，常规背离（Regular Divergence）和隐式背离（Hidden Divergence）是使用频率最高的背离分类方法。在这种按照背离结构的分类中，有时候也提到第三种背离模式，那就是延伸背离（Extended Divergence）。

因此，最常见的分类思路将其划分为四种基本类型（见图 2-2）：底背离/看涨背离（Bottom Divergence/Bullish Divergence）、顶背离/看跌背离（Top Divergence/Bearish Divergence）、隐式底背离/看涨背离（Hidden Bottom Divergence/

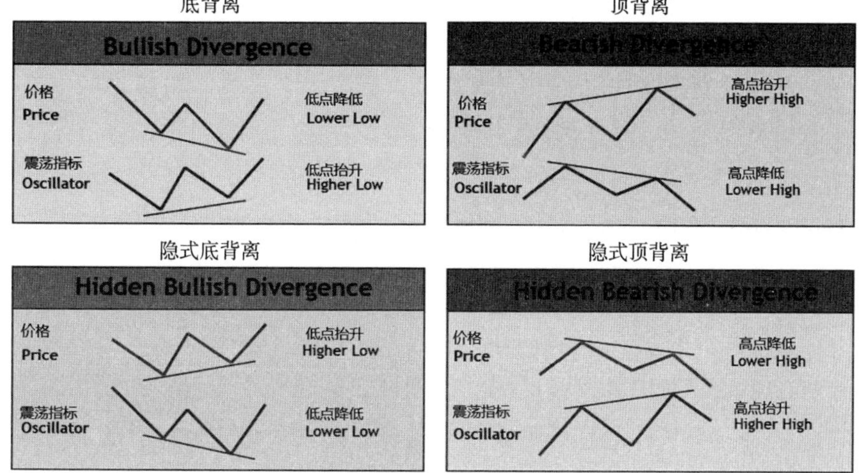

图 2-2　狭义背离的四种基本类型

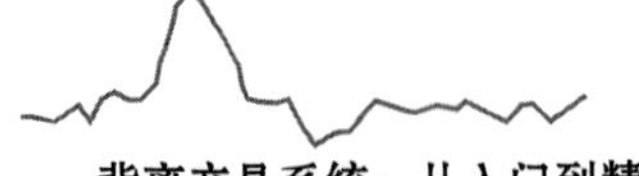

Hidden Bullish Divergence）、隐式顶背离/看跌背离（Hidden Top Divergence/ Hidden Bearish Divergence）。

所以，还有一种常见的分类，将狭义背离/技术背离分为六种基本类型，具体来讲就是在常规背离和隐式背离的基础上加上了延伸背离。

第二种背离分类范畴是按照背离的指引含义来区分的，包括看涨背离（Bullish Divergence）和看跌背离（Bearish Divergence），也有称为负背离（Negative Divergence）和正背离（Positive Divergence）。

此外，还有直接背离（Direct Divergence）和间接背离（Indirect Divergence）的区分。

这还是英语区对背离的各种定义，在其他语言区，对于金融交易之中的背离均有自己的不同命名法。在撰写本书的这么多年中，我们也查阅了不少非英语的原版书籍和文献资料，比如 Un Trader de la Calle、7 estrategias de trading que debes manejar como trader、Utiliser les divergences en bourse、Les divergences en trading：Comment les exploiter correctement、Les divergences RSI en trading ：haussières，baissières，comment les exploiter、Trading Automatique avec Prorealtime：Obtenir et Conserver un Avantage sur le Marché、Девиация：трейдинг на отклонениях、Стандартное отклонение и его использование в трейдинге и инвестициях，等等。

比如西班牙语区对于背离的分类就是两种分类：第一类是底背离（Divergencia Bajista）和顶背离（Divergencia Alcista）；第二类是常规背离（Divergencia Regular）和隐式背离（Divergencia Oculta）；在法语交易界，如魁北克和黎巴嫩，它们则将背离简单地分为顶背离（Divergence Haussière）和底背离（Divergence Baissiére）。

全球最顶尖的外汇交易者还是在英美，当然日本也有不少"渡边太太"在家里炒外汇的，因此对背离交易研究得比较深入的还是英语区的外汇论坛和职业交易圈。我们在本书中介绍自己经验的同时，主要参考英美区交易者的经验。

如何在外汇交易中寻找背离呢？或者说如何在外汇走势中甄别出背离形态呢？在此之前，一个外汇分析师或者交易者必须首先确定利用什么技术来确认背离。

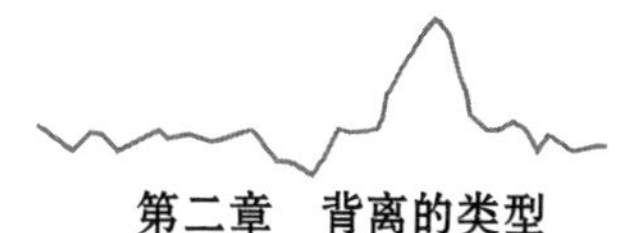

这里存在许多不同类型的技术指标可以用来完成这项工作，最常用的指标类型是震荡指标（Oscillators），当然也称为“摆动指标”或者“振荡指标”，这个没有必要去较真，知道本质就可以了。无论是在 MetaTrader 4（MT4）平台上，还是在 MetaTrader 5（MT5）平台上都可以调出这类指标，如图 2-3 所示：单击“Indicators”，弹出菜单，选择“Oscillators”，后面子菜单就会列出所有可以选择的震荡指标。

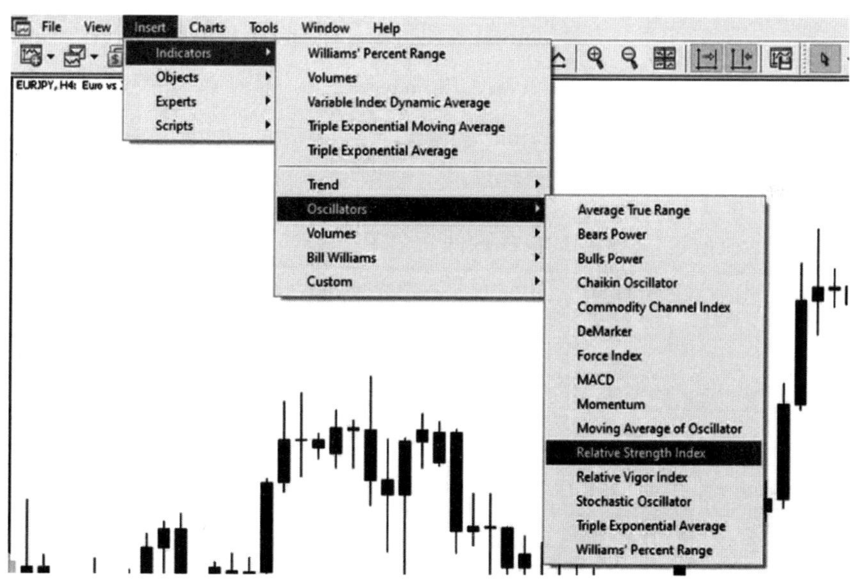

图 2-3 MT4/MT5 平台航的震荡指标调用界面

当交易者构建自己的背离交易策略时，需要找出对个人而言最有效的方法系统，因此就要搞清楚什么震荡指标最适合自己。毕竟，虽然绝大多数市场参与者观察和分析同样的指标，但是对市场未来潜在走势的判断却存在较大的差异。如果指标的选择也存在分歧，那就会导致效果的极大不同了。

在 MT4/MT5 列出的所有震荡指标当中，行家里手们经常用来观察和分析背离的指标有如下八个：

◆ CCI（Commodity Channel Index）

◆ MACD（Moving Average Convergence Divergence）

◆ 动量（Momentum）

一些职业交易者认为从数学原理的角度来看，CCI是最有效的背离指标（CCI has extreme diverenge due to its math）。

威廉指标（Williams' Percent Range）是由Larry Williams发明的，简称%R指标，该指标是用来显示其市场超买、超买区的。

◆ 相对强弱/RSI（Relative Strength Index）

◆ 随机震荡指标（Stochastic Oscillator）

◆ 威廉指标（Williams Percent Range）

◆ Money Flow Index

◆ Awesome Oscillator

下面我们选择上述指标中比较常用的来初步展示在背离定义和分析中的运用。

MACD用来观察倍量的途径有两种：第一种途径是通过柱线（MACD histogram）；第二种途径是通过基准线（Primary line）。那么什么是柱线，什么是基准线？它们是怎样的关系？

这里就要简单介绍下MACD的构造了。MACD的全称是"Moving Averages Convergence Divergence"（平滑异同移动平均线）。MACD包含三个要素：

第一个要素是MACD线（MACD line）或者基准线（Primary line），它是快速指数移动平均线（Fast EMA）和慢速指数移动平均线（Slow EMA）的差值，中文金融行情软件通常标注为"DIF"。

EMA的全称是"Exponential Moving Average"。

第二个要素是MACD信号线（ MACD signal line），它是基准线的指数移动平均线（EMA of the MACD line），中文金融行情软件通常标注为"DEA"。

第三个要素是柱线（MACD histogram），它是基准线和信号线之间的差值。如果是基准线表明了趋势方向，那么柱线就表明了趋势的强度，或者说动量。由此来看，柱线比基准线更能代表动量变化。

但实际上，一部分交易者会采用柱线定义背离（见图2-4），另一部分交易者则习惯采用基准线来定义背离（见图2-5）。

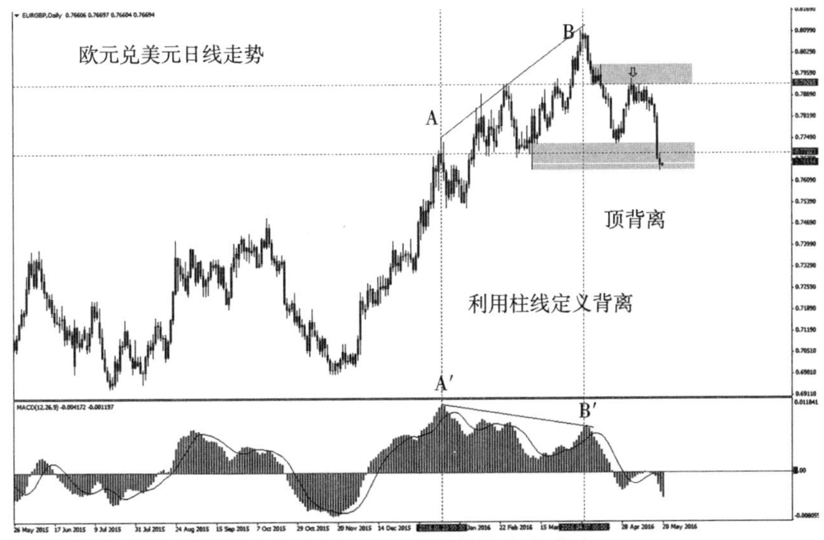

图 2-4 利用 MACD 柱线定义背离

资料来源：Metatrader4.0。

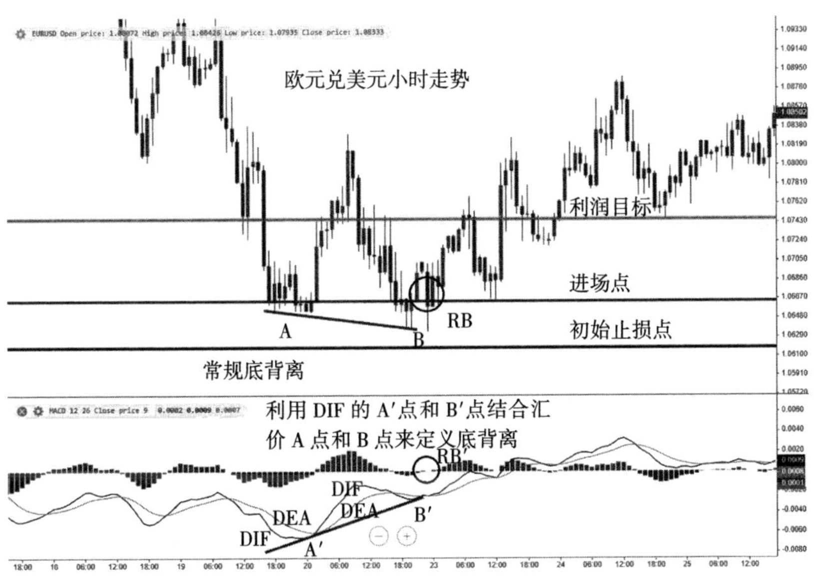

图 2-5 利用 MACD 基准线定义背离

资料来源：Metatrader5.0，Liteforex。

RSI 的全称是“Relative Strength Index”（相对强弱指数），这是一个典型的时序动量指标。最为普遍的用法是观察超卖（Oversold）和超买（Overbought），有些会计算一条均线，观察基本信号线与均线的关系，这就是另一种比较常见的

用法：金叉（Golden Crossing）和死叉（Death Crossing）。但是，我们在这里主要关心它在背离定义和分析中的运用。

在欧元兑美元小时走势中（见图 2-6），汇价在上升过程中形成了两个高点 A 和 B，RSI 则相应地形成了两个高点 A′和 B′，其中 B 点高于 A 点，而 A′点则低于 B` 点。ABA′B′构成一个典型的常规顶背离。我们可以选择在汇价跌破 B 点对应 K 线最低点的时候进场做空，相应的初始止损点设置在 B 点之上，利润目标可以设定在顶背离结构的最低点。当然，这只是提供了较为简单的交易思路，真正的系统构建还需要更多要件。

也可以在 RSI 超卖死叉的时候进场。无论是何种具体进场思路，都是在背离的基础上增加了一个确认信号，一个具体的进场点。

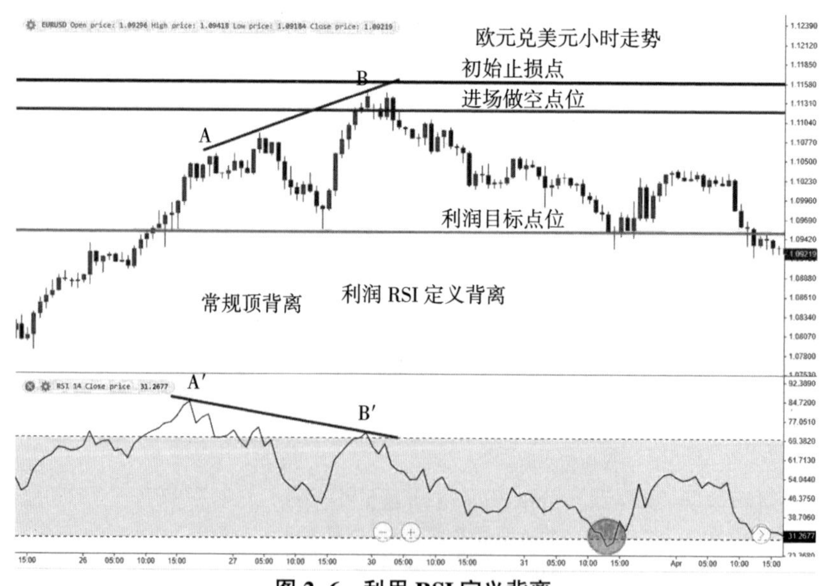

图 2-6　利用 RSI 定义背离

资料来源：Metatrader5.0，Liteforex。

随机震荡指标（Stochastic Oscillator）也是一个经常被用来定义和分析背离的技术指标。随机震荡指标有两条信号，一条快线和一条慢线，因此也有金叉和死叉的用法，此外也用来分析超卖和超买状态。来看一个具体的实例，欧元兑美元小时走势中（见图 2-7），汇价上升中形成了

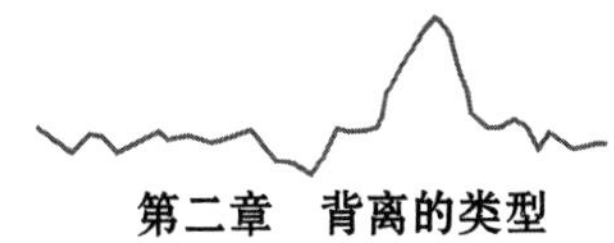

两个显著的高点 A 和 B，随机震荡指标相应地形成了两个高点 A′和 B′。其中，高点 B 显著高于 A 点，而高点 B′显著低于 A′。ABA′B′形成了一个典型的（常规）顶背离。

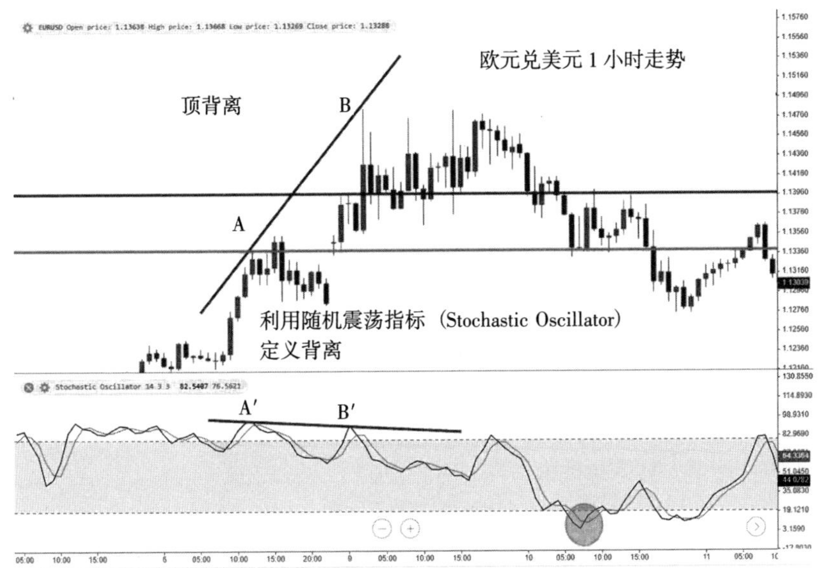

图 2-7　利用随机震荡指标（Stochastic Oscillator）定义背离

资料来源：Metatrader5.0，Liteforex。

我们在这里提到的指标不仅可以用来分析常规背离，也可以用来分析其他类型的背离，比如隐式背离和延伸背离。这里我们就看一个利用随机震荡指标定义和分析（看涨）隐式背离的例子（见图 2-8），在欧元兑美元小时走势中汇价波动上涨形成了两个低点 A 和 B，随机震荡指标相应地形成了两个低点 A′和 B′。其中，低点 B 高于低点 A，低点 B′低于低点 A′，ABA′B′形成一个喇叭口结构，这就是典型的看涨隐式背离，有些交易者又称为隐式底背离，但实际上这是一个趋势延续形态，出现在上涨趋势中。

隐式底背离出现仅仅是一个“动量衰竭”的信号，提醒趋势可能反转。我们要进场做多，还需要一个确认信号，作为具体的进场点。在这里我们采纳随机震荡指标金

关于常规背离、隐式背离和延伸背离的具体含义和区别请查看本书其他部分。

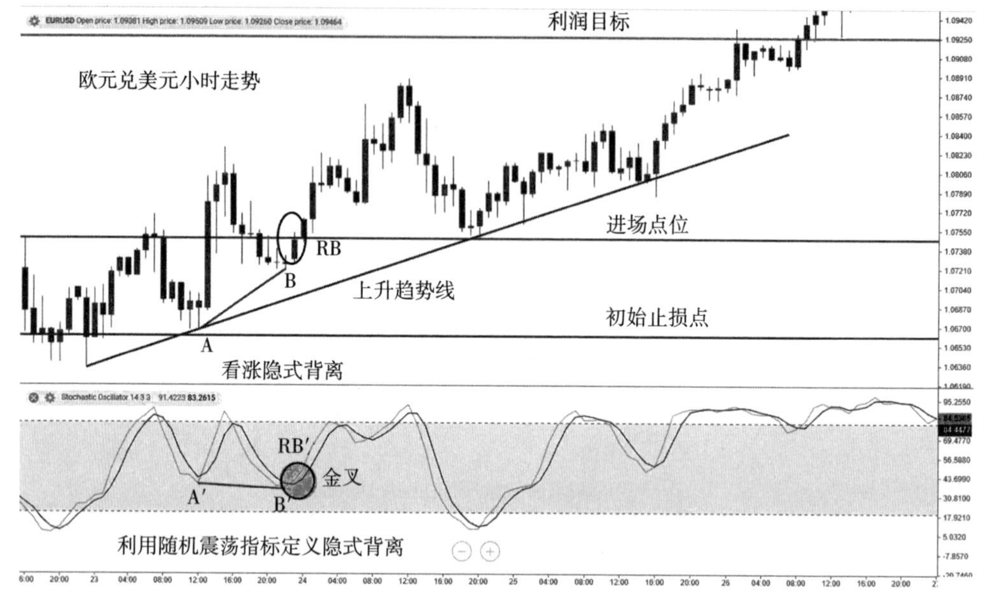

图 2–8　利用随机震荡指标定义隐式背离

资料来源：Metatrader5.0，Liteforex。

叉作为确认信号。看涨隐式背离出现后，随机震荡指标在 RB′处金叉，那么相应的 RB 处就是进场点位。初始止损点可以放置在 B 点下方，也可以放置在 A 点下方，这就是风险控制偏好了。利润目标为止损幅度的两倍，以便获得一个 2∶1 盈亏比。

比尔·威廉姆算得上是时序动量交易系统的集大成者，他在海龟交易策略之外创立了一个新的趋势跟踪策略。不过，根据我个人（宁建一）的经验，这个策略在外汇日内交易上存在适应不良的问题。

比尔·威廉姆（Bill Williams）在 1998 年出版的专著 *New Trading Dimensions: How to Profit from Chaos in Stocks, Bonds, and Commodities* 中提出了一套趋势跟踪类的交易策略，以便简化此前创立的混沌操作法（Chaos Trading Method）。

其中有一个指标叫动量震荡指标（Awesome Oscillator）（以下简称 AO 指标）。这个指标与 MACD 非常类似，展示了市场最近一段时间的动量相对更长时间动量变化，可以看成是“动量加速度”度量指标，属于时序动量一类，以柱线来表示两者的差异。

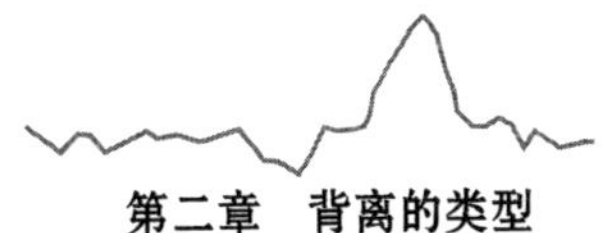

它首先计算 K 线的中间价：中间价 =（最高价 + 最低价）/ 2。

其次计算“中间价”的 5 期简单移动平均值与 34 期简单平均值的差值，这就是 AO 值了：AO = SMA（中间价，5）- SMA（中间价，34）。

AO 经常被用来确认动量变化，进而确认趋势的持续和反转。最简单的用法是观察 AO 柱线穿越零轴：向上穿越 AO，意味着上涨动量增强；向下穿越 AO，意味着下跌动量增强。比尔·威廉姆还有其他一些特别的用法，主要还是用来辅助观察时序动量变化的，他的系统还叠加了均线组和价格突破等工具，属于典型的基于时序动量的趋势跟踪交易系统。

最近十几年，威廉姆这套系统中的指标逐渐流行开来，包括 AO。在 MT4/MT5 等交易平台上，AO 是常见的指标。在我们这本书中，主要关心 AO 用来定义和分析背离。本质上，AO 与 MACD 可以在很大程度上相互替代，因为背后的设计思路基本一致，只是威廉姆将参数设定为斐波那契数字而已，他“迷信”这些数字具有某种魔力。

我们来看 AO 在背离中的用法。欧元兑美元日线走势中（见图 2-9），在波动上行中出现了两个高点 A 和 B，AO 则相应地出现了两个高点 A′和 B′。其中，B

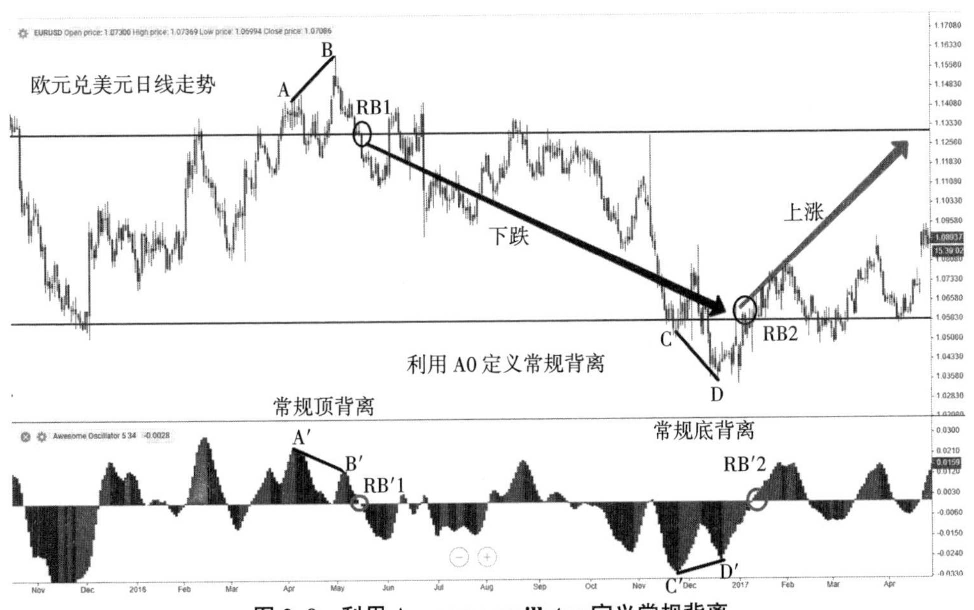

图 2-9　利用 Awesome oscillator 定义常规背离

资料来源：Metatrader5.0，Liteforex。

点高于 A 点，而 B′点低于 A′点。ABA′B′构成了一个典型的常规顶背离，趋势反转向下的提醒信号出现了。我们等待 AO 柱线下穿零轴作为确认信号，AO 在 RB1′处下穿零轴，相应的进场做空点在 RB 处。

此后，汇价一路震荡下跌，在下跌过程中形成了两个相邻的低点 C 和 D，AO 指标相应地形成了两个低点 C′和 D′。其中，汇价 D 点低于 C 点，而指标 D′点高于 C′点。CDC′D′构成一个常规底背离，这是看涨提醒信号，我们等待 AO 柱线上传零轴作为确认信号。不久之后，AO 在 RB2′处上穿了零轴，交易者在 RB2 处进场做多。此后，欧元兑美元进入上涨趋势。

背离交易看起来简单，其分类也不算太复杂，但是运用这些分类却容易将初学交易者搞得晕头转向。

了解各种类型的外汇背离之前，首先我们应该学习辨认背离的三个基本要素，下面这三个要素是任何背离都需要具备的：

背离要素一：价格是双顶或者双底形态。

第一，**背离与不那么标准的双顶或者双底一同出现**。高点一致的双顶和低点一致的双底是理想的形态，实际走势中双顶的高点和双底的低点并不在同一水平线上。

背离中，我们通常要求顶背离的第二个高点高于第一个高点，越显著越高，至少不低于（见图 2-10）。“不低于”意味着两个高点处于同一水平线上，这就是标准的双顶了。底背离的要求参照上述底背离的要求，这是**任何背离的第一要素：价格形态出现双顶或者双底**。

在顶背离当中，如果双顶不明显，那么就应该慎重运用顶背离相关的策略，比如图 2-11 中欧元兑美元 1 分钟走势中，顶部结构复杂，不是显著的双顶，那么就不符合背离的第一要素。

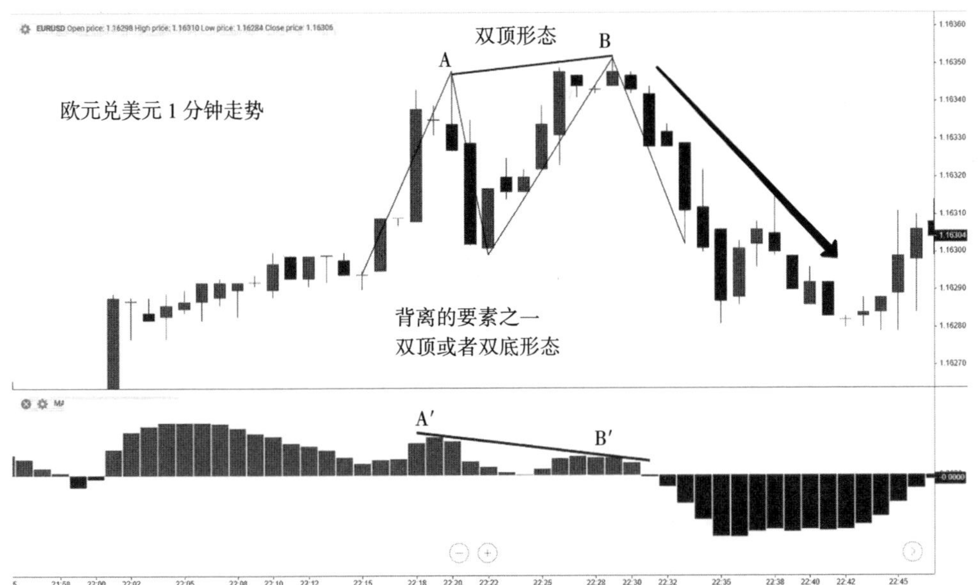

图 2–10　欧元兑美元 1 分钟走势中的双顶形态与顶背离

资料来源：Metatrader5.0，Liteforex。

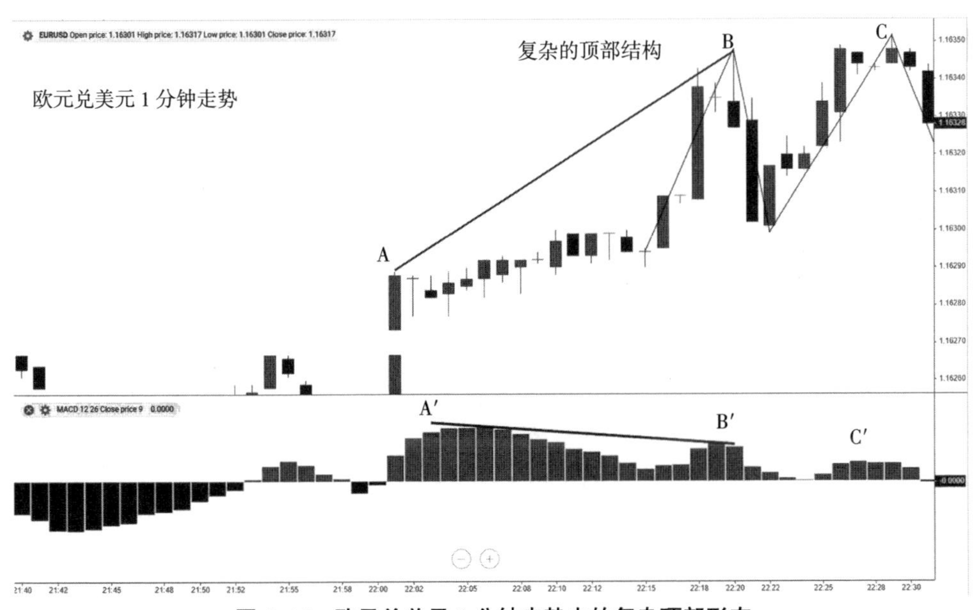

图 2–11　欧元兑美元 1 分钟走势中的复杂顶部形态

资料来源：Metatrader5.0，Liteforex。

当然，如果你对背离理论有深入理解，也可以从多重背离的角度去理解这样的结构，AB 和 A′B′构成第一重顶背离，BC 和 B′C′构成第二重顶背离。由于

ABC 并非双重顶部，因为我们不会将其整体看成一个顶背离。同样，在底背离当中，如果双底不明显，那么就应该谨慎运用底背离相关的策略。

背离要素二：高点对高点，低点对低点。

第二个要素是顶背离是看汇价的高点和指标的高点，底背离是看汇价的低点和指标的低点。具体来讲，构成顶背离的是汇价的两个高点和指标的两个高点（见图 2–12），不能是汇价的两个高点与指标的两个低点（见图 2–13）；构成底背离的是汇价的两个低点和指标的两个低点，而不能是汇价的两个低点与指标的两个高点。

背离要素三：高低点同步，时序相应。

背离的第三个要素是价格的高低点要对应指标的高低点，时间上不能显著地错开。来看一个正例（见图 2–14），欧元兑美元日线走势中，价格创出两个高点 A 和 B，且 B 高于 A，相应的动量指标 MACD 柱线也有两个高点 A′和 B′。

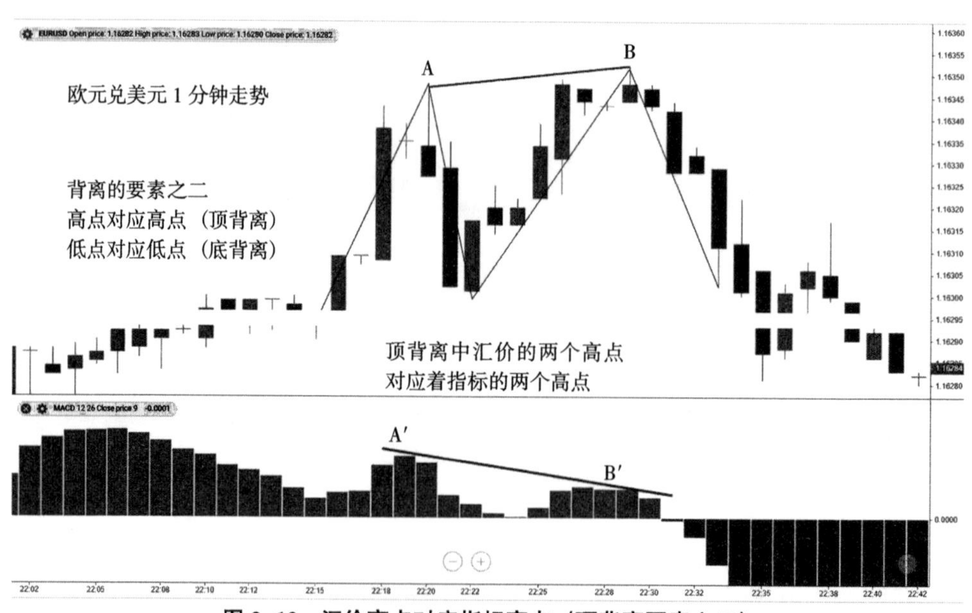

图 2–12 汇价高点对应指标高点（顶背离要素之二）

资料来源：Metatrader5.0，Liteforex。

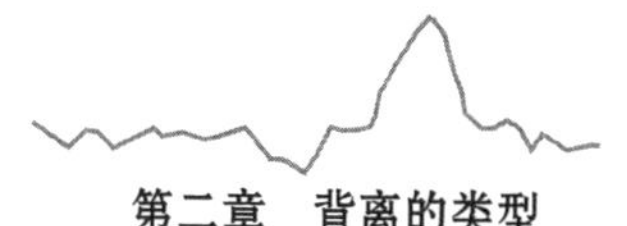

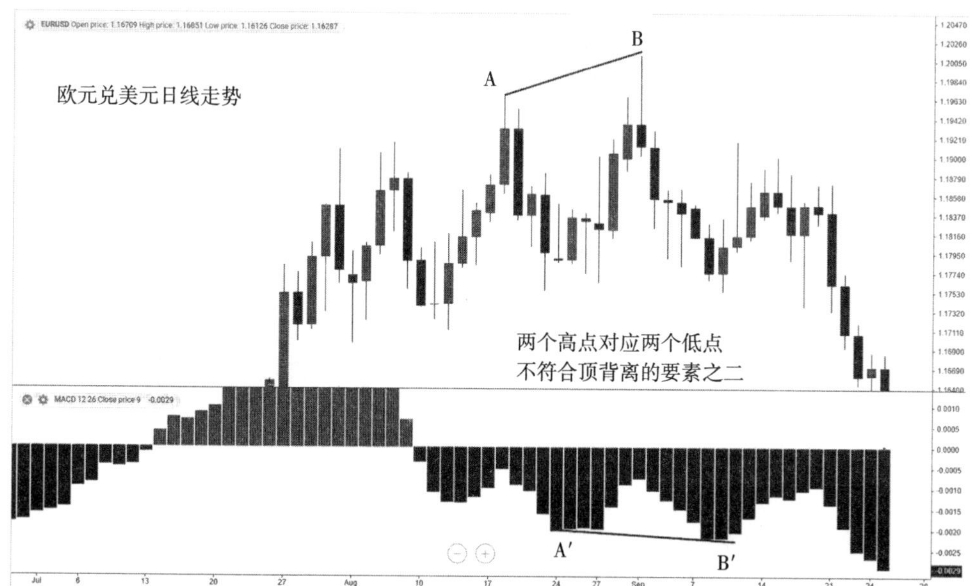

图 2-13　汇价高点对应指标低点（不符合顶背离要素之二）

资料来源：Metatrader5.0，Liteforex。

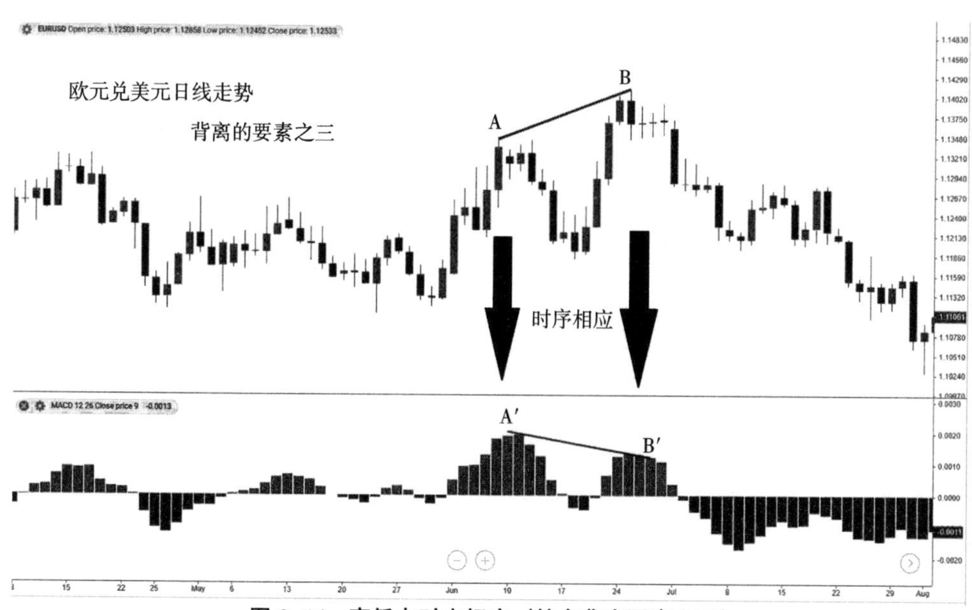

图 2-14　高低点时序相应（符合背离要素之三）

资料来源：Metatrader5.0，Liteforex。

其中，柱线高点A′基本对应于A，柱线高点B′基本对应于B，时空上处于一一对应的关系，这就符合了顶背离的第三个要素要求：汇价的高点对应了指标的高点，时序相应。

再来看一个反例（见图2-15），也是欧元兑美元日线走势，汇价出现了两个高点A和B，而下方的MACD主线也出现了两个高点A′和B′。汇价高点A与指标柱线高点A′基本上是对应的，但是汇价高点B却与指标柱线高点B′相隔较远，这就不符合时序相应的要求了。

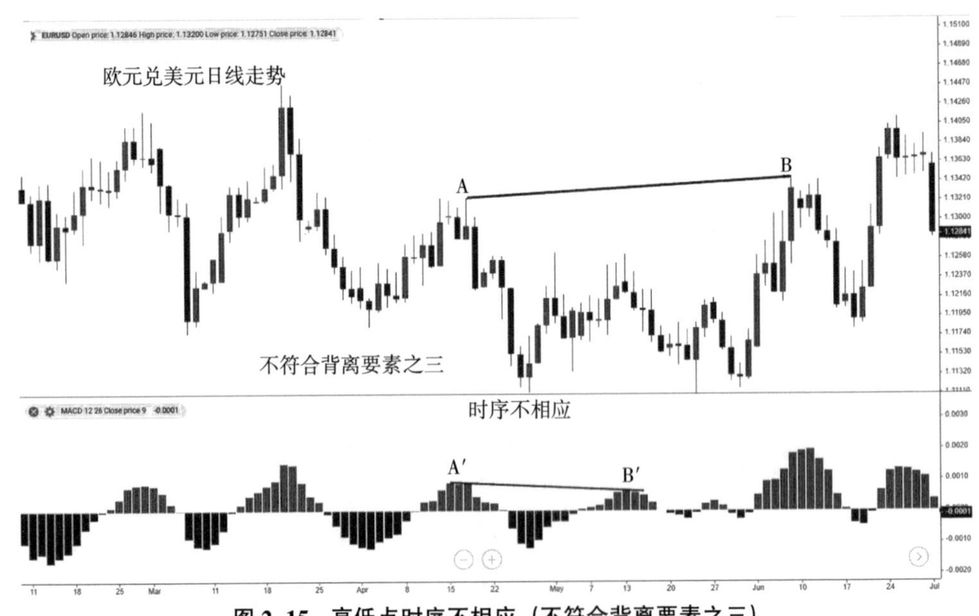

图2-15　高低点时序不相应（不符合背离要素之三）

资料来源：Metatrader5.0，Liteforex。

我个人比较注重常规背离，因为这是一种趋势反转信号，也体现了我强调的动量衰竭特征。隐式背离和延伸背离则更多体现了趋势延续特征。

背离三要素是判断一个背离是否成立的基本条件，现在我们来看三种最基本的背离类型（见图2-16）：常规背离（Regular divergence）、隐式背离（Hidden divergence）和延伸背离（Extended divergence）。

下面我们就开始具体介绍上述三种基本背离的特征和相关的交易要点。每一种大类的基本背离可以划分为看

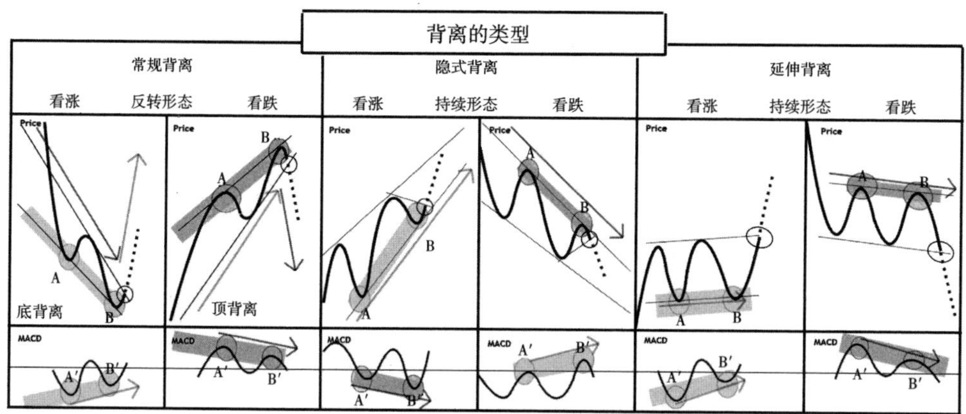

图 2-16 背离的三种基本类型和六种基本子类型

资料来源：Liteforex。

涨和看跌子类型。常规背离是一种趋势反转形态，也是本书重点介绍的背离。而隐式背离和延伸背离则是一种趋势延续形态或者说趋势中继形态。

在接下来的实例当中，我们将基于 RSI 或者 MACD 和价格的关系介绍及讲解外汇背离交易。技术背离存在三种基本类型或者说六种基本子类型，我们以 RSI 或者 MACD 和汇率走势来说明。

当然，本书的研习者也能够将 RSI 或者 MACD 换成前文提到的其他类型的震荡指标/动量指标，即便如此背离信号的类型也是一样的，这样就使背离交易更具个性化和弹性，能够适合个人和市场的特点。

常规背离（Regular divergence）在背离理论体系当中属于最常用的趋势反转信号（见图 2-17）。

先来看第一种子类型——常规底背离（Regular Bottom Divergence/Bullish Divergence）或者简称底背离，因为这是我们最常用的底背离信号。什么是底背离？底背离是一种抄底交易，因为出现这种背离信号后，汇率从下跌转为上涨的概率提高了。

在后续的章节中，除非特别说明，“顶背离”就是指“常规顶背离”，“底背离”就是指“常规底背离”。

底背离是一种基础结构，我自己在进行背离交易的时候会对此进行一些过滤。本书的阅读者和研习者也应该记住这一原则：背离是一个信号基础，需要加上另外的过滤信号来完善。比如散户持仓情况、COT 持仓极端值等，甚至可以加国债收益率曲线变化来考虑。

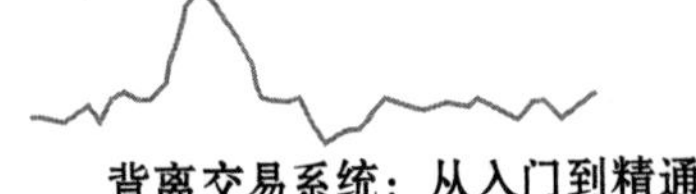

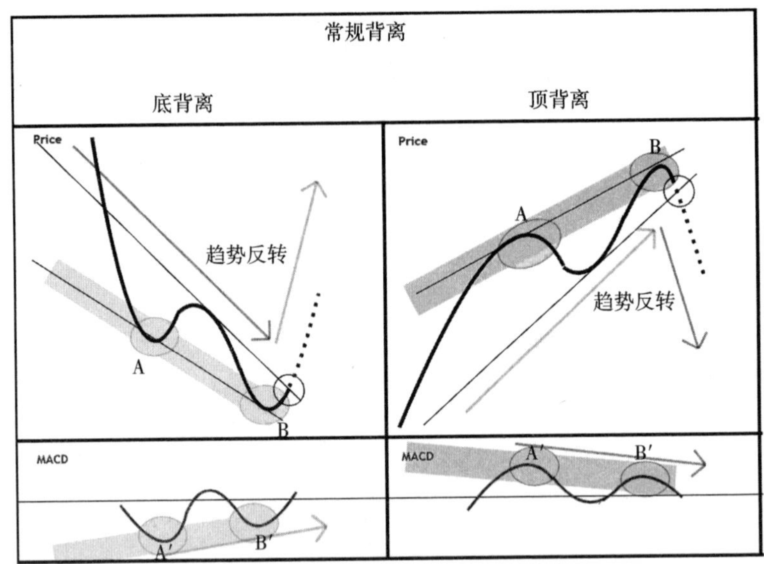

图 2-17 常规底背离和常规顶背离

资料来源：Liteforex。

抽象地讲当汇率低点下降，而相应的震荡指标低点抬升，那么底背离就出现了。就本质而言，震荡指标并未跟随汇率创出新低，这就意味着汇率下行的动量减弱了，此后转而上升的概率提高了。我们以参数为 6 的 RSI 为基础刻画底背离的情况（见图 2-18）。

在上述这个底背离实例当中，汇率走势形成 A 点和 B 点，B 点低于 A 点，这就是低点降低的波动情形。在 AB 这段汇率走势当中，相应的震荡指标 RSI 形成了 C 点和 D 点，D 点高于 C 点。虽然相对强弱指标 RSI 跟随汇率一同下跌，但是下跌幅度变小了，并未创出新低。下跌动量或者说加速度减小了，这就提高了做多的胜算率和风险报酬率。当然，单独的底背离并不能提供充分高的做多胜算率和风险报酬率，因此我们还需要结合其他技术指标，最好是心理或者基本面指标进行过滤。

狭义的背离就是常规底背离和常规顶背离，一般讲的底背离就是常规底背离，顶背离就是常规顶背离。

我们知道常规底背离是由价格低点和动量指标低点构成的，因此也可以利用 MACD 柱线来观察它。看一个欧

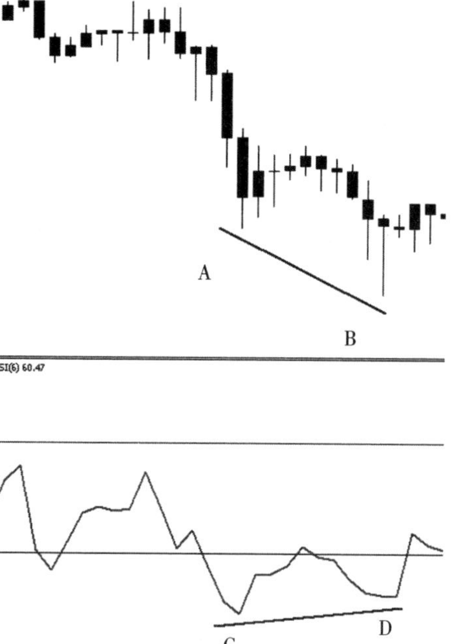

图 2-18　汇率与 RSI（6）构成的（常规）底背离

元兑美元日线走势的实际案例（见图 2-19）。汇价构筑了 A 和 B 两个低点，B 点稍低于 A 点。相应的 MACD 指标柱线也构筑了 A′和 B′两个低点，但是低点 B′高

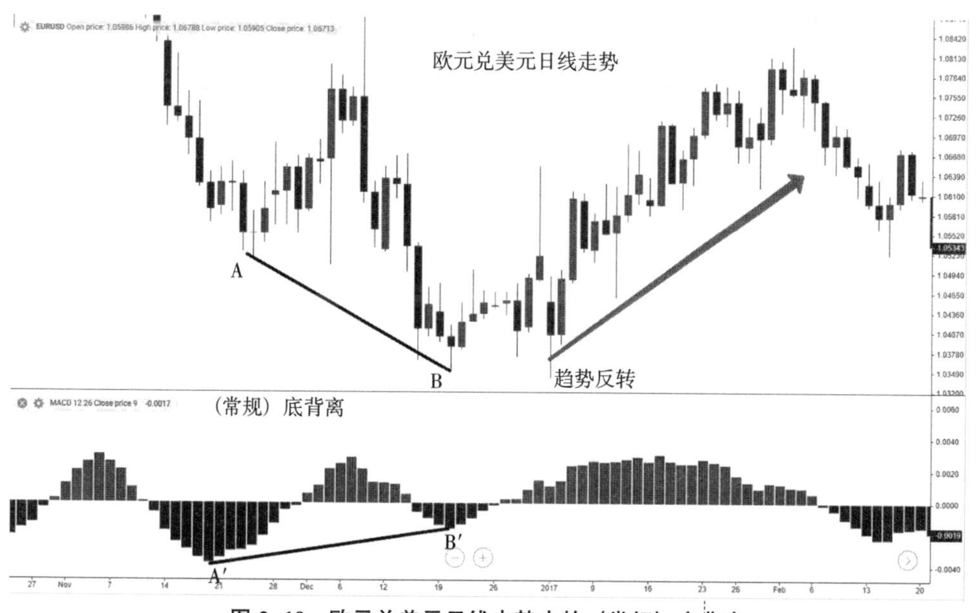

图 2-19　欧元兑美元日线走势中的（常规）底背离

资料来源：Metatrader5.0，Liteforex。

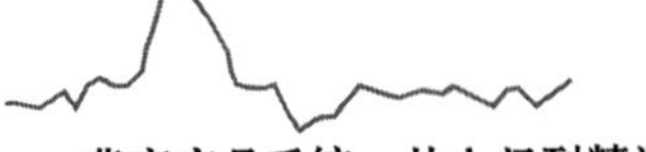

于低点 A′。理想状态下，底背离出现后趋势反转，从下跌转而上升。

再来看第二个 MACD 判定常规底背离的实例（见图 2-20），在欧元兑美元 1 小时走势上，汇价先是震荡下跌。找到最显著的两个点画出一条下降趋势线，我们期待价格出现下跌“动量衰竭”（底背离），然后等待汇价向上突破下降趋势线，确认趋势反转。**底背离是反转提醒信号，突破下降趋势线则是确认信号。**

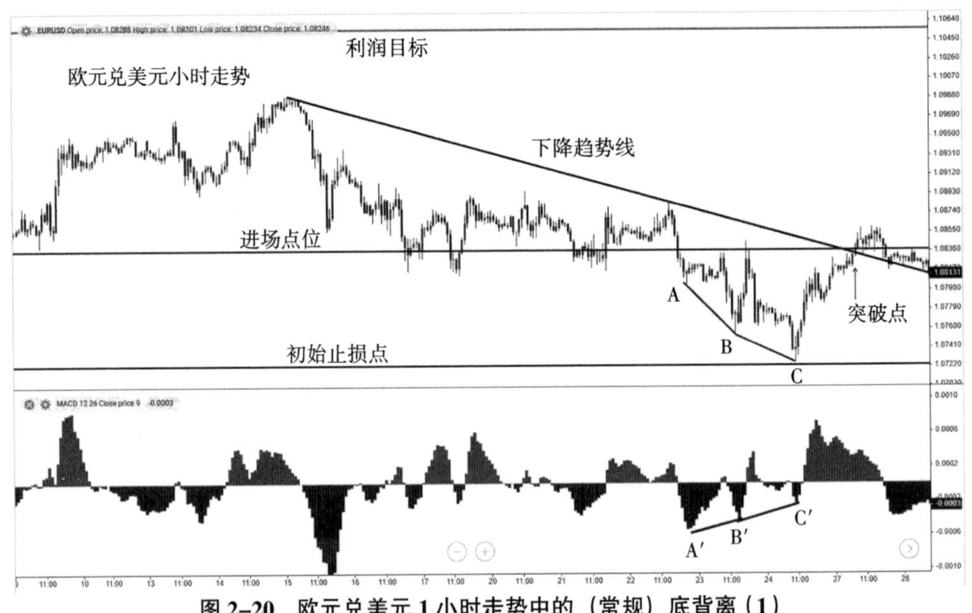

图 2-20 欧元兑美元 1 小时走势中的（常规）底背离（1）

资料来源：Metatrader5.0，Liteforex。

汇价先是形成了 ABA′B′这个常规底背离信号，但并未向上突破下降趋势线，因此只有提醒信号，没有确认信号。接着，汇价与动量指标继续背离，新的常规底背离 BCB′C′形成了一个新的提醒信号。这次价格迅速向上突破了下降趋势线，突破的标准是 K 线收盘在趋势线之上。初始止损点设置在 C 点之下，利润目标是止损幅度的两倍。当然，这只是简单示范，真正的交易可没有这么机械刻板（见图 2-21）。

第二种背离子类型是常规顶背离（Regular Top Divergence/Bearish Divergence），一般简称顶背离，因为它是最常用的顶背离信号。顶背离与底背离相对，有了前面对底背离的知识基础，我们这里对顶背离的理解就更加容易了。

价格上涨趋势中如果出现了顶背离，则转而下跌的概率就显著提高了。这个

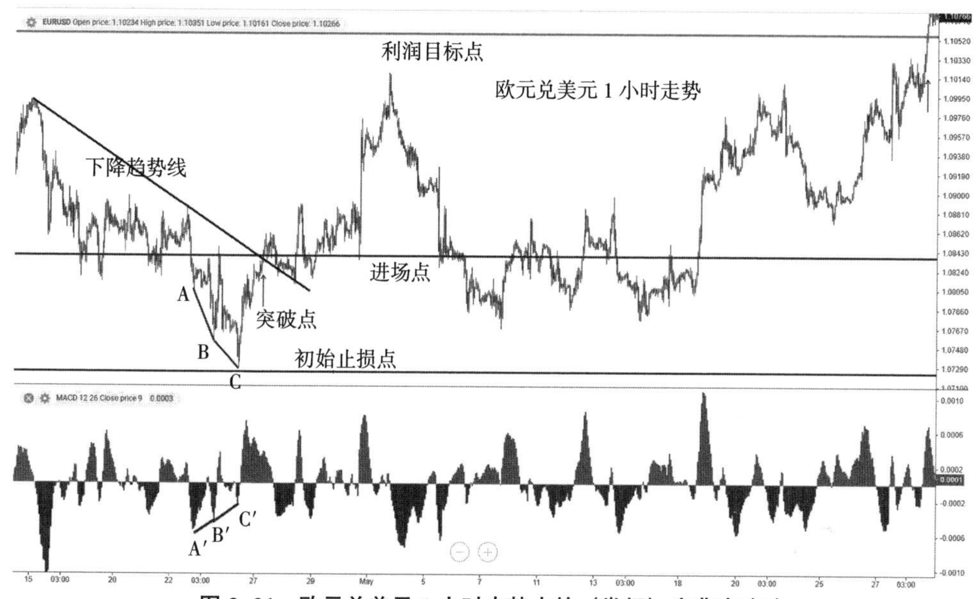

图 2-21　欧元兑美元 1 小时走势中的（常规）底背离（2）

资料来源：Metatrader5.0，Liteforex。

概率上的提高是否足够发出做空信号，对于资深外汇交易者而言不是一个简单的答案，需要其他辅助判断作为信号增强的手段。

顶背离出现在汇率创出新高，但是震荡指标高点降低的情况。究其本质而言，震荡指标并未跟随汇率上涨而一同创出新高，表明上涨动量正在减弱，因此高点降低了。我们同样以参数为 6 的 RSI 为基础刻画顶背离的情况（见图 2-22）。

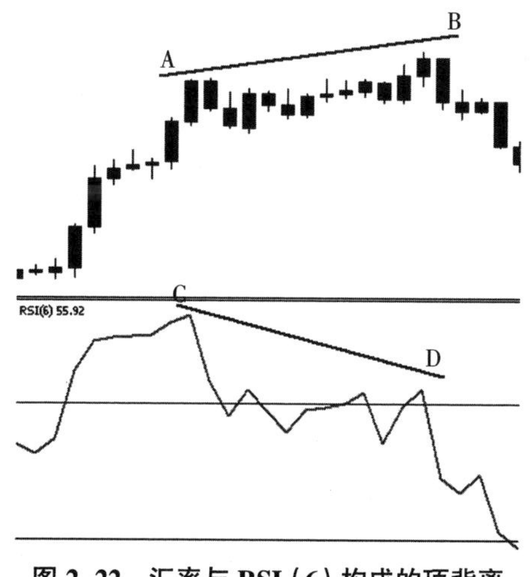

图 2-22　汇率与 RSI（6）构成的顶背离

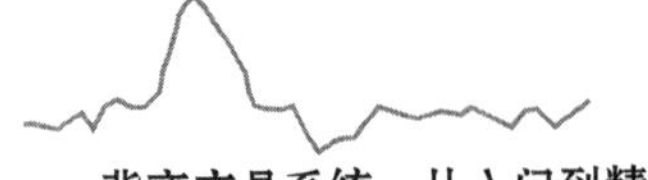

RSI是走势强弱的时间序列分析，能不能与走势强弱的横截面分析结合起来呢？这就是汇率之间的强弱比较了。

在上述这个顶背离的实例当中，汇率的上涨走势中出现了A点和B点两个波段高点，并且B点高于A点。与此同时，震荡指标RSI跟随价格波动上涨，也出现了相应的高点C和D，但是D点低于C点。顶背离出现意味着上升动力减弱了，震荡指标可以看作是走势强弱的时间序列变量，两波上涨的幅度在减少，力度在下降。这个时候做多的胜算率和风险报酬率就提高了，是否足以触发做多操作呢？通常还需要结合其他手段来进一步增益信号。

我们知道常规顶背离是由价格低点和动量指标低点构成的，因此也可以利用MACD柱线来观察它。常规顶背离可以由价格高点和MACD柱线高点构成，来看一个欧元兑美元日线走势的实际案例（见图2-23）。汇价构筑了A和B两个高点，B点稍高于A点。相应的MACD指标柱线也构筑了A′和B′两个高点，但是高点B′稍微低于高点A′。理想状态下，顶背离出现后趋势反转，从上涨转为下跌。

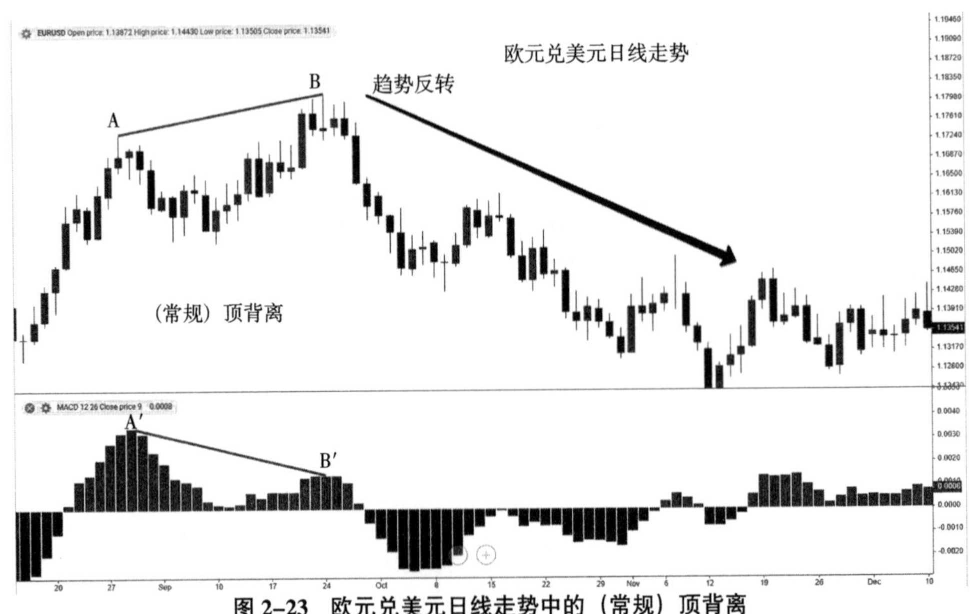

图2-23　欧元兑美元日线走势中的（常规）顶背离

资料来源：Metatrader5.0，Liteforex。

再来看第二个 MACD 柱线判定常规顶背离的实例（见图 2-24）。欧元兑美元小时走势中在一波持续的显著上涨之后出现了一个常规顶背离：汇价高点 B 高于前一高点 A，但是动量指标 MACD 柱线相应的高点 B′却低于高点 A′。汇价创高点，动量指标高点走低，典型的“动量衰竭”（Momentum Exhausting）特征。

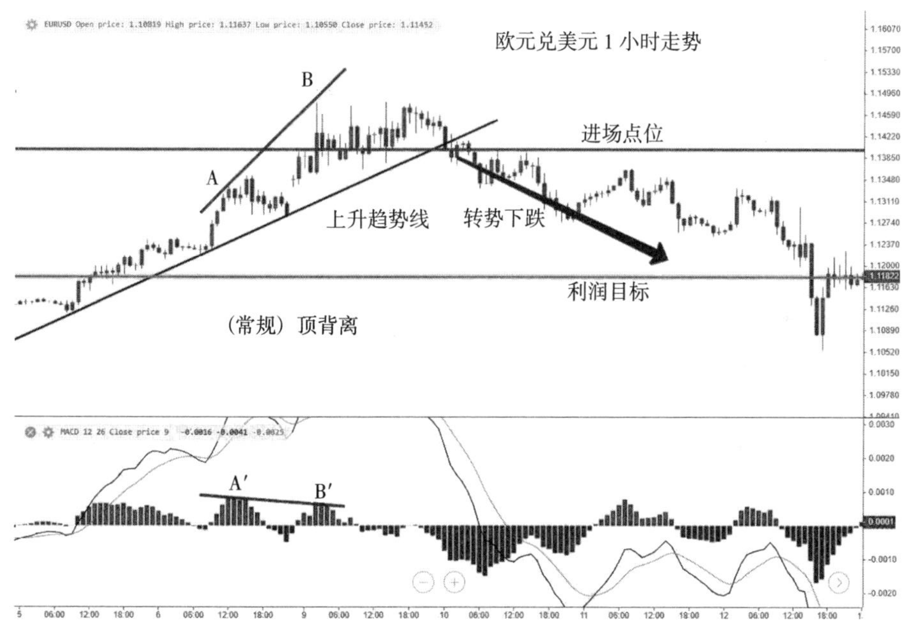

图 2-24　欧元兑美元 1 小时走势中的（常规）顶背离（1）

资料来源：Metatrader5.0，Liteforex。

当然，在交易实践当中，常规顶背离信号出现，一般只作为趋势反转的提醒信号，还需要进一步的信号过滤或者说确认信号。在本例中，我们看到了一条从左下指向右上的上升趋势线，我们可以用这条趋势线作为过滤或者确认信号。当 K 线收盘价跌破这条上升趋势线的时候，进场信号就触发了。进场点位用最上方的那根水平线标注出来了。初始止损点设置在进场点 K 线上方，盈利目标则设定在下方水平线处。

接着来看第三个 MACD 柱线判定常规顶背离的实例（见图 2-25），这个例子也是欧元兑美元小时走势。汇价在上升过程中形成了两个高点 A 和 B，其中 B 点显著高于 A 点。动量指标 MACD 柱线形成了相应的两个高点 A′和 B′，其中 B′点低于 A′点，上升动量有衰竭之象，这是一个做空的提醒信号。

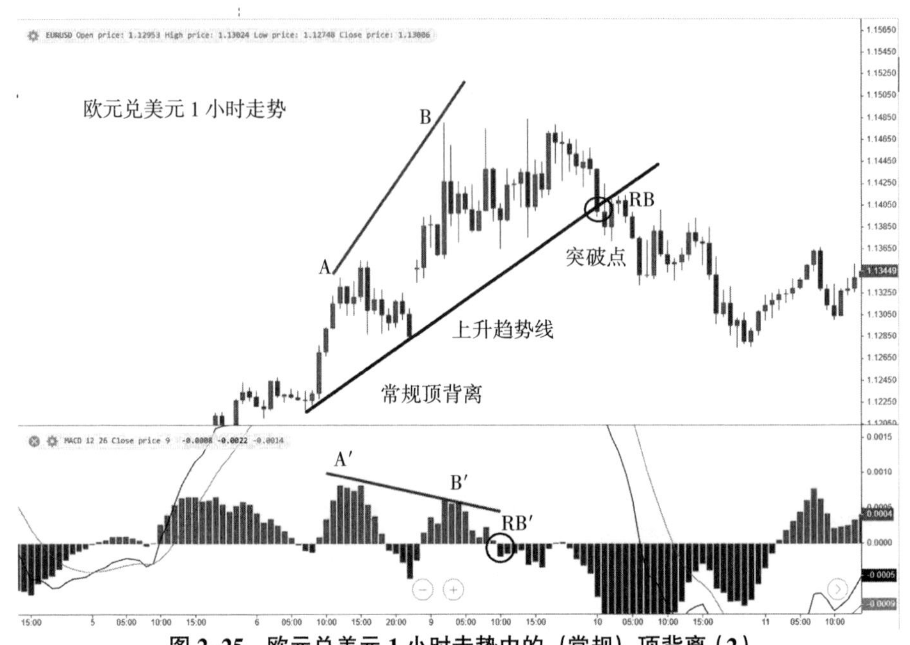

图 2-25　欧元兑美元 1 小时走势中的（常规）顶背离（2）

资料来源：Metatrader5.0，Liteforex。

RB 是“Real Breaking”的简写。

我们叠加一个简单的确认信号，或者说对背离信号进行过滤。具体来讲就是利用上升趋势线来进一步确认顶背离信号。顶背离出现之后，汇价向下跌破上升趋势线（RB），则确认下跌成立。还有一种更为及时的确认信号是采用 MACD 柱线穿越，顶背离之后 MACD 柱线在 RB′下穿零轴，这就是进场做空的确认信号。

第三种背离子类型是隐式底背离（Hidden Bottom Divergence/Hidden Bullish Divergence）。隐式背离不是我们本书的主角，它是一种趋势延续形态，或者说动量延续形态，与 N 字结构有关。看涨隐式背离中出现了上涨 N 字结构，看跌隐式背离中出现了下跌 N 字结构（见图 2-26）。

看涨隐式背离中，汇价形成两个低点 A 和 B，其中 B 点高于 A 点。动量指标也形成两个相应的低点 A′和 B′，但是 B′高于 A′。汇价上升过程中出现了回调，第二次回

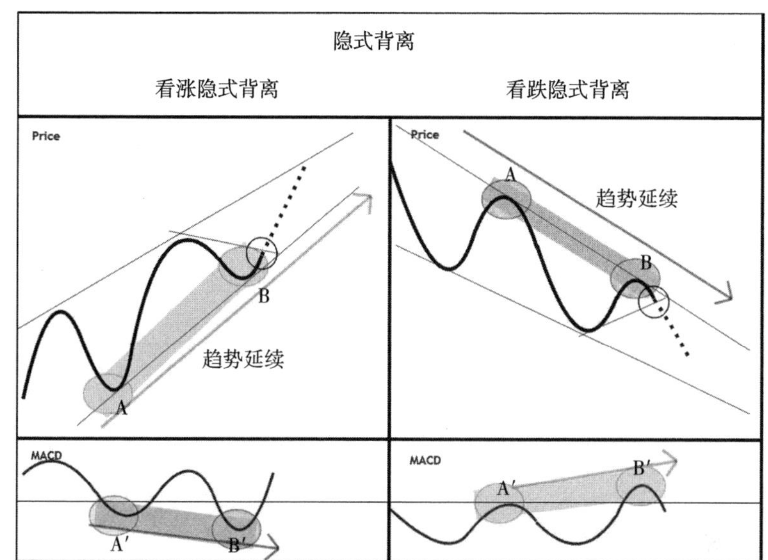

图 2-26　隐式底背离（看涨）和隐式顶背离（看跌）

资料来源：Liteforex。

调的程度更轻，但是相应的动量指标却回调到了更深的程度，这意味“代表价格的现象回调程度不深”，但是“代表本质的动量已经回调到位了”。

如果你还不懂，那么我换一个更加清晰的角度再解释一遍。假设我们用的是KD之类的震荡指标，当然它也是动量指标的一种，属于时序动量。用KD代替这里的MACD指标，那么在A点回调时，KD在50附近金叉，而在B点回调时，KD则在20以下金叉，这就意味着在B点的实际回调程度更深，处于超卖金叉状态，那么回升的动量更足了，这属于另一种形式的动量反转或者说短期下跌动量衰竭。

看跌隐式背离构造则是汇价下跌过程中形成了两个反弹高点A和B，动量指标也相应地形成了两个高点A′和B′。其中，B点低于A点，而B′点则高于A′点，此后价格继续上升的可能性很大。因为在B′点处获得了比A′点处更大的短期反转动量，进而延续了上行趋势。所以，**从本质上来看常规背离体现了中期的动量反转，从而带来了趋势反转；隐式背离体现了短期的动量反转，从而带来了趋势延续**。常规背离反转了趋势；隐式背离反转了调整，恢复了趋势。

相对底背离而言，隐式底背离采用的要更少一些，其背后的市场动力机制也存在一些差别。隐式底背离形态中，汇率在下降趋势中以向上N字的方式走高，

低点升高，相应的震荡指标却出现低点降低的走势。汇率上涨中出现了回调，但是不破前面低点，而相应的震荡指标却出现了更严重的超卖。也可以这样理解：**小幅的汇率回调却引发了更大程度的超卖**。基于魏老师所建立的进场框架，见位交易会出现在这个位置，顺势进场。我们还是以参数为 6 的 RSI 为基础刻画隐式底背离的情况（见图 2-27）。

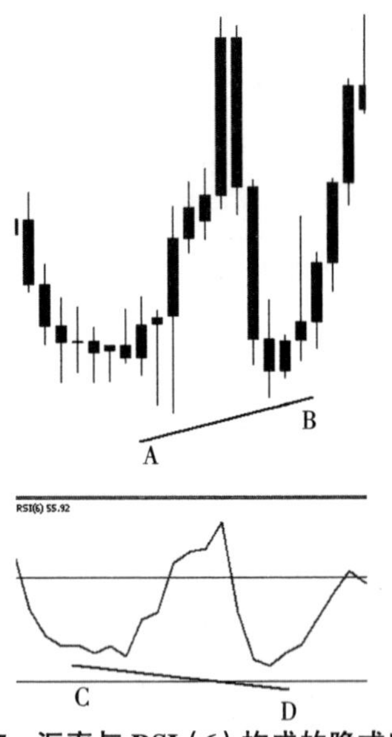

图 2-27　汇率与 RSI（6）构成的隐式底背离

在上述实例当中，汇率上涨中出现了回落，形成一个低点 B，但是这个 B 点要高于此前的低点 A，这就是所谓的低点抬升了。相应的震荡指标 RSI 也形成了两个低点：C 点对应于 A 点，D 点对应于 B 点。D 点比 C 点更低，也就是超卖程度更严重。

能否利用均线系统对隐式背离信号进行过滤？

ABCD 四点的隐式底背离信号出现之后，背离交易者就应该寻找进场做多的机会了。隐式底背离特别时顺势交易者，因为这一结构融合了向上 N 字和动量背离两个因素。

我们再来看一些 MACD 柱线判定隐式底背离/看涨

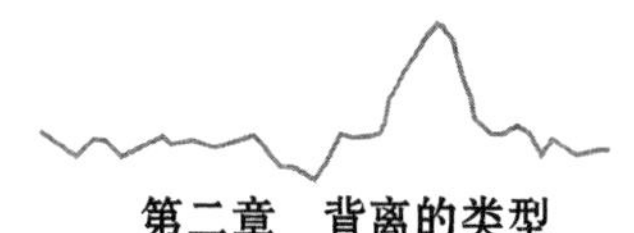

隐式背离的具体例子。这是欧元兑美元小时走势（见图2-28），也就是每根K线代表一个小时的价格波动情况。汇价形成了两个低点A和B，相应的MACD柱线形成了两个低点A′和B′。其中B点高于A点，而B′点则低于A′点。

价格的B点和A点附近的K线形态也比较有代表性。背离高点或者低点附近的K线形态可以提高我们的研判有效性。

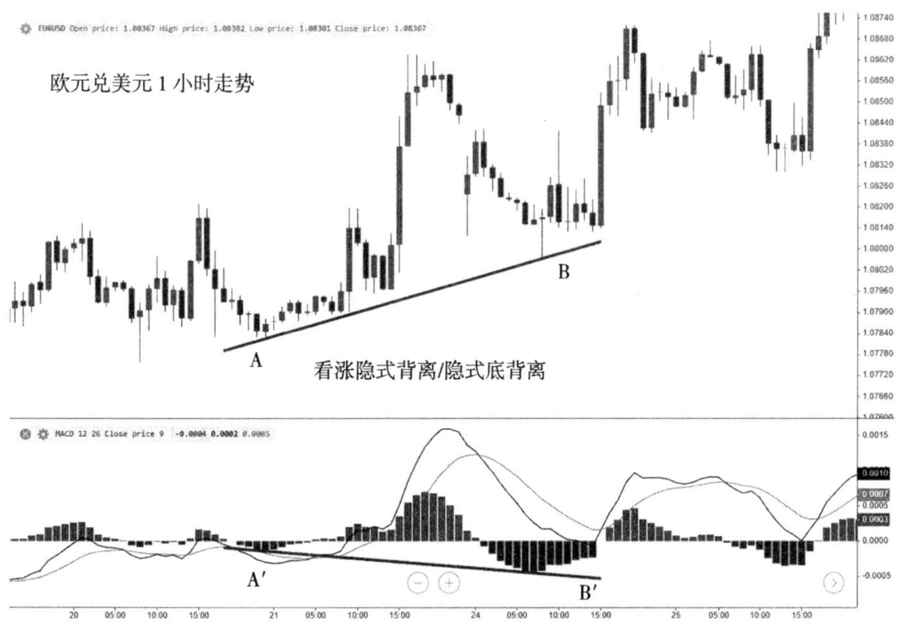

图2-28 欧元兑美元1小时走势中的看涨隐式背离（1）

资料来源：Metatrader5.0，Liteforex。

接着是第二个MACD柱线判定看涨隐式背离的实例（见图2-29），也是欧元兑美元小时走势，汇价形成了两个低点，逐渐形成抬升之势。汇价低点B显著高于低点A，而动量指标MACD柱线则形成了相应的低点A′和B′，其中B′点显著低于A点。ABA′B′形成了一个显著的看涨隐式背离，这是一个提醒信号，意味着趋势继续上涨的可能性很大。我们设定MACD柱线向上穿越零轴作为进一步确认的信号，也就是在看涨隐式背离出现后如果MACD柱线向上穿越零轴，则可以进场做多。看涨隐式背离出现

在实际背离交易中，我通常倾向于将初始止损防止在B点外侧，而不是A点外侧，也不会设定具体的利润目标，而是设定合理的跟进止损点。

后，MACD柱线在RB′处向上穿越零轴，则我们在RB处进场做多，初始止损点放置在A点之下，利润目标为初始止损幅度的两倍，风险报酬率为2：1。

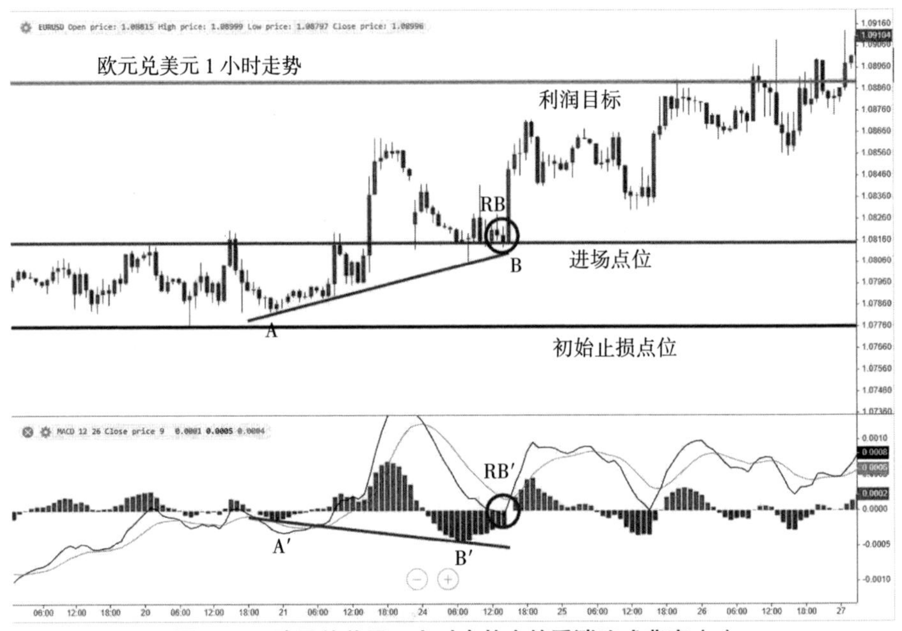

图2-29　欧元兑美元1小时走势中的看涨隐式背离（2）

资料来源：Metatrader5.0，Liteforex。

第四种背离子类型是隐式顶背离（Hidden Top Divergence/ Hidden Bearish Divergence）。价格上涨后出现下跌然后反弹形成一个次高点，也就是魏老师经常说的向下N字结构，相应的震荡指标形成抬升的两个高点，这就是隐式顶背离，它是隐式底背离的镜像。

当汇率在中长期平均线下面出现顶背离或者隐式顶背离时，是非常好的见位做空机会。当然，顶背离也是很好的败位做空机会，因为这是一种向上突破失败的形态，通常称为“多头陷阱”或者“海龟汤交易机会”。

就技术本质来讲，价格高点下降是趋势向下的特征，而指标在次高点形成程度更严重的超买表明幅度较小的上升易导致了更强大的压力。顺势做空的外汇见位交易者往往会选择汇率反弹形成次高点的时候进场做空，这就是隐式顶背离与见位做空交易的关系。我们仍旧以参数为6的

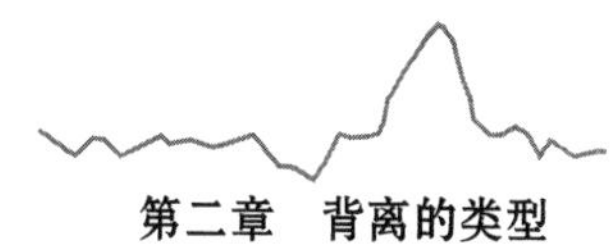

RSI 为基础刻画隐式顶背离的情况（见图 2-30）。

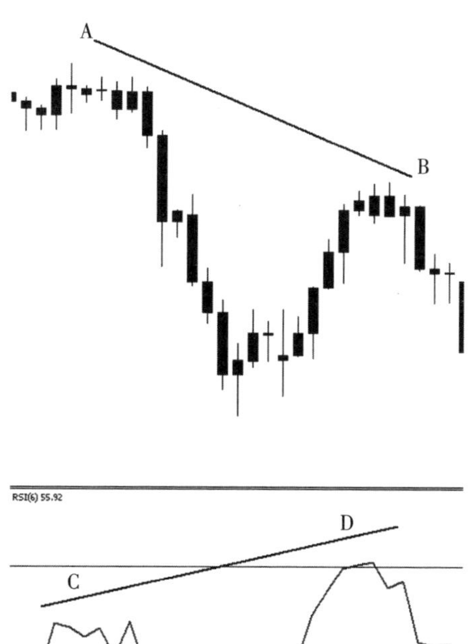

图 2-30　汇率与 RSI（6）构成的隐式顶背离

在上面这个隐式顶背离实例当中，价格形成了两个高点 A 和 B，其中 B 点低于 A 点。同时，震荡指标 RSI 也相应地形成了两个高点，它们就是 C 点和 D 点，分别与 A 点和 B 点对应，其中 D 点高于 C 点，超买程度更严重。

再来看看 MACD 柱线判定跌隐式背离的实例（见图 2-31），还是在欧元兑美元小时走势上。汇价在下降趋势中有两次显著的反弹，形成了两个高点 A 和 B。动量指标形成了相应的高点 A′和 B′。其中，汇价高点 B 低于 A，而 MACD 柱线高点 B′高于 A′。看跌隐式背离形成后，欧元兑美元继续下行。

A 点附近存在“流星线”，B 点附近有“看跌孕线”。

接着看第二个 MACD 柱线判定看跌隐式背离的实例（见图 2-32），也是在欧元兑美元小时走势上。汇价形成

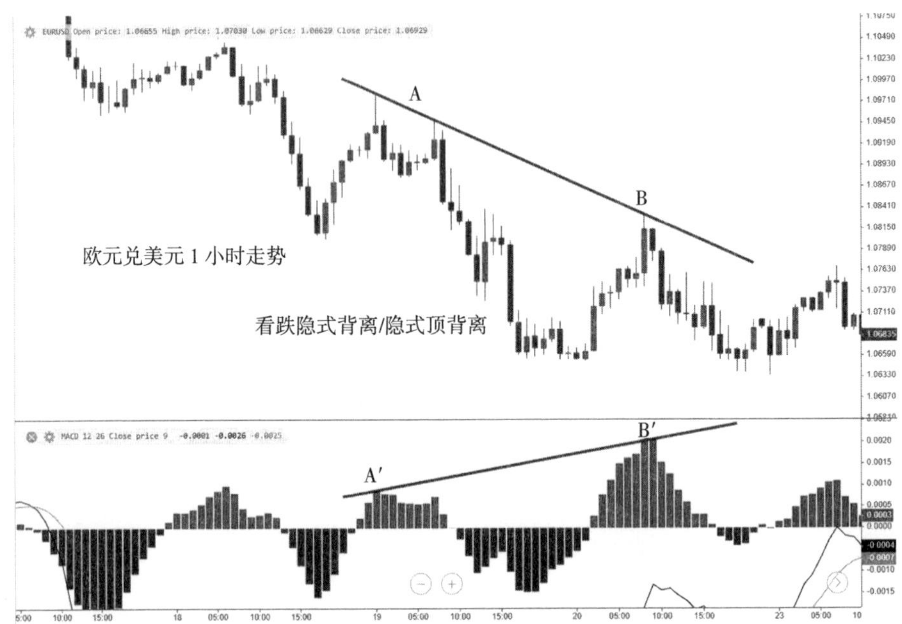

图 2-31　欧元兑美元 1 小时走势中的看跌隐式背离（1）

资料来源：Metatrader5.0，Liteforex。

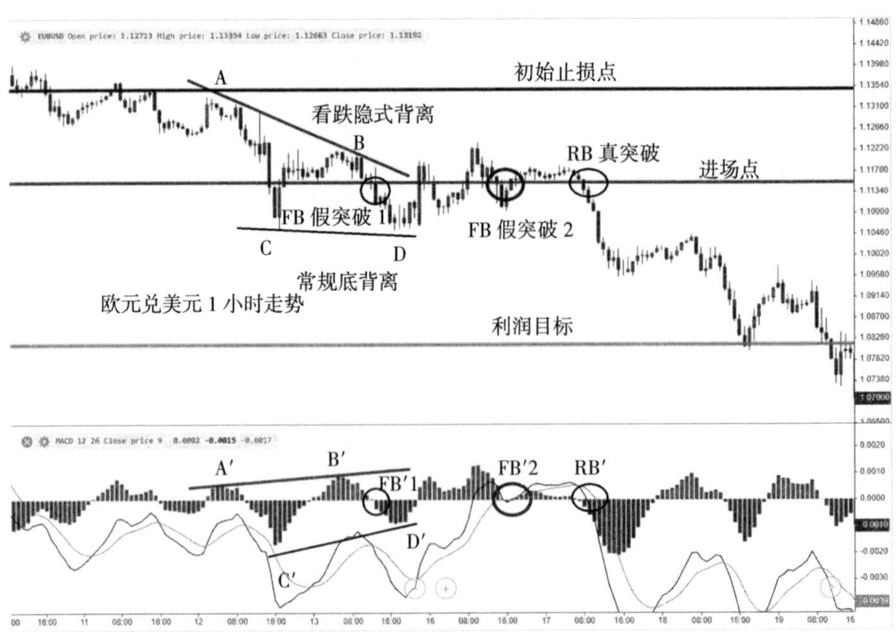

图 2-32　欧元兑美元 1 小时走势中的看跌隐式背离（2）

资料来源：Metatrader5.0，Liteforex。

两个高点 A 和 B，其中 B 点低于 A 点。动量指标 MACD 柱线相应地形成了两个高点 A′和 B′，B′点高于 A′点。这就是典型的看跌隐式背离。在实际交易中，单纯的背离信号只能作为提醒信号，进场的话至少还需要一个确认信号。在这里，我们简单地以 MACD 信号线向下穿越零轴作为确认信号。也就是说看跌隐式背离信号出来了，还要通过 MACD 柱线向下穿越零轴来确认。

在 MACD 柱线在 FB′1 处下穿零轴，这个时候进场做空，初始止损点设置在 A 点之上。利润目标为两倍初始止损幅度。此后汇价在 CD 处形成了一个常规底背离 CD-C′D′。这个时候可以根据常规底背离等待做多信号，也可以不管这个信号继续持有空头，这个就是个人的交易习惯了。此后，在 FB′2 处 MACD 柱线下穿零轴，但是很快又拉起来，接着在 RB′处真正下穿零轴，开启了恢复到了下跌趋势中。

最后，我们来介绍下延伸背离（Extended Divergences）的名字来与“横盘整理”关系密切，你可以将“Extended”理解为“横向延伸”的走势。**隐式背离是趋势中的两次相邻回撤**，具体来讲就是上涨趋势的两次回调，或者是下跌趋势中的两次反弹，而**延伸背离更多的是趋势中继整理**。隐式背离的两次回撤之间是有一段驱动波段的，也就是趋势波段，而延伸背离整体就是一次横向整理。就共同点而言，**延伸背离和隐式背离都是趋势中的中继形态，完成后趋势继续发展。**

延伸背离和隐式背离适合用于趋势调整过程中，帮助我们识别趋势的延续性，就短期动量而言，它们都意味着“调整已经结束了”。不过，由于延伸背离进程出现在横向震荡走势中，缺乏显著的价格高低点，因此容易被忽略掉。许多交易者并未将延伸背离作为一个交易信号，而是

就我个人经验而言，最好利用震荡指标，比如 KD 的超买死叉或者超卖金叉来利用所谓的隐式背离以及延伸背离中的回撤走势，而不是放到背离范畴中来复杂化。

认为它仅是无趋势的震荡走势而已。

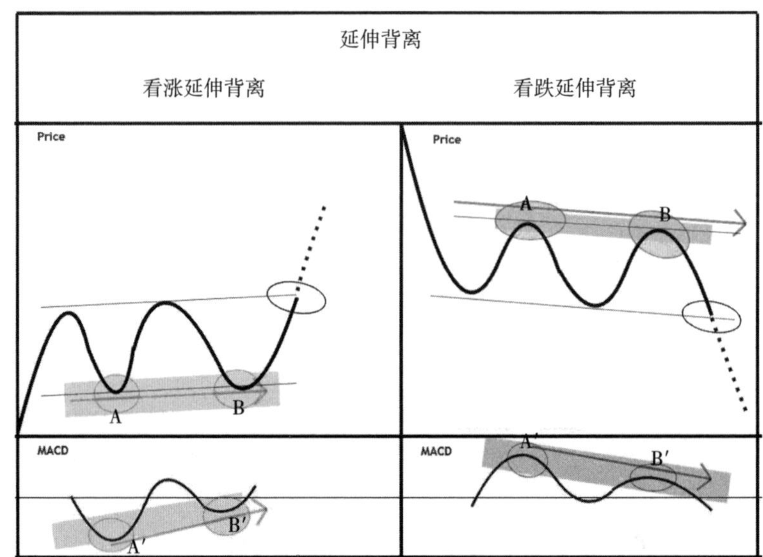

图 2-33 看涨延伸背离和看跌延伸背离

资料来源：Liteforex。

看涨延伸背离中汇价是两个低点 A 和 B，A 和 B 点差不多在同一水平上，B 点可以略高或者略低于 A 点，也可以完全在同一水平位置上。但是，动量指标形成的相应低点 A′和 B′，则要求 B′高于 A′。

看跌延伸背离中汇价是两个高点 A 和 B，A 和 B 点差不多在同一水平上，B 点可以略高或者略低于 A 点，也可以完全在同一水平位置上。但是，动量指标形成的相应高点 A′和 B′，则要求 B′低于 A′。

我们来看一些 MACD 柱线判定延伸背离的具体实例，欧元兑美元小时走势出现了宽幅震荡走势（见图 2-34），出现了两个低点 A 和 B，MACD 柱线相应地也出现了两个低点 A′和 B′。A 和 B 构成了一个双底形态，而动量指标的 B′高于 A′，由于 A 点和 B 点处于横盘震荡走势中，因此，ABA′B′就构成了一个较为典型的看涨延伸背离形态。

接着再来讲一个看跌延伸背离的实例（见图 2-35），欧元兑美元小时走势在震荡下跌中出现了一段持续时间较长的宽幅震荡走势，其间有两个高点 A 和 B，MACD 柱线出现了相应的两个高点 A′和 B′。汇价高点 A 和 B 基本上处于相同的

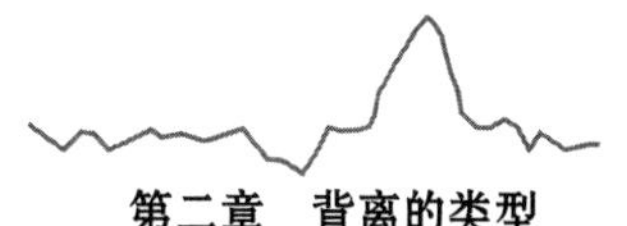

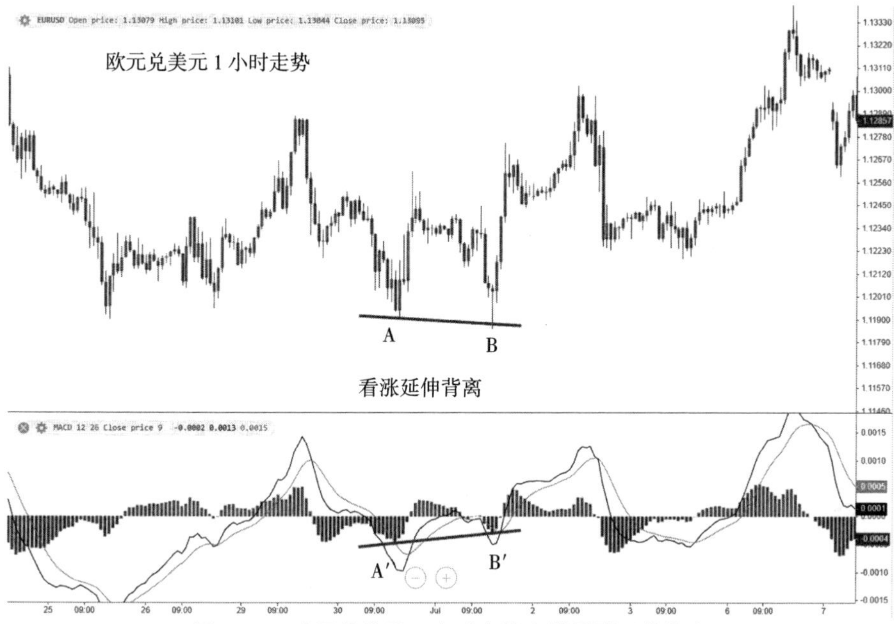

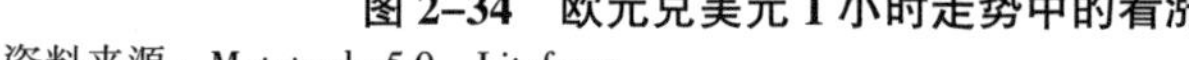

图 2-34　欧元兑美元 1 小时走势中的看涨延伸背离

资料来源：Metatrader5.0，Liteforex。

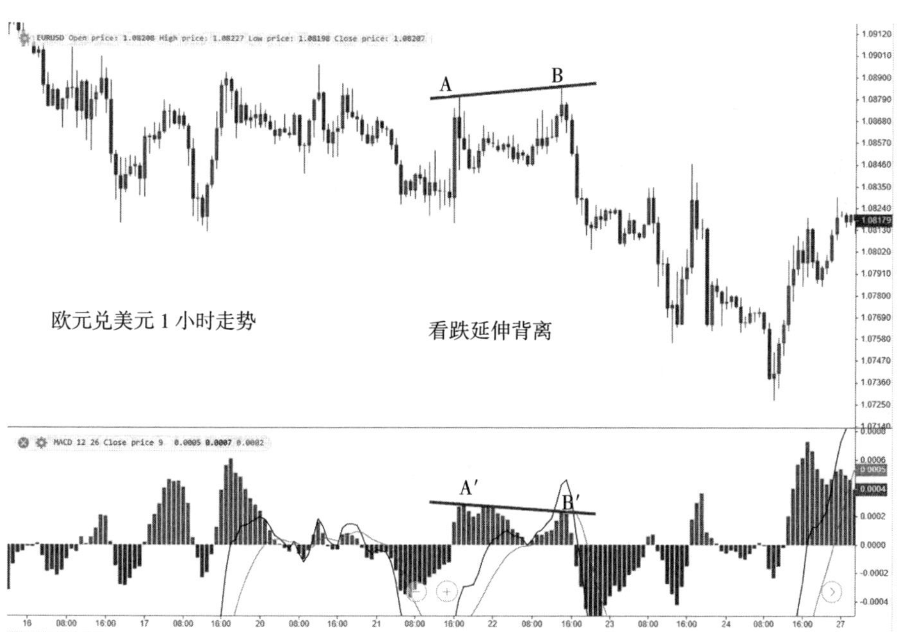

图 2-35　欧元兑美元 1 小时走势中的看跌延伸背离

资料来源：Metatrader5.0，Liteforex。

高度，相应的动量高点 B′却低于 A′。因此，ABA′B′就构成了一个较为典型的看跌延伸背离形态。

如果你仔细观察的话，实际上可以将延伸背离与常规背离的差别归结为 A 点之前是否存在显著的趋势。在常规底背离中，A 点之前是显著的下跌趋势;而在看涨延伸背离中，A 点之前是有一段下跌，但拉长来看则是一个宽幅震荡走势。在常规顶背离中，A 点之前是一个显著的上升趋势；而在看跌延伸背离中，A 点之前是一段上涨，但扩大视野来看，也是一个宽幅震荡走势。

但无论是常规背离还是延伸背离，A 点之前的一个小波段其实特征差不多：常规底背离和上涨延伸背离之前都是一波下跌走势；**常规顶背离和下跌延伸背离之前都是一波上涨走势**。

拉长来看就是区别，**常规背离往往是趋势逆转的特征；延伸背离往往是趋势延续的特征**。

那么，在基于各种背离类型进行判定和交易的时候，我们容易犯哪些错误？下面，我们就来谈谈最容易犯的那些错误。

第一个背离交易者最容易犯的错误是分析背离的时候价格采用高点，而动量指标采用低点，又或者是价格采用低点，而动量指标采用高点。这就违背了我们提到的背离三要素之一。

第二个背离交易者最容易犯的错误是机械地将两个相同的指标高点或者低点当作是 A′点和 B′点，而没有关心是不是处在同样一段价格运行趋势中。

第三个背离交易者最容易犯的错误是没有连接显著的动量高点或者低点，而是直接利用一段动量走势来判定背离。

第四个背离交易者最容易犯的错误是判定背离时没有注意到时序不相应的情况。价格 A 点不对应于动量 A′点，或者是价格 B 点不对应于动量 B′点，价格和动量 ABA′B′四个点完全不同步，时序不相应，这也违背了我们提到的背离三要素。

第五个背离交易者最容易犯的错误是仅依照背离就进场交易。毕竟，背离只是一个提醒信号，也存在许多噪声，因此会发出虚假信息。

第六个背离交易者最容易犯的错误是背离出现很久之后才据此进场交易。背离出现时，信号就发出了，你可以叠加时间上同步的过滤手段，但是不能依据此

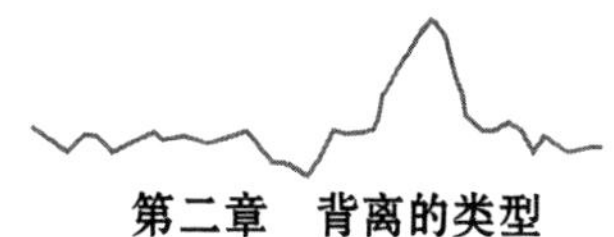

前的背离进场交易。

第七个背离交易者最容易犯的错误是将任何类型的背离都当作是趋势反转信号。如果你认真学习了此前的内容，那么就应该认识到不同类型的背离对应不同的趋势阶段，在趋势延续阶段我们有隐式背离和延续背离，在趋势转折阶段我们有常规背离。

第八个背离交易者最容易犯的错误是未能在每笔交易中设定止损点，初始止损点的设置需要逐步根据经验去完善。

许多交易者都会问同样一个问题：背离交易的胜算率有多少呢？在回到这个问题的时候，真正重要的是我们要牢记一点：技术指标并非确定性的预测工具，它们仅提供了行情走势的概率分布。对于资深的交易者而言，基于综合和交叉验证的原理能够建立一个更高的概率研判系统。正是因为交易者是在处理概率问题，因此风险管理是任何背离交易策略的必要构件。

第三章　趋势线和背离

先天而天弗违，后天而奉天时。时止则止，时行则行，动静不失其时，其道光明。

——《周易》

贤人君子，明于盛衰之道，通乎成败之数，审乎治乱之势，达乎去就之理。故潜居抱道，以待其时。

——《素书》

天下大势，浩浩荡荡，顺之者昌，逆之者亡。

——孙中山

你需要关注那些最基本的东西，并据此构建起你的推理，然后看你所得到的结论是有效还是无效。这一结论可能与人们过去所得出的结论相同，也可能有所不同。但是不论怎样，能够形成这样的思维方式是有一定难度的。

——埃隆·马斯克（Elon Musk）

我强力推荐在交易背离时，务必要增加一层保障或者过滤，例如叠加一种趋势指标。单纯的背离信号并不十分可靠，很多交易者只根据背离信号进行交易不太容易获得满意的绩效。

——诺尔夫·施洛特曼（Rolf Schlotmann）

趋势线是最简单的技术分析，也可以算得上是技术分析得最早、最基本形式。在前面的课程当中，我们经常会在背离分析和交易当中用到趋势线，特别是将上涨趋势线和下跌趋势线用作确认信号。

本章将围绕一个我的私房策略展开。我们不知道是否有人曾经分享过类似的策略，这个策略作为我整个背离交易体系中的一个子策略，已经使用了好多年，在不太大的账户上每个月可以赚到25%左右的利润。

当然，复利是很难维持这样高的利润增长幅度的，这整体上是算术增长率。这个策略结合了背离与趋势线，在本章我将深入地解决这个策略的方方面面。这个策略除了用来交易外汇也可以用来交易贵金属等。我通常在5分钟、15分钟、1小时、4小时、日线等K线走势上采用这一策略，低于5分钟的时间框架则不推荐，因为这些时间框架下盯盘比较累。

在《外汇交易圣经》《外汇短线交易的24堂精品课》等专著中，我们都全面地探讨了外汇日内的时间节律，可以与这里的策略结合起来理解和使用。

亚洲市场主导的时候，我一般会降低仓位或者不参与交易，而是选择在伦敦外汇市场开始后观察机会。当然，这是一个基本策略，你还需要结合市场情绪和数据来过滤信号，这就需要个性化的完善了。或许你可以将这个策略作为基础来发展自己的更有效策略，下面我就开始讲这个策略了。

我只会采纳常规背离结合倾斜趋势线来操作。因此，本章提到的底背离仅仅是指常规底背离，提到的顶背离也狭隘地指常规顶背离。在本书中，除非特别强调，底背离都是常规底背离，顶背离都是常规顶背离。

我们具体的进场策略是：**当汇价出现顶背离的时候，我们等待向下跌破上升趋势线的进场做空信号；当汇价出现底背离的时候，我们等待向上升破下降趋势线的进场做多信号**。是不是非常简单明了？

那么，出场怎么办呢？出场的策略有很多，这里暂且不表，你可以根据本书其他部分来制定出场策略，也可以参考《外汇短线交易的24堂精品课：面向高级交易者》第二十四课“万法归宗之出场的四种方法：同位、后位、前位和进位”。

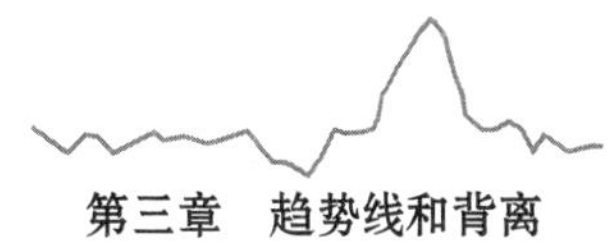

下面来看一些具体的例子，大部分是 5 分钟走势上的实例，还有少部分小时走势上的例子，但本章介绍的进场策略也可以用到其他时间框架上，比如 15 分钟或者日线走势上。

第一个实例是欧元兑美元 5 分钟走势上的（见图 3-1），汇价从 1.1221 附近上涨。先是形成了高点 A 和 B，动量指标 MACD 相应地形成了两个高点 A′和 B′。其中，汇价的点 B 高于点 A，而动量的点 B′低于点 A′。

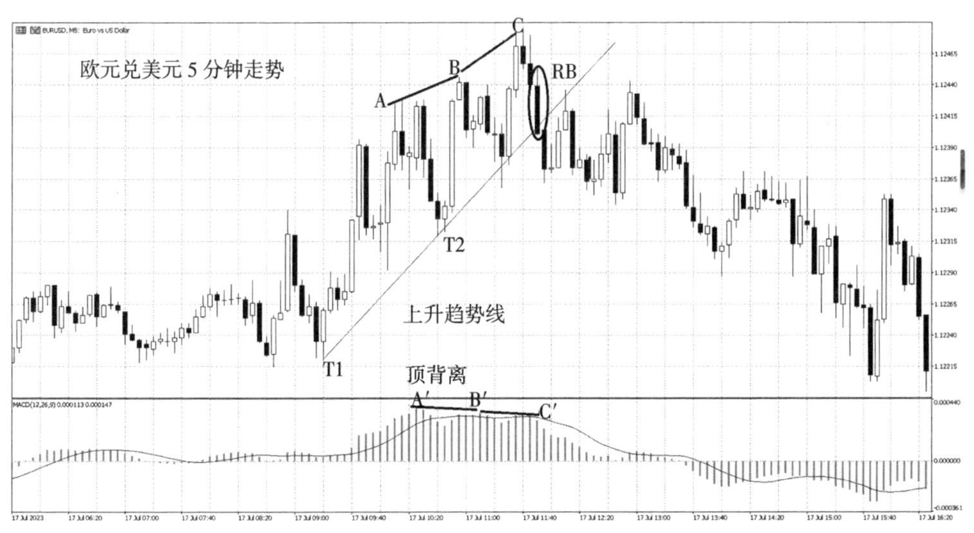

图 3-1　欧元兑美元 5 分钟走势顶背离（1）

资料来源：Metatrader5.0，DINA。

ABA′B′形成了一个顶背离，T1 和 T2 形成了一个上升趋势线。我们等待 ABA′B′后汇价跌破上升趋势线 T12，但是汇价却在盘中跌穿 T12 后，5 分钟 K 线收盘在此线之上，一个看涨吞没。不久，形成了一个新的顶背离 BCB′C′，其中汇价 C 点高于 B 点，MACD 柱线 C′点低于 B′点。我们继续等待二次背离 BCB′C′之后，汇价跌破上升趋势线 T12。最后，汇价在 RB 处跌破了上升趋势线 T12，进场做空信号触发。

背离提醒交易者动量衰竭了，"跌破趋势线"确认动量反转了。

第二个实例是欧元兑美元5分钟走势上的（见图3-2），汇价从1.1200附近开始上涨，走势稳健，在1.1238附近形成两个高点A和B，MACD柱线形成两个相应的高点A′和B′。

图3-2 欧元兑美元5分钟走势顶背离（2）

资料来源：Metatrader5.0，DINA。

本书介绍的方法，其实不仅可以用于外汇交易，也可以用来操作期货和股票，基本思路是一样的。只是在基本面和心理面过滤上需要采用各自市场的特定指标和数据而已。

其中，汇价高点B高于高点A，动量高点B′低于A高点A′，ABA′B′构成了一个顶背离。以T1和T2两个低点构筑上升趋势线T12，我们等待汇价跌破此线。不久之后，一根大阴线在RB处跌破了上升趋势线T12，进场做空信号确认了。

第三个实例是欧元兑美元5分钟走势上的（见图3-3），汇价在1.1000整数关口附近长期盘整后上行。涨到1.1080附近形成两个高点A和B，动量指标MACD形成了相应的两个高点A′和B′。其中，汇价B点高于A点，MACD柱线高点B′低于高点A′。

一个典型的顶背离ABA′B′形成了，这是一个上升动量衰竭的信号，在策略中则定义为“提醒信号”。以上升

图 3-3　欧元兑美元 5 分钟走势顶背离（3）

资料来源：Metatrader5.0，DINA。

趋势的低点 T1 和 T2 构筑上升趋势线 T12，我们等待顶背离之后汇价跌破此趋势线。B 点之后，汇价跌至上升趋势线 T12 上方，盘整一段时间后形成下降旗形后再 RB 处跌破 T12，进场做空信号确认。

第四个实例是欧元兑美元 5 分钟走势上的（见图 3-4），汇价持续下跌，在 1.1154 和 1.1130 附近形成了两个低点 A 和 B，相应的动量指标低点是 A′和 B′。AB 段其实也是一个楔形，反转形态之一。

其中，B 点低于 A 点，而 B′则高于 A′，一个典型的底背离 ABA′B′形成了。以下降走势中的高点 T1 和 T2 构筑下降趋势线，我们等待汇价向上突破这条趋势线。汇价继续惯性下跌了一段之后，终于在 RB 处向上突破下降趋势线 T12，进场做多信号确认了。

第五个实例是欧元兑美元 5 分钟走势上的（见图 3-5），汇价从 1.08900 附近性下跌，跌到 1.8720 附近形成了两个低点 A 和 B，其中 B 点低于 A 点。相应地，MACD 柱线形成了两个低点 A′和 B′，其中 B′点高于 A′点。

以下降走势高点 T1 和 T2 构筑下降趋势线，我们等待底背离后汇价向上突破此趋势线的信号。很快，汇价在 RB 处向上突破下降趋势线 T12，进场做多机会确认了。

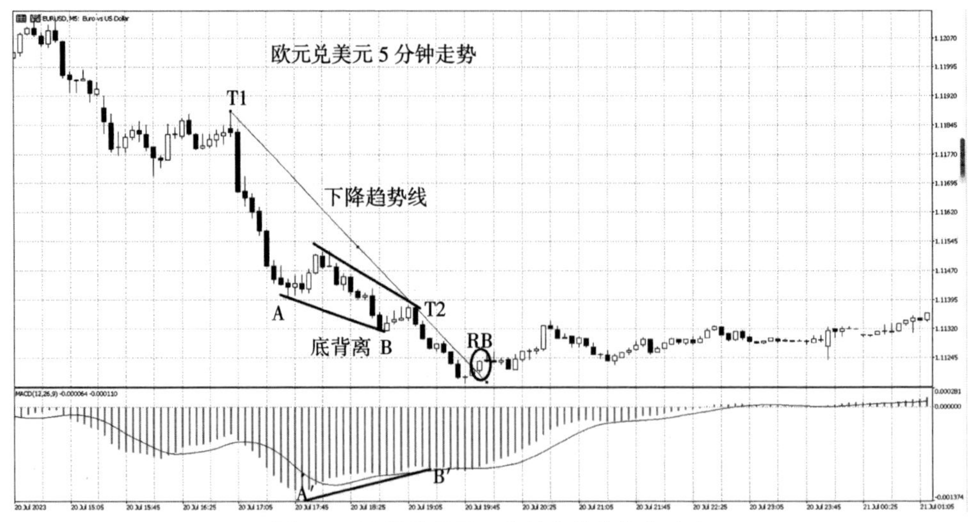

图 3-4　欧元兑美元 5 分钟走势底背离（1）

资料来源：Metatrader5.0，DINA。

图 3-5　欧元兑美元 5 分钟走势底背离（2）

资料来源：Metatrader5.0，DINA。

突破处有数据或者事件驱动更好呢，还是没有任何数据公布和事件发生更好呢？谁的有效性更高呢？

第六个实例还是欧元兑美元 5 分钟走势上的（见图 3-6），汇价长时间下行。跌到 1.8800 附近形成了两个局部低点 A 和 B，动量指标 MACD 柱线则形成了两个对应的低点 A′和 B′。

图 3-6 欧元兑美元 5 分钟走势底背离（3）

资料来源：Metatrader5.0，DINA。

汇价低点 B 低于 A，而动量低点 B′高于 A′，ABA′B′形成了一个典型的底背离形态。以下降走势最近两个显著高点 T1 和 T2 构筑下降趋势线 T12，我们等待底背离后的进一步确认做多信号。到了 2023 年 7 月 5 日凌晨，汇价终于向上突破了下降趋势线 T12，进场做多信号完成了。

第七个实例是美元兑瑞郎 5 分钟走势上的（见图 3-7），美元兑瑞郎的走势

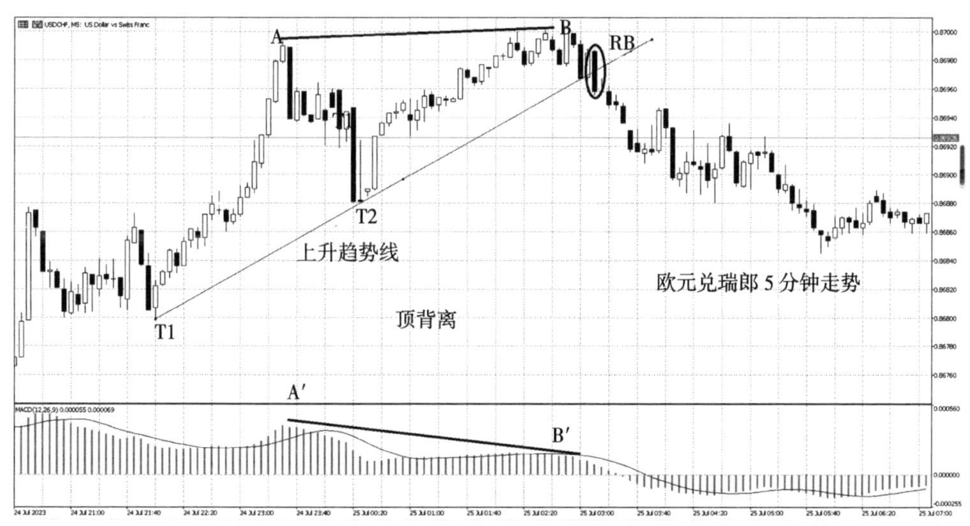

图 3-7 美元兑瑞郎 5 分钟走势顶背离（1）

资料来源：Metatrader5.0，DINA。

与欧元兑美元的走势在平时呈现镜像关系，但是在某些特殊时期，比如风险厌恶时期，就会有区别。本例中，汇价从 0.86 附近上涨，飙升后形成高点 A，然后快速下杀，形成低点 T2，然后缓慢上升，形成高点 B。

B 点稍高于 A 点，T1 点到 A 点这段的上升幅度显著大于 T2 点到 B 这段，这也是动量衰弱的特征。对应 A 点的动量高点是 A′，对应 B 点的动量高点是 B′，而 B′显著低于 A′。因此，ABA′B′形成了一个典型的顶背离。以低点 T1 和 T2 构筑一条上升趋势线 T12，我们等待汇价向下跌破 T12。B 点之后不久，汇价在 RB 处快速跌破上升趋势线 T12，0.8690 附近确认了进场做空机会。

除了跌破趋势线，能不能加入 MACD 柱线穿越零轴这个额外的过滤条件呢？这样做的成本是什么？收益是什么？划算吗？

第八个实例是美元兑瑞郎 5 分钟走势上的（见图 3–8），汇价从 0.8500 附近上涨。第一波上涨回调到低点 T2 后恢复上涨，然后在 0.8680 附近形成两个高点 A 和 B，相应的动量指标高点是 A′和 B′。汇价 B 点高于 A 点，MACD 柱线 B′点低于 A′。

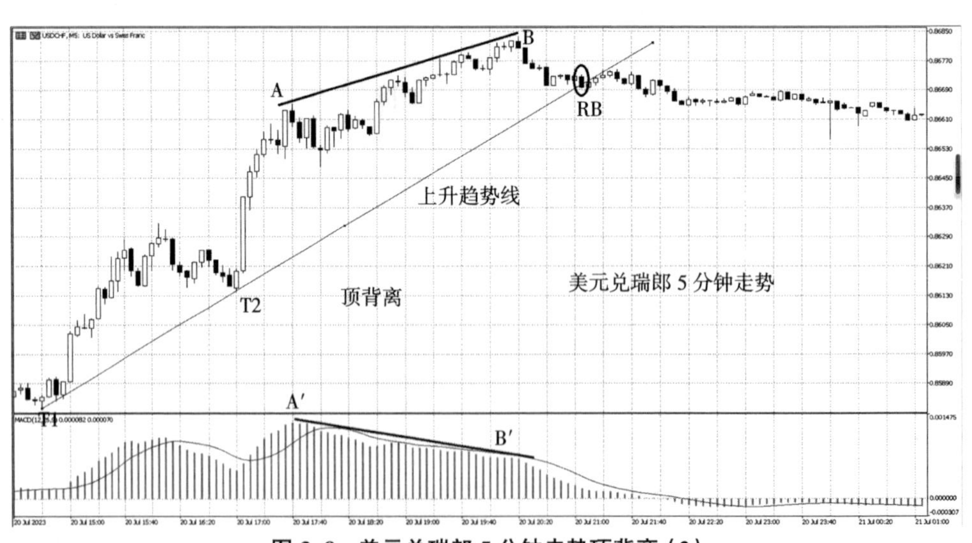

图 3–8 美元兑瑞郎 5 分钟走势顶背离（2）

资料来源：Metatrader5.0，DINA。

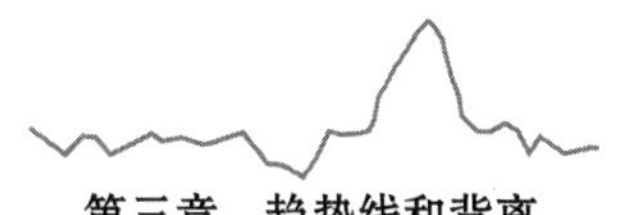

ABA′B′形成了一个顶背离，我们以上升走势低点 T1 和 T2 构筑一条上升趋势线 T12，等待进一步做空确认信号。B 点之后，价格跌至上升趋势线 T12 附近，几根 K 线之后在 RB 处跌破 T12，做空进场机会确立。

趋势线跌破与 MACD 柱线超越零轴，两个条件中谁更灵敏？谁可靠性更高？

第九个实例是美元兑瑞郎 5 分钟走势上的（见图 3–9），汇价从 0.8500 附近上扬，第一波涨势结束后回调到低点 T2，然后以更大幅度上涨形成高点 A，接着高位三角整理，跳空形成高点 B。这波走势颇有艾略特波浪模型的影子。

图 3–9 美元兑瑞郎 5 分钟走势顶背离（3）

资料来源：Metatrader5.0，DINA。

第一浪 T1H 是驱动浪。

第二浪 HT2 是调整浪。

第三浪 T2A 是驱动浪，是幅度最大的一浪。

第四浪 AL 是调整浪，与第二浪 HT2 在艾略特的理论中存在交替关系。如果第二浪幅度深，那么第四浪幅度就浅；如果第二浪是简单调整，那么第四浪就是复杂调整。

第五浪 LB 幅度小于第三浪 T2A，这也符合艾略特波

顶背离常常与艾略特上升趋势中的第三浪和第五浪高点有关；底背离常常与艾略特下降趋势中的第三浪和第五浪低点有关。

浪理论模型。

当然，还可以进一步研究五浪之间的比率关系。

对应汇价高点 A 的动量高点是 A′，对应汇价高点 B 的动量高点是 B′。其中，B 点高于 A 点，B′点高于 A′点，典型顶背离构造。我们以上升走势低点 T1 和 T2 为基准，构造上升趋势线 T12，等待顶背离之后汇价进一步表现。最终汇价在 FB 处跌破上升趋势线 T12，但是很快就返回到趋势线之上，这是一次典型的假突破。由此可以证明，单纯的技术性过滤，胜算率也不要期望太高。

FB 是 "Fake Breaking" 的缩写。

第十个实例是美元兑瑞郎 5 分钟走势上的（见图 3-10），汇价宽幅震荡后形成一个高点 T1，然后从这个高点下挫。在 0.8570 附近接连形成两个显著低点 A 和 B，相应的动量指标低点时 A′和 B′。

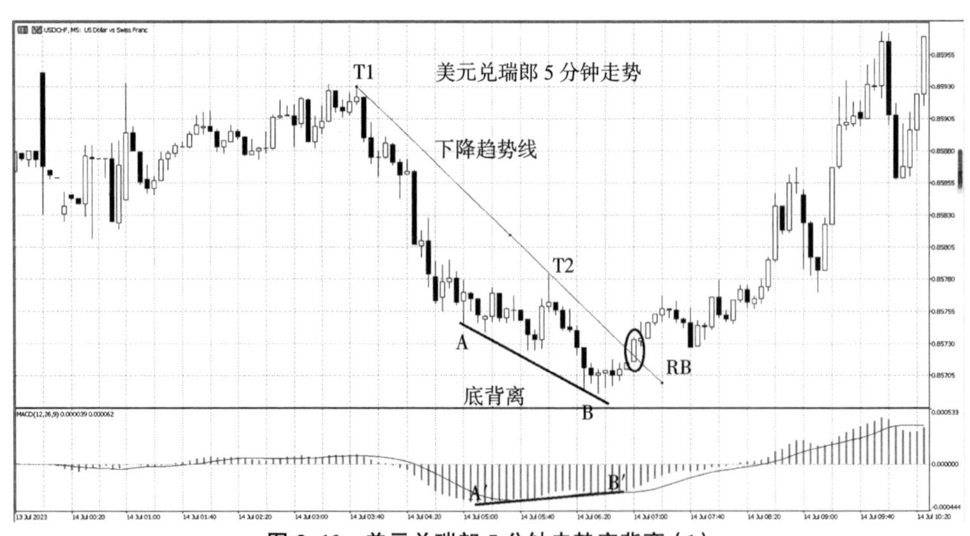

图 3-10　美元兑瑞郎 5 分钟走势底背离（1）

资料来源：Metatrader5.0，DINA。

汇价 B 点低于 A 点，但是动量低点 B′却高于 A 点，ABA′B′形成一个显著的底背离形态。我们以下降走势中的高点 T1 和 T2 为基准绘制下降趋势线 T12，等待底背离

本例中还存在"翅膀形态"或者"头肩底"形态。

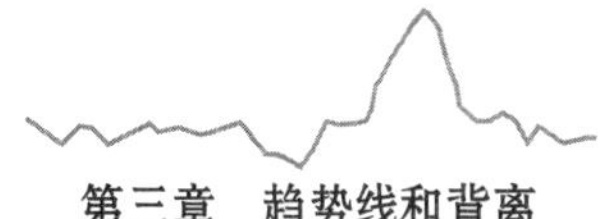

后汇价向上突破，进一步确认转势。B 点之后不久，美元兑瑞郎向上突破了下降趋势线 T12，在 RB 处进场做多信号确立了。

第十一个实例也是美元兑瑞郎 5 分钟走势上的（见图 3-11），汇价从 0.8995 附近下跌，在 0.8950 附近先后构筑了两个低点 A 和 B，对应的 MACD 柱线低点时 A′和 B′。汇价 B 点低于 A 点，动量 B′点高于 A′点，ABA′B′构成一个标准的底背离，下跌动量显著衰竭。

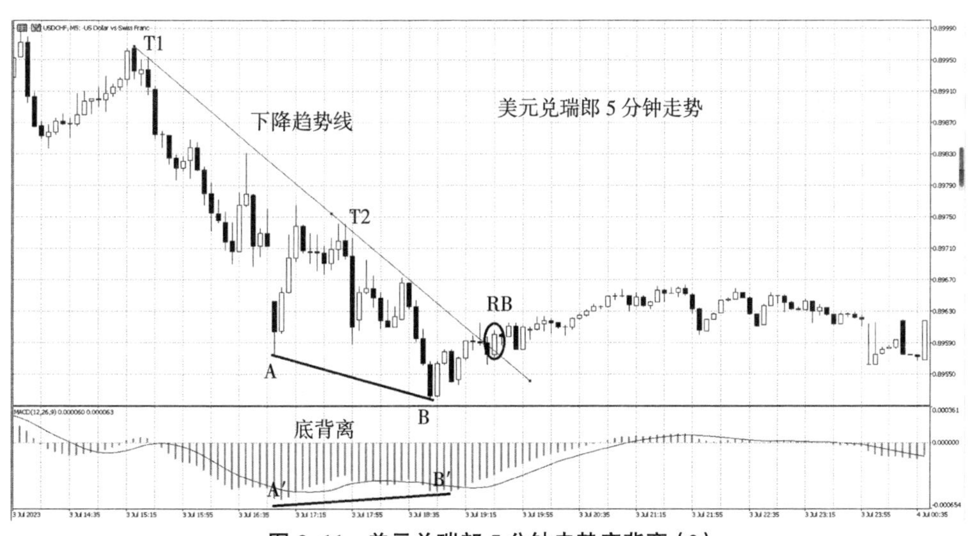

图 3-11　美元兑瑞郎 5 分钟走势底背离（2）

资料来源：Metatrader5.0，DINA。

以下跌走势中的显著高点 T1 和 T2 为基准构筑下降趋势线 T12，等待汇价从止跌到上行突破。B 点之后，汇价回升，在 RB 处向上突破下降趋势线 T12，做多进场点确认了。

> 为什么 RB 处突破后，这波行情没有显著上行呢？逻辑对行情幅度影响更大？还是技术特征对行情幅度影响更大？

第十二个实例还是美元兑瑞郎 5 分钟走势上的（见图 3-12），汇价从 T1 高点处震荡下跌，下跌不大，但持续时间长。在 0.8983 附近形成两个相邻的低点 A 和 B，对应的动量低点时 A′和 B′。B 点低于 A 点；B′点高于 A′点。

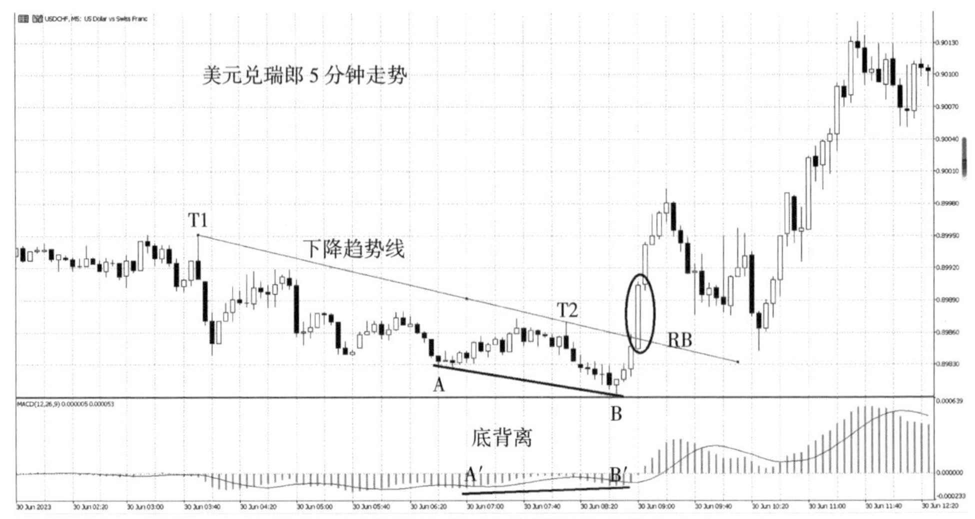

图 3-12 美元兑瑞郎 5 分钟走势底背离（3）

资料来源：Metatrader5.0，DINA。

ABA′B′形成了一个底背离，下跌趋势有结束的迹象了。但是我们还需要进一步地确认，因为构筑以 T1 和 T2 为基准的下降趋势线 T12。最终，汇价在 RB 处向上突破下降趋势线 T12，进场做多信号确立了。

短线投机客比较偏爱英镑相关的货币对，比如英镑兑美元。

第十三个实例是英镑兑美元 5 分钟走势上的（见图 3-13），汇价波浪式上

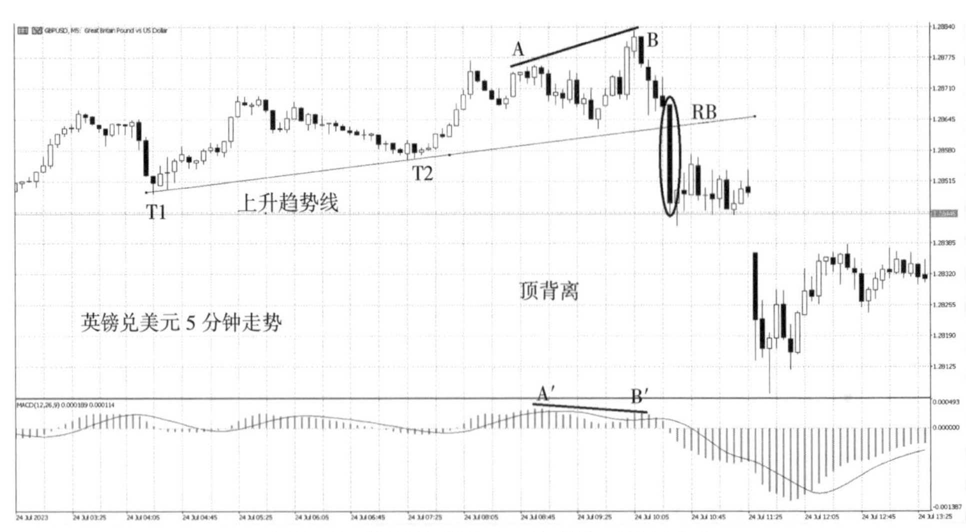

图 3-13 英镑兑美元 5 分钟走势顶背离（1）

资料来源：Metatrader5.0，DINA。

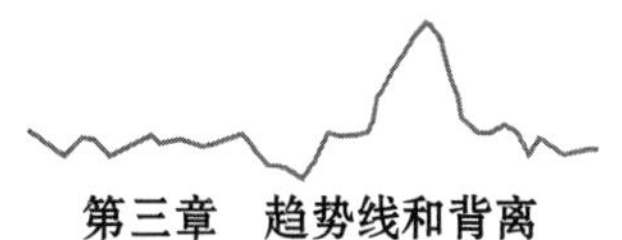

行，其间的调整幅度不比上涨幅度小多少。低点逐渐抬升，最终在 1.2875 附近形成两个高点 A 和 B。

MACD 柱线相应地形成两个高点 A′和 B′。汇价的 B 点高于 A 点，而动量的 B′点低于 A′点，上升动量走弱了，ABA′B′形成了顶背离。我们以上涨走势的两个显著低点 T1 和 T2 构筑上升趋势线 T12，等待顶背离后的做空确认信号。

B 点之后，汇价快速下跌，以一根大阴线在 RB 处跌破上升趋势线 T12，恰巧 MACD 柱线也下穿零轴。进场做空的基本技术条件具备了，如果是纯技术背离交易者，则可以在这个时刻进场做空了。

第十四个实例是英镑兑美元 5 分钟走势上的（见图 3–14），汇价从 1.3050 附近跳空上涨，中间波动幅度较大。当然，这是 5 分钟走势中的大幅波动，如果从小时走势上来看，则波幅并不算大。汇价在 1.3100 附近构筑两个高点 A 和 B，相应的动量高点是 A′和 B′。

图 3–14 英镑兑美元 5 分钟走势顶背离（2）

资料来源：Metatrader5.0，DINA。

汇价 AB 和动量 A′B′构成喇叭口形状，一个典型的顶背离。上涨态势趋弱了，存在动量反转的可能性。我们以上升走势中的低点 T1 和 T2 为基础构筑上升趋势线 T12，等待做空确认信号。不久之后，汇价在 RB 处跌破上升趋势线 T12，进场做空的时机正式出现了。

很多时候，B点相当于是对A点的假突破，形成陷阱，当汇价回到A点内侧时，败位进场的机会就来了，这比倾斜趋势线突破的信号更早。我们将在后面的章节详细讨论假突破与败位交易的原理与策略。

第十五个实例是英镑兑美元5分钟走势上的（见图3-15），汇价从1.2990附近稳步上涨。涨到1.3015附近出现了滞涨的迹象，两个高点在此附近形成，其中B点略高于A点，主要是B点上影线长一些。再深究下去就会明白B点对A点的向上突破主要是靠影线。

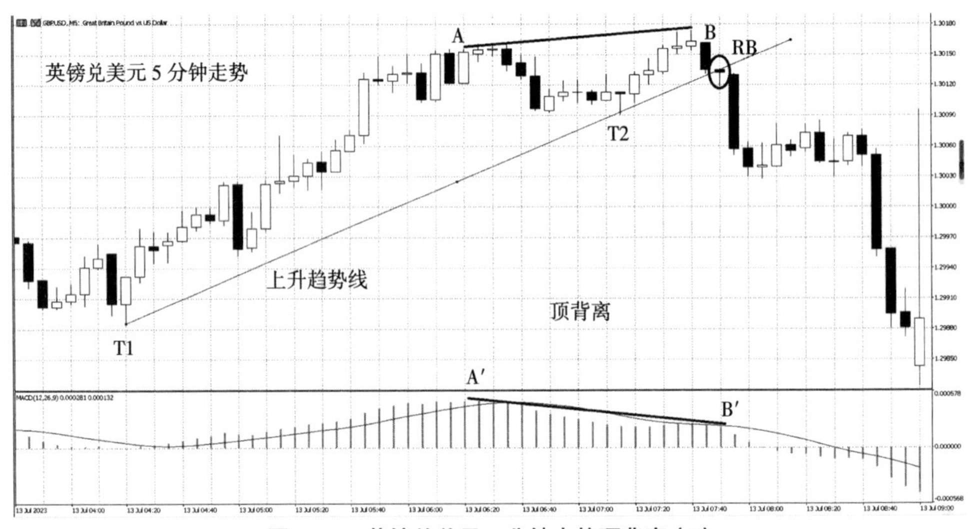

图3-15 英镑兑美元5分钟走势顶背离（3）

资料来源：Metatrader5.0，DINA。

“影线”代表试探，“收盘价”才是结局。

对应A点的动量高点A′显著低于对应B点的动量高点B′，ABA′B′形成明显的顶背离。我们以上升趋势的低点T1和T2构筑上升趋势线T12，然后等待顶背离后的做空进一步确认信号。不久之后，汇价在RB处跌破上升趋势线T12，技术做空信号确立。

技术是现象，逻辑是本质。

第十六个实例是英镑兑美元5分钟走势上的（见图3-16）。英镑兑美元从1.2845附近下行，开启下跌趋势。跌到1.2805附近构筑了两个相邻的低点A和B，且B点低于A点。而相应的动量低点，则是B′点高于A′点。ABA′B′构成了非常显著的底背离，当然本章的底背离都

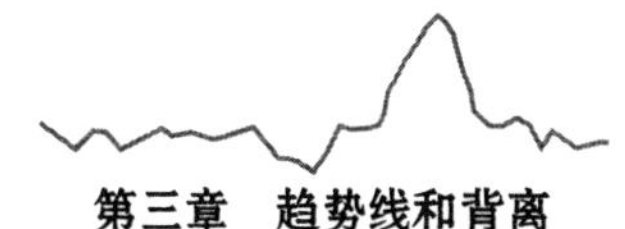

是常规底背离。下行动量不足了，那么我们就要像猎人一样，埋伏等待，等待动量反转的机会。

图 3–16　英镑兑美元 5 分钟走势底背离（1）

资料来源：Metatrader5.0，DINA。

以下行趋势的最近显著高点 T1 和 T2 为基准绘制下行趋势线，等待汇价向上突破。向上突破可能发生，也可能不发生。不是说底背离出现后，向上突破一定会发生，如果是这样的话，就没有必要等待向上突破了。**等待向上突破的目标是提升信号的胜率。**

B 点之后，价格以一根大阳线在 RB 处向上突破。但是很快回落，在 T12 之上企稳，并形成一个高点 T2′。我们可以再以 T1 和 T2′为基准绘制一条新的下降趋势线 T12′来观察汇价此后的动向。很快价格以一个向上 N 结构在 RB′处向上突破，正式宣告上行趋势开始。

第十七个实例是英镑兑美元 5 分钟走势上的（见图 3–17），汇价从 T1 点处下跌到 A 点，然后反弹到 T2 点，接着跌到 B 点。B 点稍低于 A 点，相应的动量低点 B′点则高于 A′点，ABA′B′构成一个底背离。基于下行趋势高点 T1 和 T2 构筑下行趋势线，等待做多信号。

汇价最终在 RB 处向上突破了下行趋势线 T12。进场做多的信号确立了。

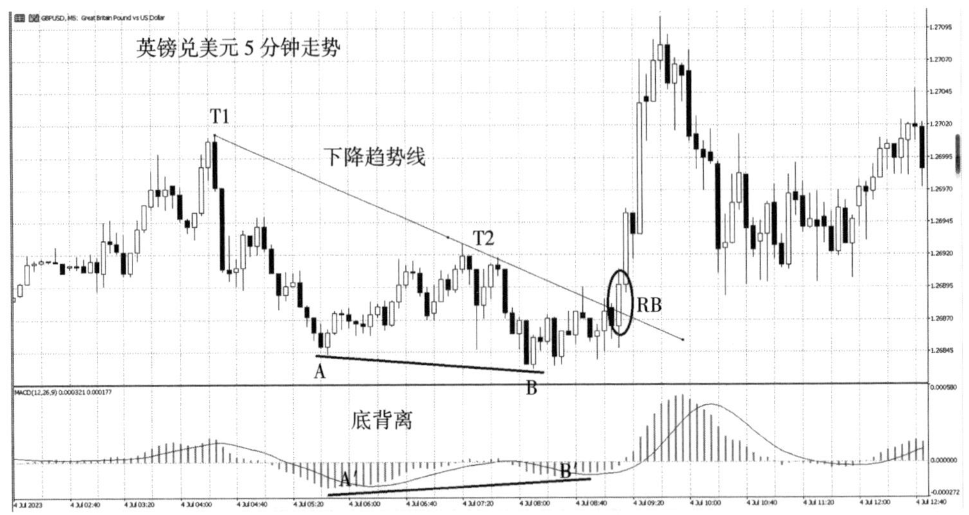

图 3-17　英镑兑美元 5 分钟走势底背离（2）

资料来源：Metatrader5.0，DINA。

第十八个实例还是英镑兑美元 5 分钟走势上的（见图 3-18）。英镑兑美元从 T1 点开始下跌，在 1.2620 附近形成两个挨着的低点 A 和 B，B 点低于 A 点。相应的动量低点 B′则高于 A′点，下跌乏力了。

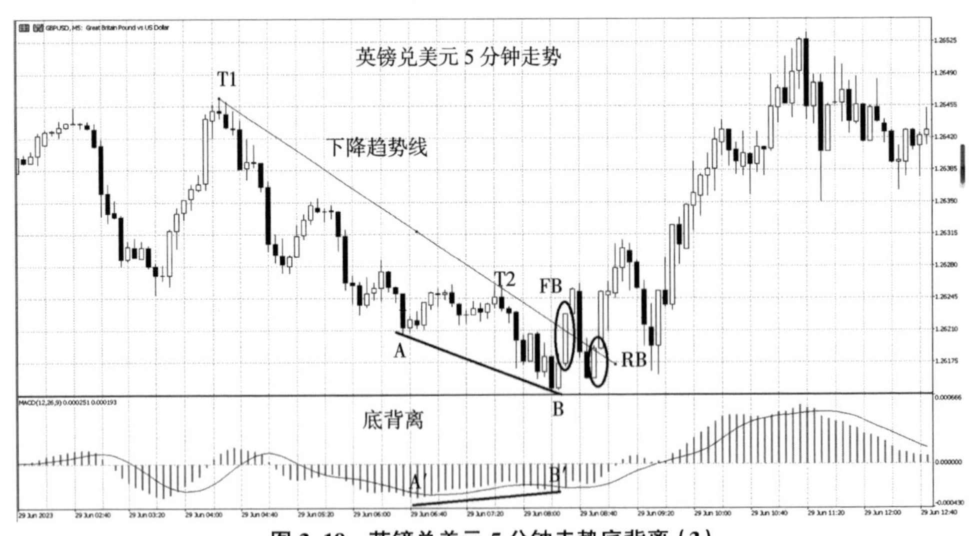

图 3-18　英镑兑美元 5 分钟走势底背离（3）

资料来源：Metatrader5.0，DINA。

因此，ABA′B′构成了显著的底背离，我们以 T1 和 T2 为基准绘制下行趋势

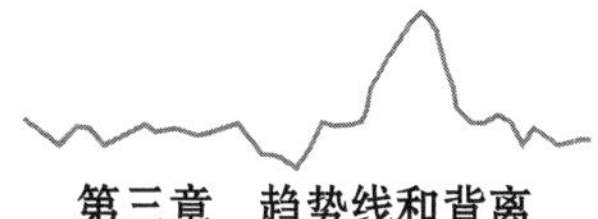

线 T12，等待价格向上突破。此后，在 FB 处价格向上突破后，快速回落，很快又在 RB 处再度向上突破。这是一个假突破然后再真突破的情况，两者构成了一个 N 字底部。

第十九个实例是美元兑日元 1 小时走势上的（见图 3-19）。此前的例子基本是 5 分钟走势中的，其实本章介绍的方法完全可以用于其他时间结构中，比如小时走势。

图 3-19 美元兑日元 1 小时走势顶背离（1）

资料来源：Metatrader5.0，DINA。

小资金在 5 分钟走势图上赚取转势的利润是非常便利的方法，而稍大一些的资金则在 15 分钟或者小时走势上操作更方便一些。美元兑日元从低点 T1 上涨，形成高点 A，然后回调到低点 T2，接着恢复上行趋势，形成高点 B。高点 B 稍高于 A 点，对应的动量高点 B′则显著低于 A′点，顶背离形成了。

从这个例子可以看出，纯粹的背离信号如果没有进一步的确认，容易逆势操作。趋势减弱并非趋势反转，趋势减弱之后还可以恢复，这点要有心理准备和操作上的 B 方案。

我们以上行趋势的低点 T1 和 T2 构筑上升趋势线 T12，等待汇价向下突破。但在 FB 处，汇价虽以下影线的方式跌破上升趋势线 T12，但收盘并未确认，因此这是一次明显的假突破，转势未能得到确认，不能进场做空。

第二十个实例也是美元兑日元小时走势上的（见图3-20），汇价从141.30附近上涨，在143.40~144.00区域形成两个显著高点A和B。相应的动量高点则是A′和B′。ABA′B′构成一个显著的顶背离。

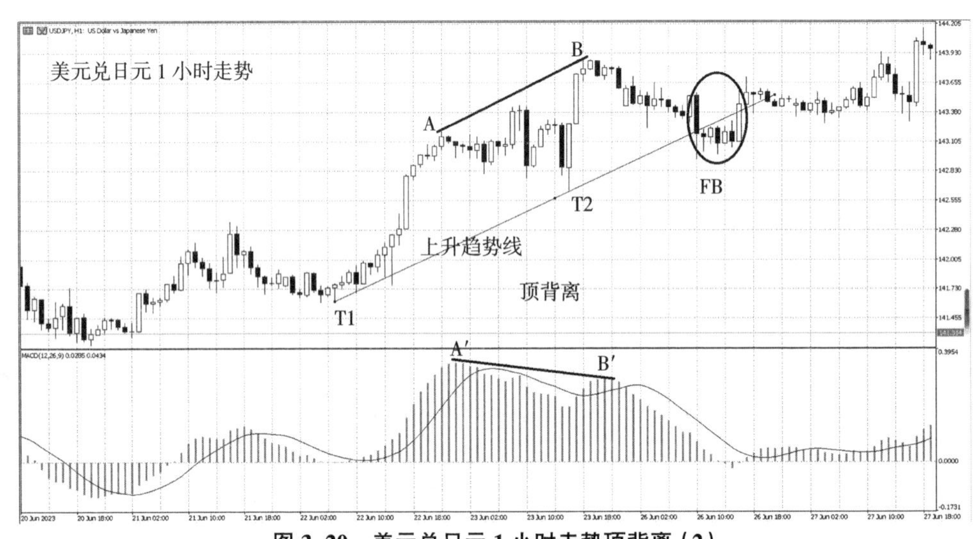

图3-20　美元兑日元1小时走势顶背离（2）

资料来源：Metatrader5.0，DINA。

我们以上升趋势的显著低点T1和T2构筑上升趋势线T12。美元兑日元从B点之后一直下跌，在FB处跌破了下行趋势线，我们进场做空后不久它又回升到T12之上，这就是假突破了，需要止损。

第二十一个实例是美元兑日元1小时走势上的（见图3-21）。汇价从133.00附近上涨。在137.35附近形成两个高点A和B，B点高于A点。相应的动量度量MACD柱线形成了两个高点A′和B′，B′点低于A′点。ABA′B′形成了一个顶背离结构，提醒上涨动量衰竭了，趋势可能反转下行。

如果采用“败位”做空或者MACD柱线下穿零轴时做空，有什么优劣势？

我们以此前上涨走势的两个显著低点T1和T2为基准绘制上行趋势线T12，等待汇价下跌确认做空信号。B点

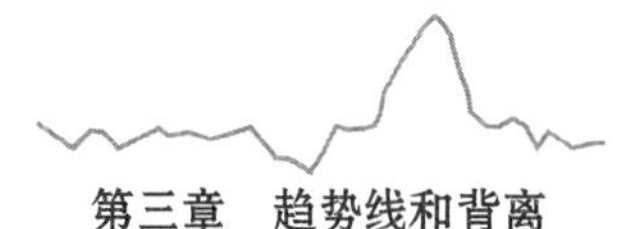

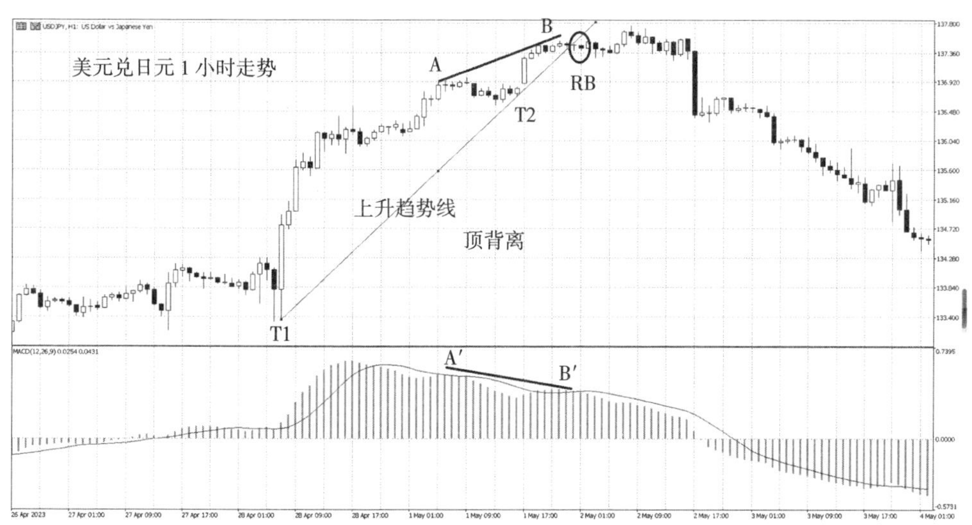

图 3-21 美元兑日元 1 小时走势顶背离（3）

资料来源：Metatrader5.0，DINA。

附近，美元兑日元小幅波动，很快在 RB 附近跌破上行趋势线 T12，进场做空的机会来了。

第二十二个实例是美元兑日元 1 小时走势上的（见图 3-22），汇价从 135.3T5 附近下跌，形成了两个低点 A 和 B，对应的动量低点分别是 A′和 B′。

图 3-22 美元兑日元 1 小时走势底背离（1）

资料来源：Metatrader5.0，DINA。

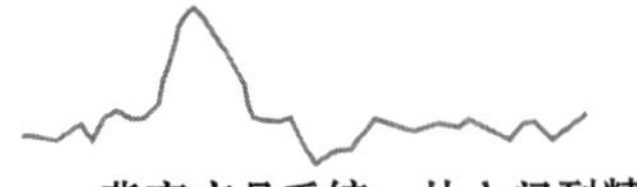

汇价低点 B 低于 A，动量低点 B′低于 A′，一个典型的底背离形态。我们以下跌走势的显著高点 T1 和 T2 绘制下行趋势线，等待汇价确认趋势反转。汇价从 B 点大幅反弹后横向整理，最终在 RB 处向上突破下降趋势线 T12，进场做多信号确认了。

第二十三个实例是美元兑日元 5 分钟走势上的（见图 3-23），汇价从 134.23 附近下跌。在 133.80 附近形成两个低点 A 和 B，相应的动量低点是 A′和 B′。汇价低点 B 低于 A 点；动量低点 B′高于 A′点。ABA′B′构成一个底背离，发出下跌动量衰竭信号。

图 3-23　美元兑日元 5 分钟走势底背离（1）

资料来源：Metatrader5.0，DINA。

我们以下跌走势的显著高点 T1 和 T2 构造下降趋势线 T12，很快价格在 FB 处向上突破 T12，这是一个进场信号，进场后，价格横盘之后再度下跌，这个时候应该止损出来。下跌创出新低点 C，相应的动量低点是 C′。

真假突破除了过滤之后，还应该通过初始止损来弥补认知能力的有限性。

汇价低点 C 低于 B 点；动量低点 C′高于 B′点，BCB′C′形成第二个底背离。我们以 T1 和 T3 为基准构建下行趋势线 T13，汇价在 RB 处向上突破，这是第二个进场做多的信号，这次是真突破。

第二十四个实例是美元兑日元 5 分钟走势上的（见图 3–24）。汇价从 133.55 附近下跌，在 133.00 附近形成两个低点 A 和 B。相应的动量低点 A′和 B′逐渐走高，与汇价形成底背离 ABA′B′，下跌动量衰竭。

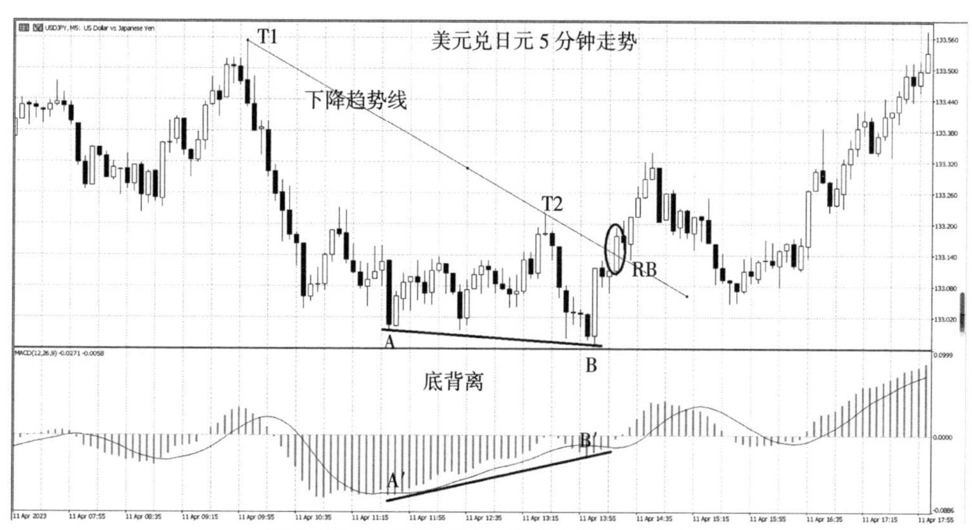

图 3–24　美元兑日元 5 分钟走势底背离（2）

资料来源：Metatrader5.0，DINA。

我们以下跌走势的显著高点 T1 和 T2 绘制下降趋势线 T12，等待转势确认信号。汇价从 B 点上涨后，在 RB 处向上突破下降趋势线 T12，进场做多机会确认了。

利用趋势线进一步确认背离信号，体现了动量衰竭到动量反转的“Double Check”（双重检查）原则。这一思路不仅可以用于外汇交易，也可以用来进行股票交易，我们以 A 股为例简单展开。

第一个实例是东方园林（见图 3–25）。股价持续下跌，跌到 1.65 附近出现了两个低点 A 和 B，B 点低于 A 点。动量指标我们采用的是 KD（9，3，3）指标，对应于 A 点的动量低点是 A′，对应 B 点的动量低点是 B′，B′点高于 A′点，下跌动量衰竭。

以下跌走势的显著高点 T1 和 T2 绘制下降趋势线，等待动量反转。B 点之后，价格构筑了一个 N 字底，在 RB 处向上突破，动量和趋势反转信号出现了，

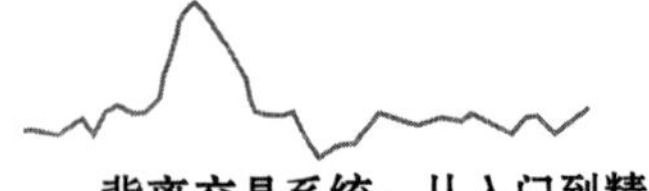

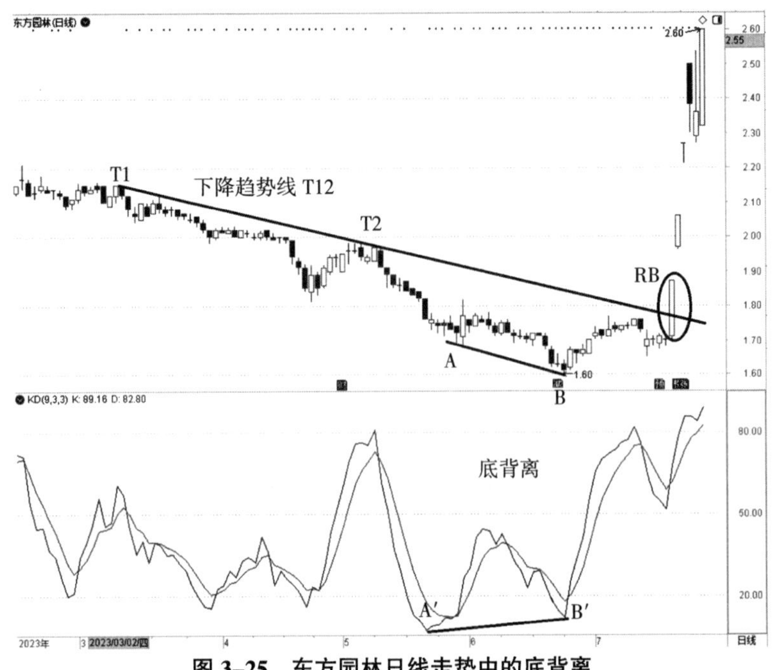

图 3-25　东方园林日线走势中的底背离

资料来源：通达信，DINA。

更加全面和接近操作实际的股票投机指南，请参考《题材投机 3：对手盘思维和底层逻辑》《题材投机 5：主流与寻龙点穴》两本专业级教材。

这是一个买入的绝佳时机。当然，实际的股票投机还必须考虑板块轮动和赚钱效应等核心要素。

第二个实例是众泰汽车（见图 3-26），股价持续下跌，跌到 2.4 附近出现了企稳迹象，两个低点 A 和 B 构成一个双底，当然 B 点要低一些。震荡指标 KD（9，3，3）形成了两个相应的低点 A′和 B′，低点 B′显著高于低点 A′。ABA′B′形成了一个底背离，众泰汽车股价有筑底迹象。

我们以下降走势的显著高点 T1 和 T2 为基准绘制下降趋势线 T12，等待股价趋势反转向上的信号。很快，股价就在 RB 处向上突破了下降趋势线 T12，这是一个很好的买入机会。

在本书当中我们提出了一个进场确认的策略：背离之后，等待价格突破趋势线。这种思路不仅可以用于外汇交易，也可以用于股票交易和商品交易。

图 3-26　众泰汽车日线走势中的底背离

资料来源：通达信，DINA。

第四章　背离和斐波那契点位

谋而不得，则以往知来，以见知隐。

——墨子

在具体分析手段方面，我最为推崇“艾略特波浪理论”，我的成功很大程度上应该归功于这一理论。艾略特波理论是一种通过斐波那契点位预判市场涨跌周期的分析框架，在外汇、期货和股票市场广泛采用。彻底掌握艾略特波浪理论和斐波那契点位之后，可以帮你找到很多低风险高收益的交易机会。

——保罗·都铎·琼斯（Paul Tudor Jones）

第五浪的价格变动的速度将比第三浪中看到的要缓和，动量处于衰竭状态。在第五浪的尾声阶段，将会出现价格和动量指标之间背离模式。这些价格和动量之间的背离信号提醒交易者，价格趋势动量正在衰减，因为交易者可以预期趋势的反转临近。除了价格与动量指标的背离之外，第五浪的成交量往往也低于第三浪。

——罗伯特·普莱切特（Robert Prechter）

传统技术分析告诉我们，当价格制造更高高点时，趋势会持续。但是，传统知识不代表它就是对的，这个说法简化了可能的行情变化，如果交易者仅仅通过价格高点和低点来判断趋势，很容易错过重要的交易信号，他也算不得真正懂市场。在图表中关注背离，就能告诉你趋势的动态变化，看起来像是趋势在持续，但是很可能它已经接近反转点。背离不仅适合趋势反转交易者，顺势交易者也可以用它来计算出场点。

——诺尔夫·施洛特曼（Rolf Schlotmann）

在上一章我们介绍了如何通过趋势线过滤背离发出的信号，这是一种滞后的过滤。在本章我们会介绍如何在背离形成的同时，对背离进行过滤，用的方法是斐波那契扩展线。

关于斐波那契点位的基础知识和模型，我们在本章就不赘述了。我们会直接基于实例演示如何用斐波那契扩展点位来过滤或者确认背离信号。

斐波那契点位有许多形式，在《斐波那契高级交易法：外汇交易中的波浪理论与实践》一书中，我们介绍了“斐波那契弧线”“斐波那契扇形”“斐波那契时间周期”“斐波那契回撤线”“斐波那契扩展线”等，这些都可以用来过滤背离信号。但在本章当中，我们主要以斐波那契扩展线为过滤工具，在结尾部分则会简单介绍一下斐波那契扇形在隐式背离中的运用。

斐波那契回撤线是将此前一个波段作为单位 1 进行分割，需要两个点作为基准即可，大多数情况下用来**分析回调结束的可能点位**。

而斐波那契扩展线则是以此前两个波段作为基准，第一个波段作为单位 1，第二个波段是回撤波段，第二个波段的终点作为扩展起点。因此，扩展线需要三个点作为基准，大多数情况下**用来分析趋势波段结束的可能点位，也就是趋势反转点**。

背离与动量衰竭，乃至趋势反转关系密切，而斐波那契扩展线也与趋势反转关系密切，两者叠加，相得益彰。

下面我们就直接从案例入手展开介绍。以下的案例都是以 5 分钟走势为例，你可以将其扩展到 15 分钟、30 分钟、1 小时、4 小时和日线上，当然在其他时间组合上也是可以的，这个看个人的喜好和实践倾向了。

我们先来看欧元兑美元 5 分钟走势顶背离的情况。第一个例子（见图 4-1）中欧元兑美元从 1.1080 附近上涨，这或许是整个上涨趋势中的新一波上扬。涨到 1.1145 附近出现了两个高点 A 和 B，其中 B 点略高于 A 点。相应的

MACD 柱线形成了两个高点 A′和 B′，其中 B′点低于 A′点。

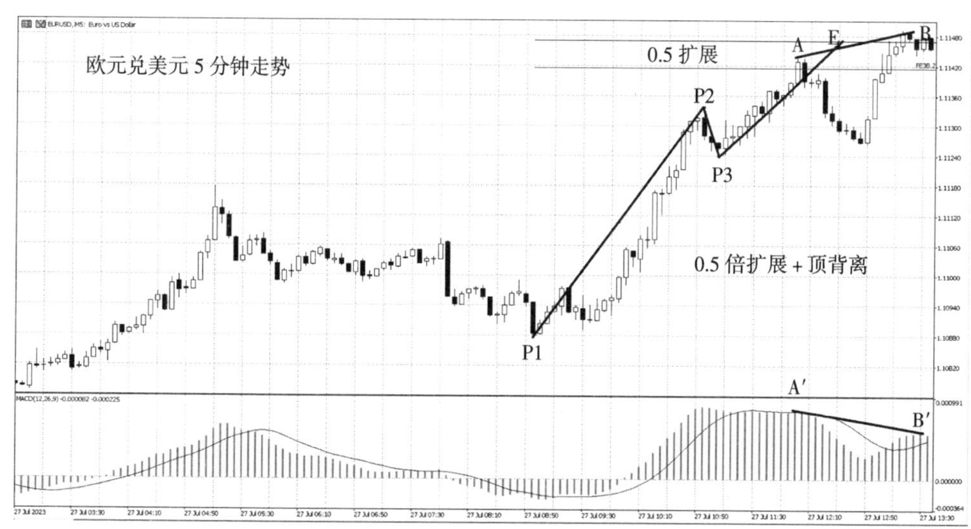

图 4-1　欧元兑美元 5 分钟走势顶背离例一（1）

资料来源：Metatrader5.0，DINA。

ABA′B′是一个典型的顶背离结构。我们以上升波段 P12 作为单位 1，以 P3 点作为起点，绘制出斐波那契扩展点位。

上升波段 P12 是点 P1 到 P2 的这一段，简写为“P12”，后面照此例。

0.5 扩展点位，也就是以 P3 为起点的 P12 幅度的 0.5 倍落在了 B 点附近，相当于顶背离的最高点 B 在 0.5 倍扩展处 E 附近。顶背离叠加了斐波那契 0.5 倍扩展点位，趋势反转可能性增加了。

在顶背离叠加 0.5 倍斐波那契扩展点位之后，汇价从 B 点开始下跌，趋势又上涨转而下跌（见图 4-2）。

其实，在本例 B 点附近还出现了看跌反转 K 线形态，你能找出来吗？

第二个例子（见图 4-3）中欧元兑美元从 1.1039 附近上涨，到了 1.1083 附近形成了 AB 两个高点，其中 B 点显著高于 A 点。相应的 MACD 柱线形成了两个高点 A′和 B′，其中 B′低于 A′。ABA′B′形成了一个典型的顶背离结构。

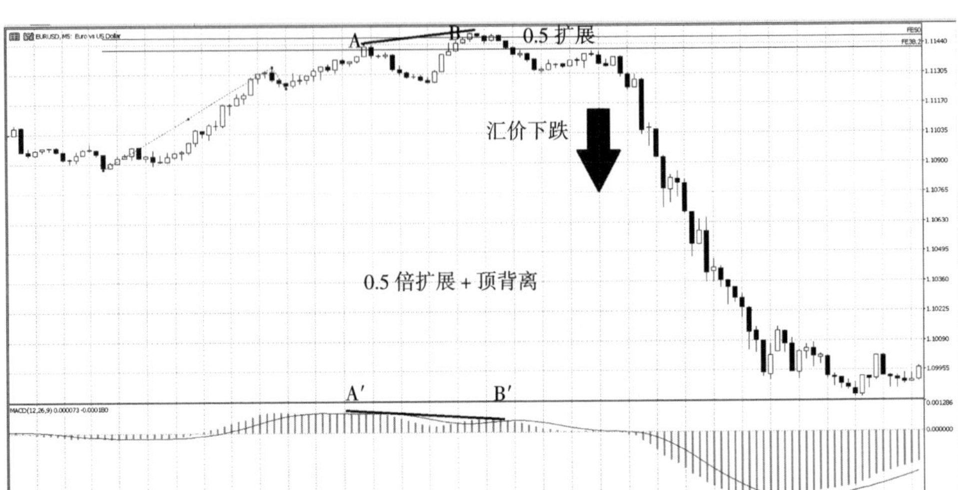

图 4–2 欧元兑美元 5 分钟走势顶背离例一（2）

资料来源：Metatrader5.0，DINA。

图 4–3 欧元兑美元 5 分钟走势顶背离例二（1）

资料来源：Metatrader5.0，DINA。

此例中，P2 点与 A 点为同一点。另外，常见的斐波那契扩展点位有 0.382、0.5、0.618、1、1.382、1.618、2 等。

我们以最近的显著波段之一 P12 为单位 1，P3 为起点绘制斐波那契扩展线。B 点落在 0.5 扩展点位（E 点）附近，同时 B 点存在一个“乌云盖顶”K 线组合，这就进一步提升了趋势反转的可能性。

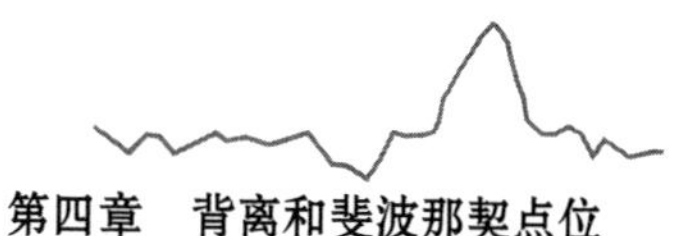

顶背离叠加 0.5 倍斐波那契扩展点位，再加上看跌 K 线形态，增加了反转效力。此后，欧元兑美元掉头向下（见图 4–4）。

图 4–4　欧元兑美元 5 分钟走势顶背离例二（2）

资料来源：Metatrader5.0，DINA。

我们接着来看欧元兑美元 5 分钟走势底背离的情况。第一个例子（见图 4–5）中，欧元兑美元从 1.1053 附近下跌。跌到 1.1023 附近出现了两个低点 A 和 B，其中 B 点略低于 A 点。动量指标 MACD 柱线形成了两个相应的低点 A′和 B′，其中 B′点高于 A′点。ABA′B′形成了一个典型的底背离结构。以 P12 段为单位 1，以 P3 为起点，绘制斐波那契扩展线，B 点在 0.618 扩展点位（E 点）附近形成了刺透看涨形态。

本例中 A 点与 P2 点是同一点。

底背离叠加了 0.618 扩展和看涨 K 线，下跌趋势反转的可能性变大了。

0.618 扩展叠加底背离之后，汇价从 B 点开始大幅上涨（见图 4–6）。

能否将一些时间周期引入进来，进一步定位反转节点呢？比如斐波那契时间周期或者螺旋历法等。

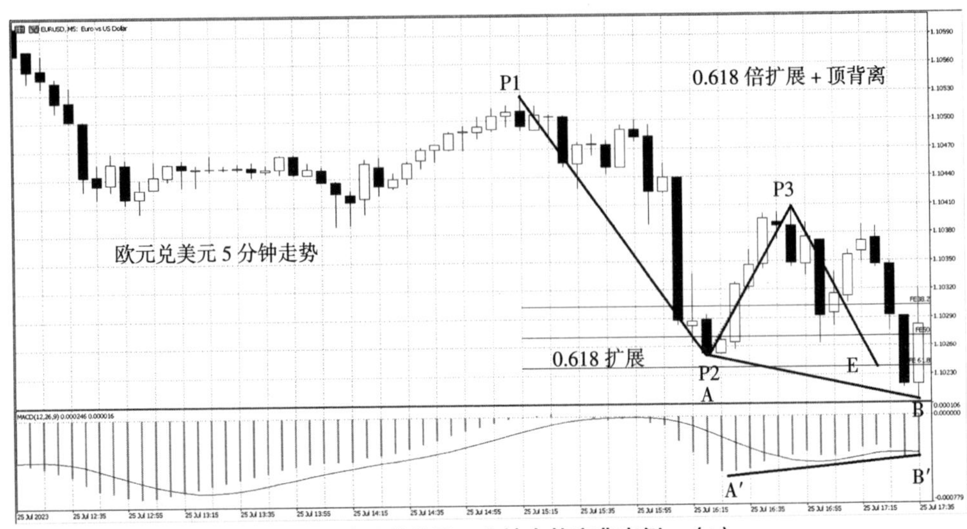

图 4-5　欧元兑美元 5 分钟走势底背离例一（1）

资料来源：Metatrader5.0，DINA。

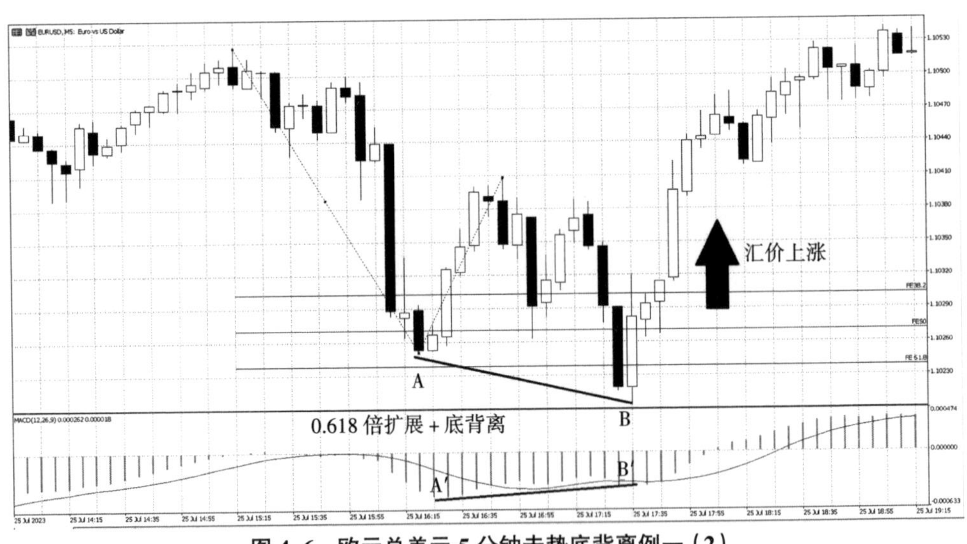

图 4-6　欧元兑美元 5 分钟走势底背离例一（2）

资料来源：Metatrader5.0，DINA。

第二个例子中（见图 4-7），欧元兑英镑从 1.1104 附近震荡下跌。跌到 1.1060 附近整固止跌，形成了两个低点 A 和 B，B 点略低于 A 点。对应 A 点的动量低点 A′显著低于对应 B 点的动量低点 B′。ABA′B′构成了一个典型的底背离结构。

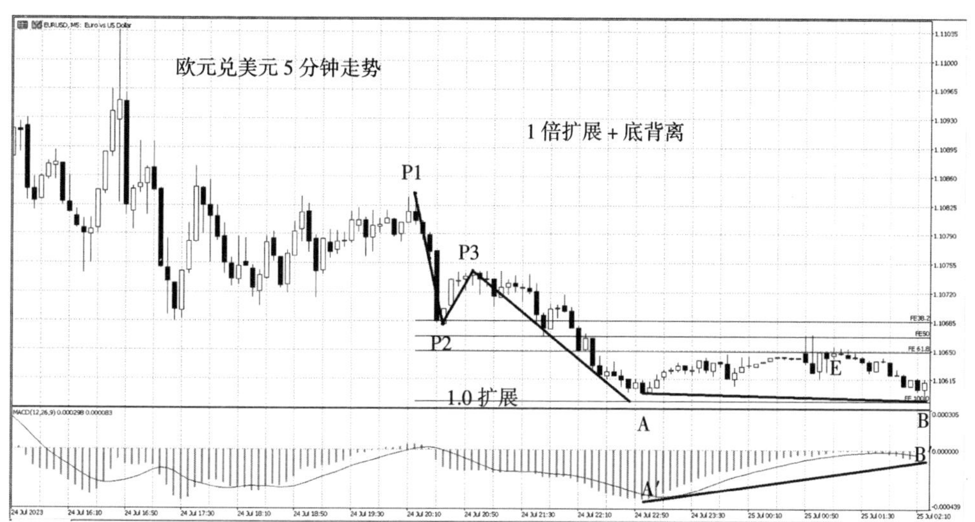

图 4-7　欧元兑美元 5 分钟走势底背离例二（1）

资料来源：Metatrader5.0，DINA。

我们以 P12 段为单位 1，以 P3 为起点，绘制斐波那契扩展线。A 点和 B 点基本都在 1 倍扩展点位（E 点）附近。

底背离叠加 1 倍扩展之后，汇价先是形成了一个 N 字底，然后继续上涨（见图 4-8）。

图 4-8　欧元兑美元 5 分钟走势底背离例二（2）

资料来源：Metatrader5.0，DINA。

整数关口有显著的支撑阻力作用，特别是“00”价位和“50”价位。

接下来看美元兑瑞郎 5 分钟顶背离的情况。第一个例子中（见图 4–9）美元兑瑞郎从 0.8940 附近开始上涨，涨到 0.9000 整数关口附近形成两个高点 A 和 B，而 B 点显著高于 A 点。MACD 柱线相应地形成了两个高点 A′和 B′，其中 B′低于 A′。ABA′B′形成了一个顶背离。

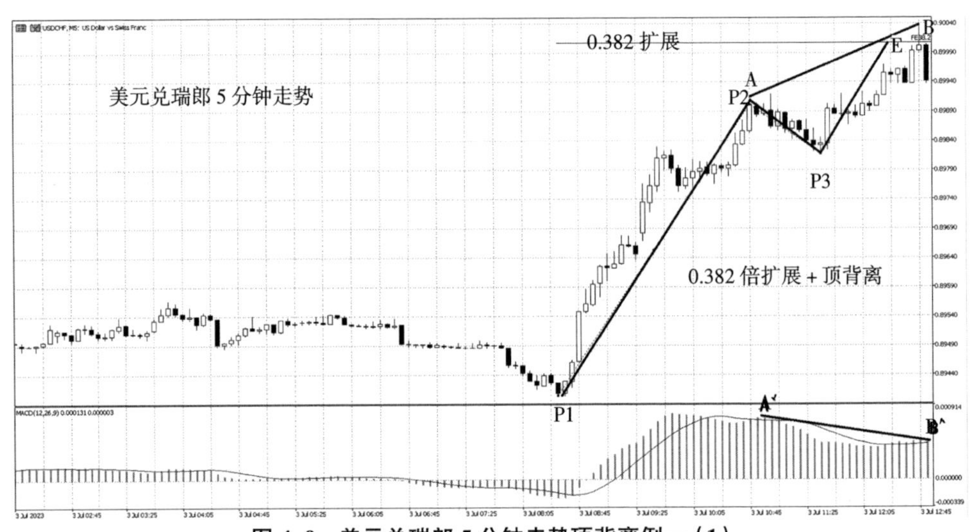

图 4–9　美元兑瑞郎 5 分钟走势顶背离例一（1）

资料来源：Metatrader5.0，DINA。

我们以显著上涨波段 P12 为单位 1，以 P3 为起点，绘制斐波那契扩展线。0.382 扩展点位（E 点）在 B 点附近，且 B 点有一个明显的黄昏之星 K 线组合，确认了该点位的阻力存在。

顶背离叠加 0.382 扩展点位，而 K 线形态确认了这一点位存在反转可能。此后，汇价波动式下行（见图 4–10）。

双顶与顶背离密切相关，双底与底背离密切相关。

第二个例子中（见图 4–11），美元兑瑞郎从 0.8980 附近上扬。在 0.9015 附近出现滞涨迹象，两个高点的点位比较接近，一个双顶形态出现了。其中高点 B 略高于 A 点，相应的动量高点 B′显著低于 A′。

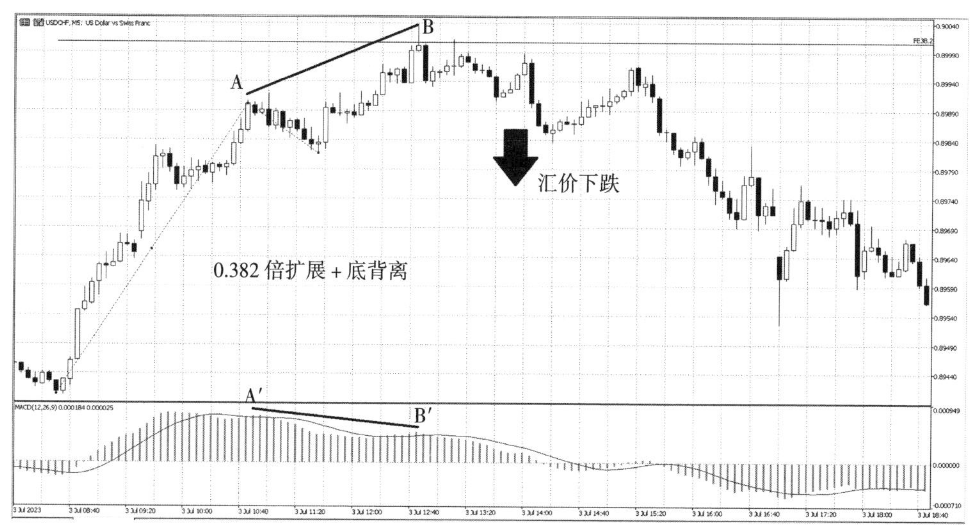

图 4–10　美元兑瑞郎 5 分钟走势顶背离例一（2）

资料来源：Metatrader5.0，DINA。

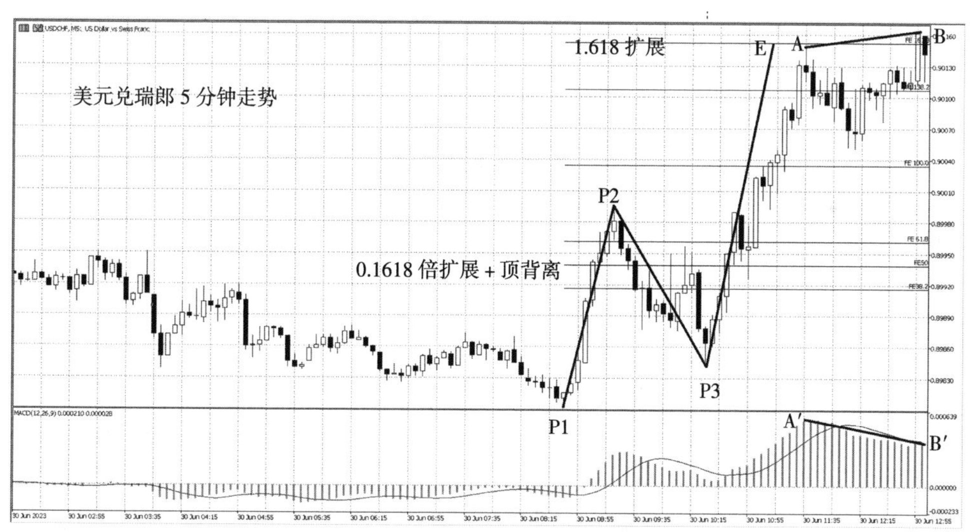

图 4–11　美元兑瑞郎 5 分钟走势顶背离例二（1）

资料来源：Metatrader5.0，DINA。

ABA′B′形成一个标准的顶背离结构。我们以上升波段 P12 为单位 1，以 P3 为起点，绘制斐波那契扩展线。高点 A 和 B 恰好在 1.618 扩展点位（E 点）附近，进一步确认了顶背离附近的阻力。

顶背离叠加 1.618 扩展线之后，汇价从 B 点下跌，中间有一次强劲反弹。但是，反弹结束后，美元兑瑞郎快速下行（见图 4-12）。

图 4-12　美元兑瑞郎 5 分钟走势顶背离例二（2）

资料来源：Metatrader5.0，DINA。

现在，我们来看美元兑瑞郎 5 分钟底背离的情况。第一个例子中（见图 4-13），美元兑瑞郎从 0.8955 附近震荡下行，在 0.8981 附近形成两个低点 A 和 B，其中 B 点低于 A 点。MACD 柱线形成了两个相应的低点 A′和 B′，其中 B′点

图 4-13　美元兑瑞郎 5 分钟走势底背离例一（1）

资料来源：Metatrader5.0，DINA。

高于 A′点。ABA′B′构成了一个底背离。

我们以下跌波段 P12 为单位 1，以 P3 为起点，绘制出斐波那契扩展点位线谱。其中一个点位（E 点）——0.618 恰好在 B 点附近，底背离得到了斐波那契扩展点位的确认。注意，K 线形态在 0.618 附近也有所反应。

汇价形成底背离，叠加 0.618 扩展点位，反转态势明显，汇价一路飙升（见图 4-14）。

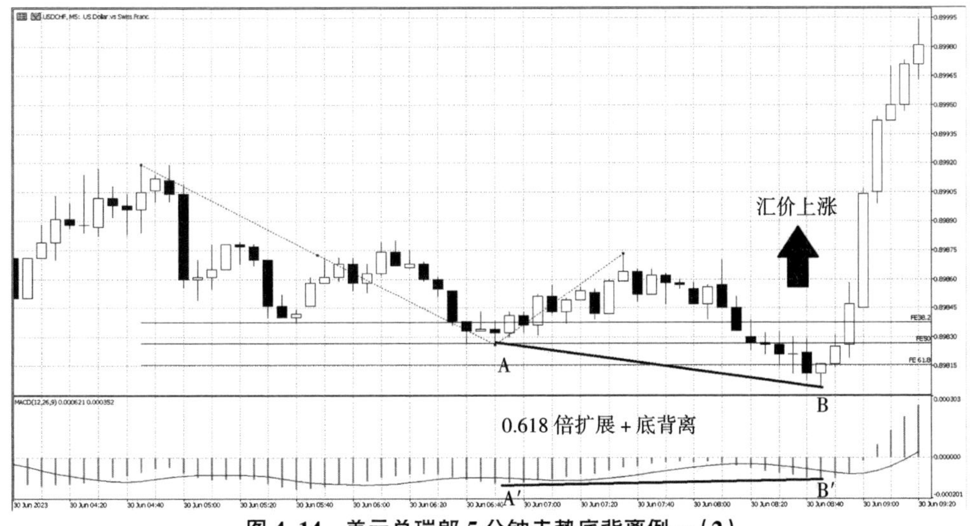

图 4-14　美元兑瑞郎 5 分钟走势底背离例一（2）

资料来源：Metatrader5.0，DINA。

第二个例子中（见图 4-15）。美元兑瑞郎从 0.9085 附近开始下跌。跌至 0.9045 附近出现了低点 A 和 B，且 B 点低于 A 点。相应的动量低点 B′则高于低点 A′。ABA′B′构筑了一个典型的底背离形态。

以下降波段 P12 为单位 1，以 P3 为起点，构造斐波那契扩展点位，其中 0.618 倍扩展（E 点）就在 B 点附近。且 B 点出现了 K 线反转形态——刺透形态。

本例中汇价在 0.618 扩展点位处出现了底背离和刺透形态，趋势反转的迹象明显，此后美元兑瑞郎快速回升，飙升到新高（见图 4-16）。

图 4-15　美元兑瑞郎 5 分钟走势底背离例二（1）

资料来源：Metatrader5.0，DINA。

图 4-16　美元兑瑞郎 5 分钟走势底背离例二（2）

资料来源：Metatrader5.0，DINA。

英镑兑美元是短线投机客最喜欢的直盘货币对之一，我们来看英镑兑美元 5 分钟顶背离的实例。第一个例子中（见图 4-17），英镑兑美元从 1.2640 附近起涨。在 1.2700 附近滞涨，形成两个高点 A 和 B，而 B 至少略高于 A，因此也可以看作是一个双顶或者是多头陷阱。汇价高点 A 和 B 与动量高点 A′和 B′形成顶

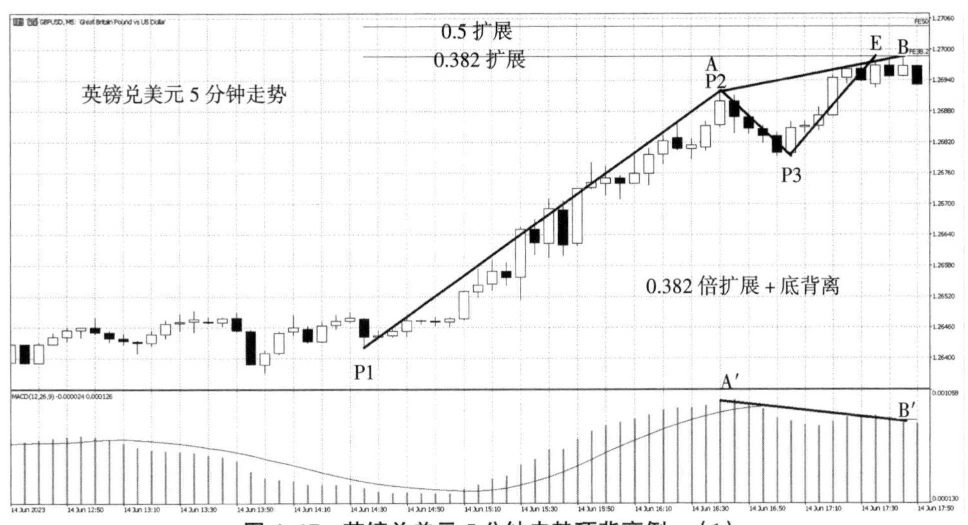

图 4-17　英镑兑美元 5 分钟走势顶背离例一（1）

资料来源：Metatrader5.0，DINA。

背离。

将此前的上涨波段 P12 作为单位 1，以 P3 作为起点绘制斐波那契扩展线谱。0.382 扩展点位恰好在高点 B 附近，相当于汇价上涨到这一点位附近出现了“上升动量衰竭”迹象。

点 P2 与点 A 是同一个点。

英镑兑美元在高位形成顶背离叠加 0.382 扩展点位后，横盘窄幅整理了一段时间，然后大幅下挫（见图 4-18）。

第二个例子中（见图 4-19），英镑兑美元从 1.2570 起涨。涨到 1.2620 附近形成两个高点 A 和 B，B 点的 K 线实体部分与 A 点几乎在同一点位上。B 点附近的上影线显著，表明上方存在显著阻力。

以波段 P12 为单位 1，以 P3 为起点投射斐波那契扩展线谱。线谱中的 0.5 倍扩展（E 点所在）恰好在 B 点最高价附近。

P2 与 A，其实为同一点。

英镑兑美元在高位出现顶背离叠加 0.5 扩展点位后，汇价从 B 点迅速下跌（见图 4-20）。

图 4–18　英镑兑美元 5 分钟走势顶背离例一（2）

资料来源：Metatrader5.0，DINA。

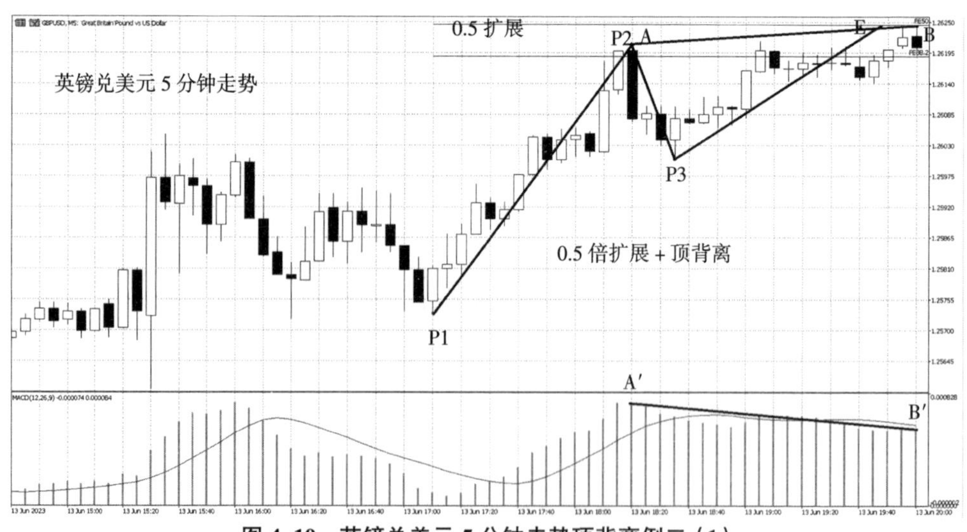

图 4–19　英镑兑美元 5 分钟走势顶背离例二（1）

资料来源：Metatrader5.0，DINA。

英镑兑美元 5 分钟底背离的第一个例子中（见图 4–21），汇价从 1.2460 附近逐步走低。跌到 1.2400 整数关口附近出现了企稳迹象，形成了两个低点 A 和 B，且 B 点低于 A 点。相应的动量低点 B′高于 A′点，ABA′B′构成了一个底背离。

图 4-20　英镑兑美元 5 分钟走势顶背离例二（2）

资料来源：Metatrader5.0，DINA。

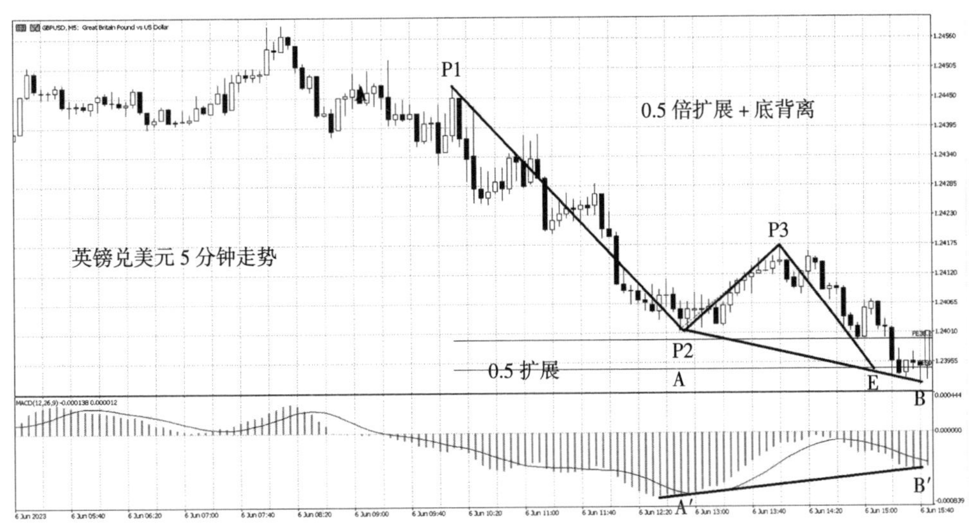

图 4-21　英镑兑美元 5 分钟走势底背离例一（1）

资料来源：Metatrader5.0，DINA。

以下降波段 P12 为单位 1，以 P3 为起点，绘制斐波那契扩展点位线谱。其中，0.5 倍扩展恰好在 B 点附近。B 点附近存在许多影线较长的 K 线，同时一根大阳线上行，表明 0.5 扩展点位处支撑强劲。

P2 点与 A 点实际为同一点。

英镑兑美元出现底背离叠加 0.5 倍斐波那契扩展点位之后，汇价震荡上行（见图 4-22）。

图 4-22　英镑兑美元 5 分钟走势底背离例一（2）

资料来源：Metatrader5.0，DINA。

英镑兑美元底背离第二个实例中（见图 4-23），汇价从 1.2370 附近持续走低。跌到 1.2335 附近出现了两个低点 A 和 B，B 点低于 A 点。动量指标 MACD

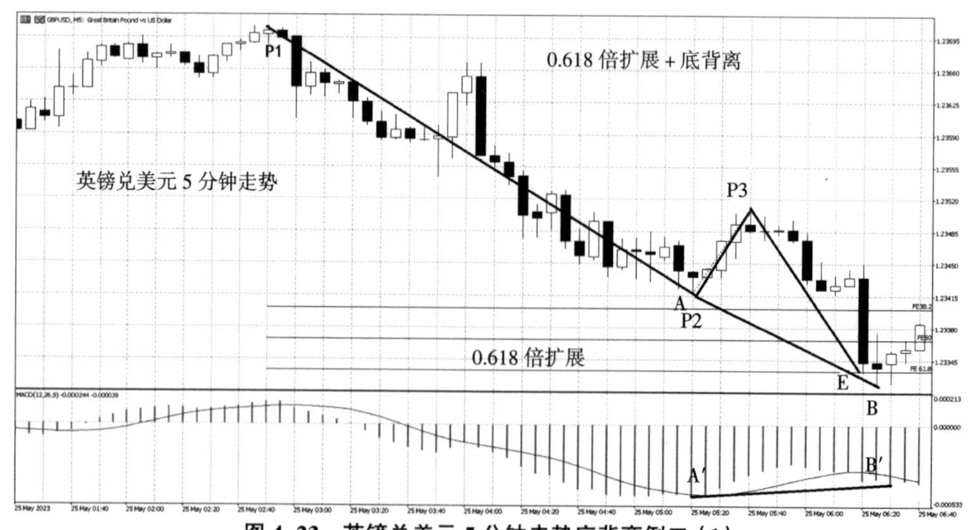

图 4-23　英镑兑美元 5 分钟走势底背离例二（1）

资料来源：Metatrader5.0，DINA。

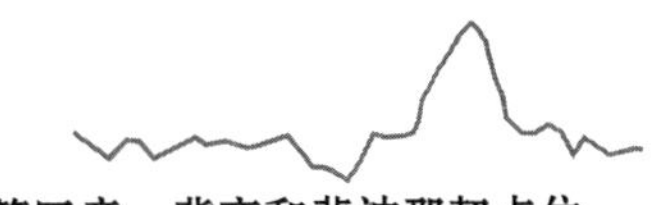

柱线形成了两个对应的低点 A′和 B′，且 B′点高于 A′点。一个标准的底背离出现了。

我们以下降波段 P12 的价格幅度（纵轴）为单位 1，以 P3 为投射起点，绘制斐波那契扩展点位线谱。其中，0.618 点位（E 点所在）恰好在 B 点附近。

A 点与 P2 点实际为同一点。

英镑兑美元在显著下跌后出现了底背离叠加 0.618 扩展点位，此后汇价先是回升一段，接着横向整理，然后突破拉升（见图 4–24）。

低位上涨一小段，然后横盘很长时间，这种情况下的再度突破往往有很高的涨幅。

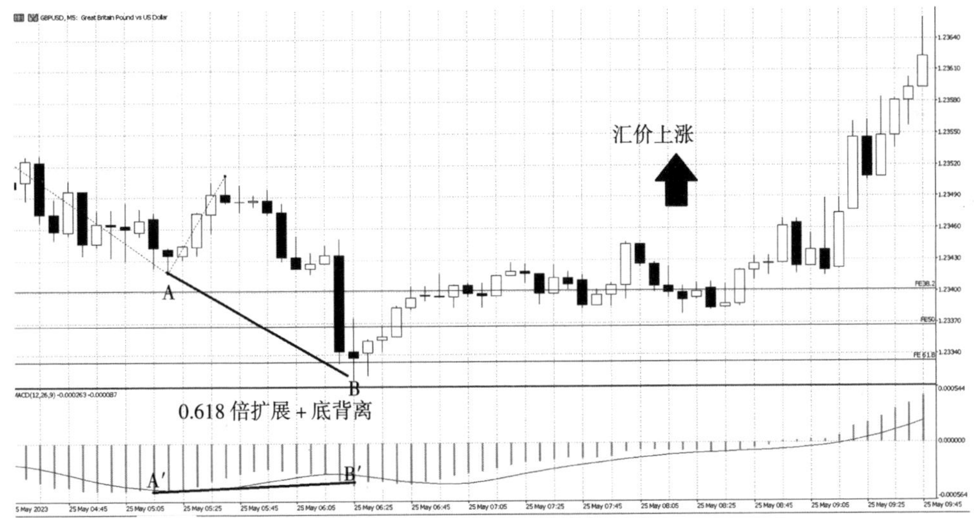

图 4–24　英镑兑美元 5 分钟走势底背离例二（2）

资料来源：Metatrader5.0，DINA。

最后，我们来看美元兑日元 5 分钟走势的背离实例。第一个顶背离的实例中（见图 4–25），美元兑日元从低位持续上扬。涨到 140.45 附近出现了涨势趋缓的迹象，形成了两个高点 A 和 B，B 点略高于 A 点，P3 点到 B 点的涨速显著低于 P1 到 P2 点，这本身就是动量衰竭的迹象之一。

对应 B 点的动量高点 B′显著低于对应 A 点的动量高点 A′。ABA′B′形成一个显著的顶背离。我们以波段 P12

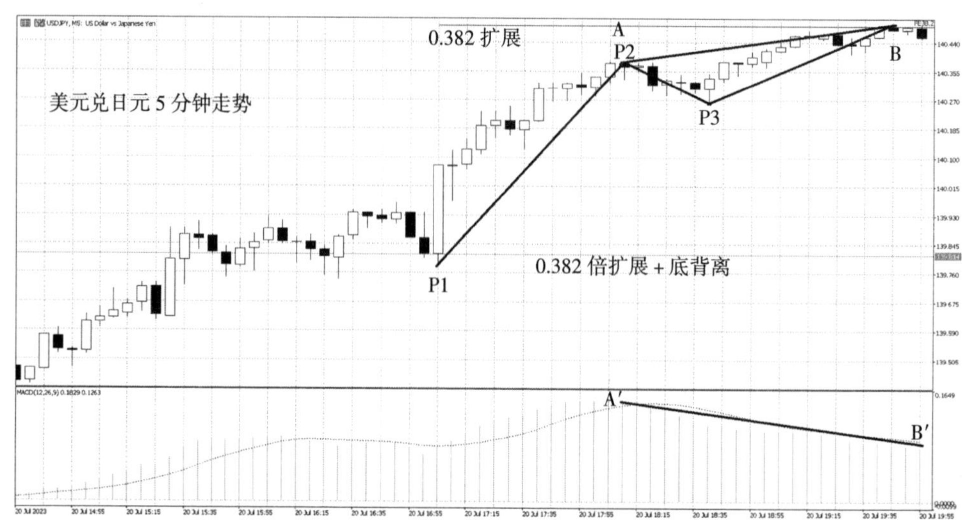

图 4–25　美元兑日元 5 分钟走势顶背离例一（1）

资料来源：Metatrader5.0，DINA。

作为单位 1，以 P3 为起点，绘制斐波那契扩展点位。其中 0.382 扩展（E 点所在）点位恰好与 B 在同一水平上。

美元兑日元在形成顶背离叠加 0.382 扩展点位之后，持续下跌（见图 4–26）。

图 4–26　美元兑日元 5 分钟走势顶背离例一（2）

资料来源：Metatrader5.0，DINA。

第二个例子中（见图 4-27），美元兑日元从 139.20 起涨，涨到 140.00 整数关口附近滞涨，形成两个高点 A 和 B，其中 B 点略高于 A 点。相应的动量指标高点 B′则略低于 A′，ABA′B′形成了一个标准的顶背离结构。

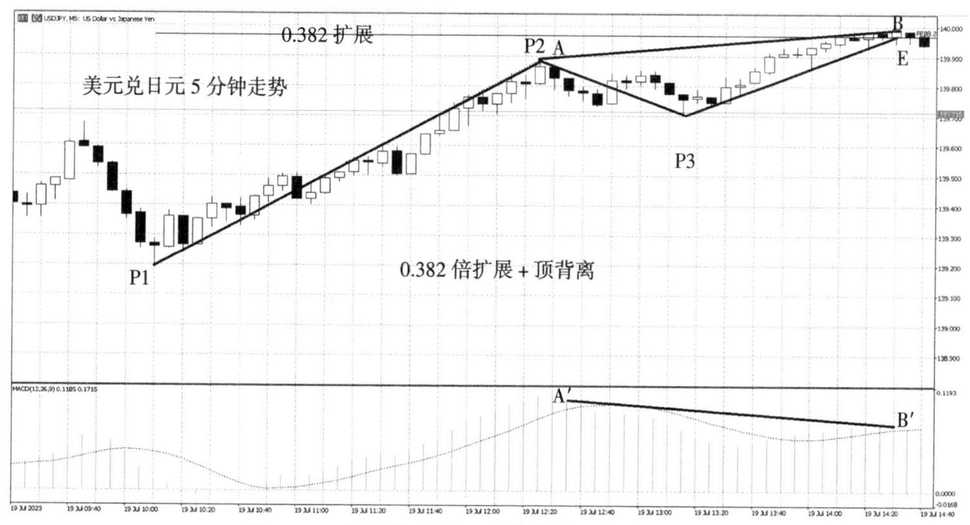

图 4-27　美元兑日元 5 分钟走势顶背离例二（1）

资料来源：Metatrader5.0，DINA。

以此前的上升波段 P12 为单位 1，以 P3 为起点绘制斐波那契扩张点位线谱。其中，0.382 点位恰好在 B 点附近。

美元兑日元显著上涨后出现了顶背离叠加 0.382 扩展点位，上涨阻力很强大。此后，汇价暴跌（见图 4-28）。

最后，我们来看美元兑日元 5 分钟走势底背离的实例。第一个例子中（见图 4-29），汇价持续下跌到 143.60 附近才出现了两个低点 A 和 B。其中，B 点低于 A 点，相应的动量低点 B′高于低点 A′。ABA′B′底背离确立了。

我们以下跌波段 P12 的价格幅度为单位 1，以 P3 为起点，计算斐波那契扩展点位。其中的 0.5 倍扩展恰好在 B 点附近，纺锤线形态也确认了此处的支撑有效。

A 点与 P3 点是同一个点。

图 4–28　美元兑日元 5 分钟走势顶背离例二（2）

资料来源：Metatrader5.0，DINA。

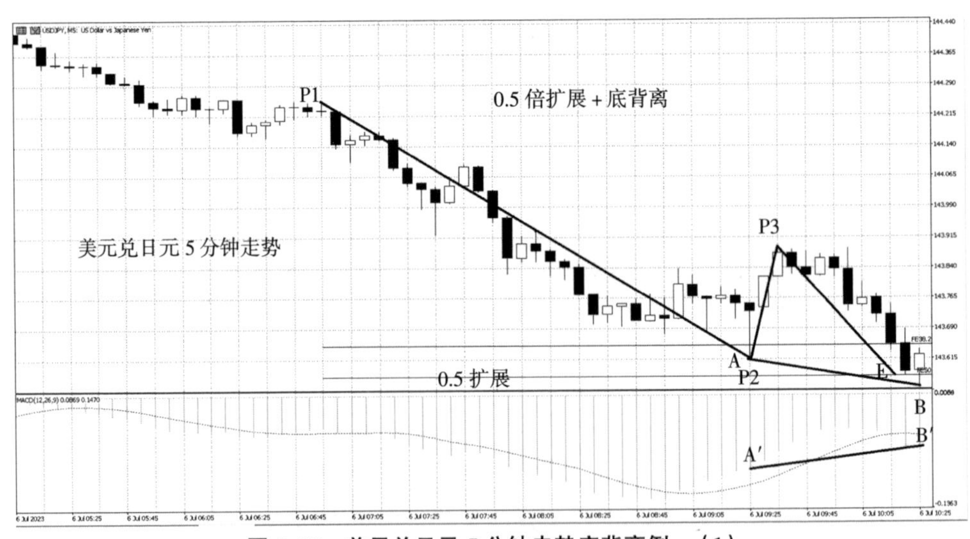

图 4–29　美元兑日元 5 分钟走势底背离例一（1）

资料来源：Metatrader5.0，DINA。

美元兑日元底背离叠加了 0.5 倍扩展之后，快速拉升（见图 4–30）。

美元兑日元第二个底背离例子中（见图 4–31），汇价从 143.95 附近下跌。跌到 143.35 附近出现了两个低点 A 和 B，相应的动量低点是 A′和 B′。其中，B 点低于 A 点，而 B′点高于 A′点。ABA′B′构筑了一个典型的底背离。

图 4-30 美元兑日元 5 分钟走势底背离例一（2）

资料来源：Metatrader5.0，DINA。

图 4-31 美元兑日元 5 分钟走势底背离例二（1）

资料来源：Metatrader5.0，DINA。

我们以下跌波段 P12 为单位 1，以 P3 为起点，绘制斐波那契扩展点位线谱。其中的 0.618 点位与 B 点处于相同水平上，此处的纺锤线也恰好证明了强大支撑的存在。

美元兑日元下跌后出现底背离叠加 0.618 倍扩展和纺锤线，此后汇价一骑绝尘（见图 4-32）。

图 4-32　美元兑日元 5 分钟走势底背离例二（2）

资料来源：Metatrader5.0，DINA。

背离与斐波那契扩展点位可以结合起来判断趋势转折机会，这是一个很好的系统分析思维。当然，你还可以加入 K 线形态，甚至新闻数据公布等，这些都可以增加你利用背离交易制胜的赢面。

在本章的最后，我们介绍一下斐波那契扇形在隐式背离中的运用，其思路来自于著名外汇交易员 Sunil Mangwan。首先，简单回顾一下什么是隐式背离。尽管常规背离被更频繁地使用，但是隐式背离也不能忽略，在某些外汇交易者来看它更具有效率。

正如在前面课程中提到的那样，隐式背离是一种趋势延续形态。它包括了看涨隐式背离和看跌隐式背离两种基本形式（见图 4-33）。看涨隐式背离是汇价走高与动量走低的背离，预示着上涨趋势大概率继续；看跌隐式背离是汇价走低与动量走高的背离，预示着下跌趋势大概率继续。

隐式背离在某些方面与常规背离相反，比如它提供了一个顺势交易的信号，这在许多顺势交易者来看是更可靠的信号。相比趋势反转信号，顺势信号的胜率似乎更高。这不是“接下落刀子式”的激进操作，在进场点和出场点方面似乎要更清晰一些。毕竟，正如老话所言“趋势是你的朋友”。

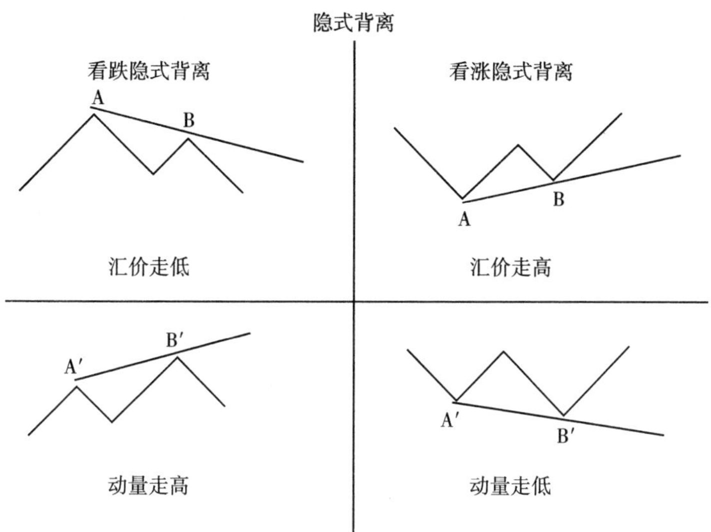

图 4-33　隐式背离的两种基本形式

这里有一个看涨隐式背离的实例（见图 4-34），英镑兑美元小时走势中，上升走势中低点 B 高于低点 A，而相应的随机震荡指标则是低点 B′低于低点 A′，这是典型的看涨隐式背离。你可以将看涨隐式背离的汇价部分看成是一个大型的向上 N 字结构。

图 4-34　看涨隐式背离

资料来源：Metatrader5.0，Sunil Mangwan。

在趋势当中，隐式背离频繁出现。例如，在一个上涨趋势中，汇价可能回调，而相应的动量指标也会一起回调，且动量指标回调的幅度显著大于汇价回调的幅度。从另一个角度来看，指标可能严重超卖了。

在一个下跌趋势中，汇价可能反弹，而相应的动量指标也会一起反弹，且动量指标反弹的幅度显著大于汇价反弹的幅度。换个角度来看，指标可能严重超买。

无论是严重超买还是严重超卖，都好像是一个被压紧了的弹簧，或者拉满的弹弓。如果能够利用这个势能，趁机进场，那么就不仅能够享受顺势的利润，而且能够享受超买或者超买的空间红利。这就是“好风凭借力”。

如何基于隐式背离进行交易呢？确认隐式背离并不算太复杂，但具体的交易展开却需要花费一番精力。本章是介绍背离与斐波那契点位的综合运用，那么这里也是基于斐波那契点位来介绍隐式背离的运用。

斐波那契点位其实都是一个斐波那契比率，前面在介绍斐波那契扩展线的时候已经提到了一些重要的点位和比率，比如 0.618 和 1.618 等。**斐波那契比率不仅在自然界中普遍存在，在金融市场也是广泛存在的，因此它是我在进行背离交易时候的主要工具**。

斐波那契扩展和回撤线谱是斐波那契交易策略中最常用的两种，但是在隐式背离交易当中，著名外汇交易员 Sunil Mangwan 则习惯于采纳斐波那契扇形（Fibonacci Fans）这一工具。

斐波那契扇形是利用一组基于斐波那契比率的对角线来确定关键的支撑和阻力点位。如何绘制斐波那契扇形线呢？大多数行情软件都有快速绘制功能，我们这里简单介绍下手工流程，以向上斐波那契扇形为例（见图 4-35）。

第一步，选择一个高点 A 和一个地点 B，绘制一条直线。

第二步，分别以 A 点和 B 点绘制两条水平线。

第三步，绘制上述两条水平线的垂直距离线。

第四步，以若干斐波那契比率分割垂直距离线。

第五步，以 A 点为起点，绘制射线穿越垂直距离线上的比率分割点。

这些射线就是（向上）斐波那契扇形线谱了。

简言之，在上升趋势中，我们以低点为起点，向高点绘制向上斐波那契扇形线谱；在下跌趋势中，我们以高点为起点，向低点绘制向下斐波那契扇形线谱。

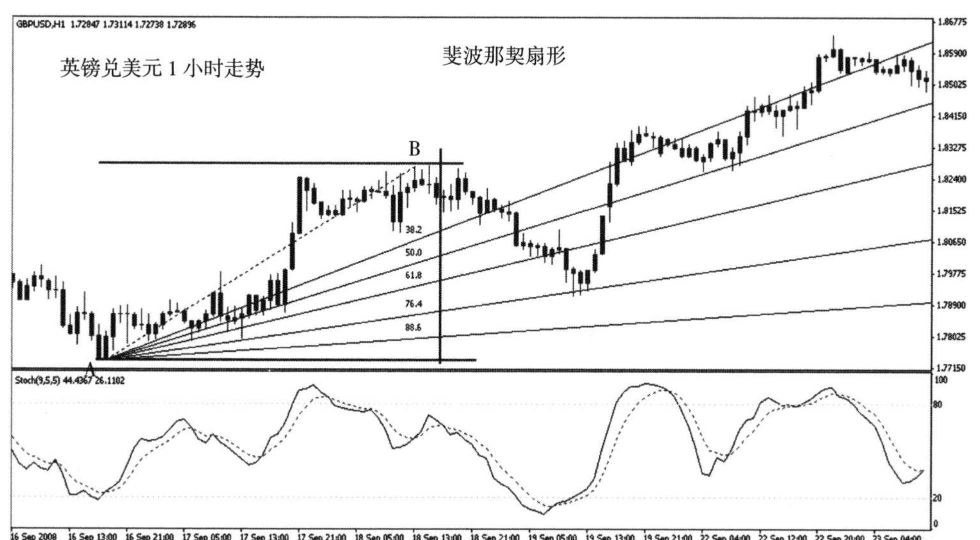

图 4–35 绘制向上斐波那契扇形

资料来源：Metatrader5.0，Sunil Mangwan。

那么如何运用斐波那契扇形呢？如何将它与隐式背离结合起来使用呢？Sunil Mangwan 习惯于使用五个关键斐波那契扇形点位，它们是 0.382、0.5、0.618、0.764 和 0.886。他认为 0.886 是其中最重要的点位，上升趋势中的回撤或者说隐式背离中的第二个价格节点往往落在这一关键扇形点位附近。如果汇价回撤的时候收盘价没有超过 0.886 的极限位置，最好是在这个位置附近，那么就有很大概率继续此前的趋势。

因此，当把上述工具加入到交易策略中来，那么隐式背离除了动量之外就多了一重斐波那契扇形点位的支持。例如，在英镑兑美元小时走势这个例子当中（见图 4–36），汇价从 A 点涨到 B 点，然后跌到了 C 点。

对应 A 点，随机震荡指标形成动量低点 A′；对应 C 点，随机震荡指标形成动量低点 C′，这样 ACA′C′就构成了一个隐式背离。以 AB 为单位 1，A 为起点构建向上斐波那契扇形。C 点恰好落在 0.764 这个斐波那契扇形关键点位上，支撑强劲，回撤结束。那么这就是一个很好的做多进场点。

在隐式背离结构中，我们利用斐波那契扇形来确认汇价回撤极限，这个点位确认后，那么就可以进行"见位交易"了。通常而言，汇价会在 0.382~0.618 之间结束回撤，最多不应该超过 0.886。如果汇价回撤的时候超过 0.886 这个极限

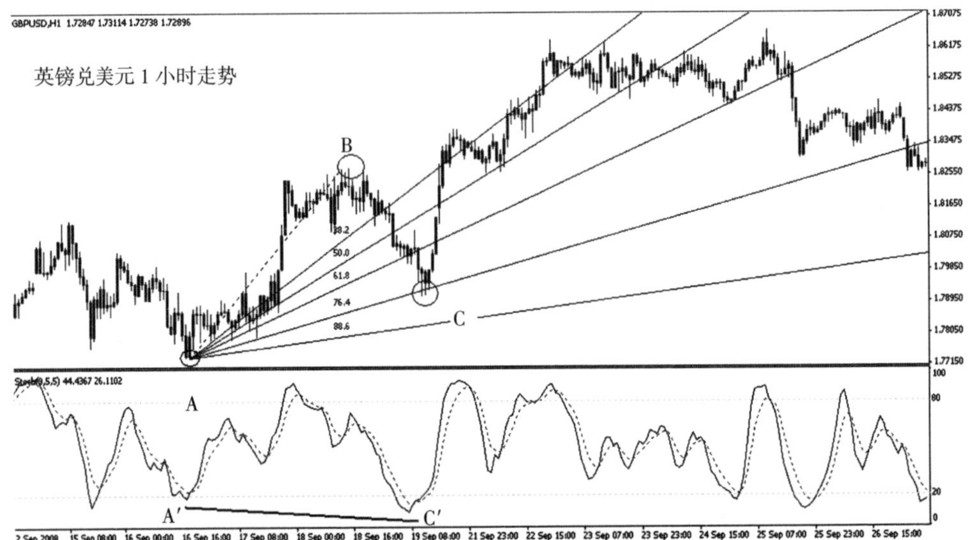

图 4-36　看涨隐式背离与向上斐波那契扇形

资料来源：Metatrader5.0，Sunil Mangwan。

点位，那么隐式背离形态也就破坏掉了。

我们还可以进一步观察斐波那契扇形点位附近的 K 线形态，是否有反转迹象。比如在上面这个例子中，汇价在 0.764 附近形成了多根下影线较长的 K 线。

具体的入场点可以怎么考虑呢？（见图 4-37）可以绘制一条下降趋势线，当汇价向上突破时，进场做多。初始止损点则可以设置在 C 点之下一些。

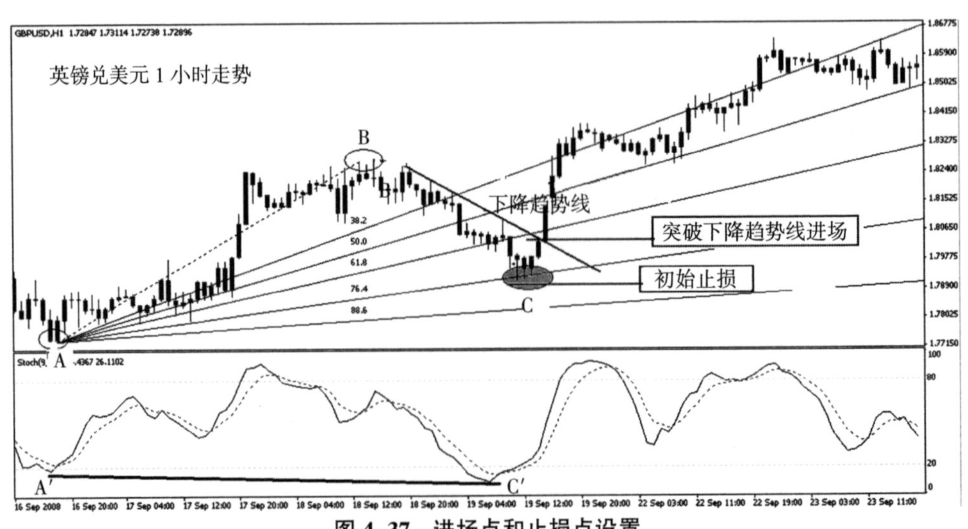

图 4-37　进场点和止损点设置

资料来源：Metatrader5.0，Sunil Mangwan。

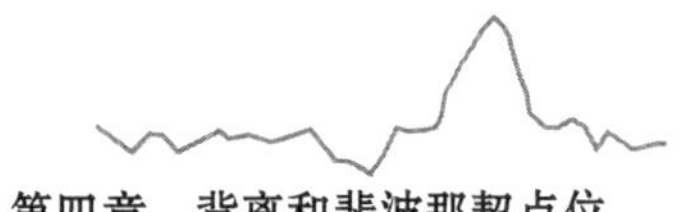

那么出场点怎么设置呢？Sunil Mangwan 给出了两种利润目标：第一种是“一倍度量法”；第二种是“斐波那契扩展点位”。

一倍度量法（见图 4-38）是以 BC（垂直距离）为单位 1，然后以 C 为起点叠加单位 1，就得到了利润目标 D。

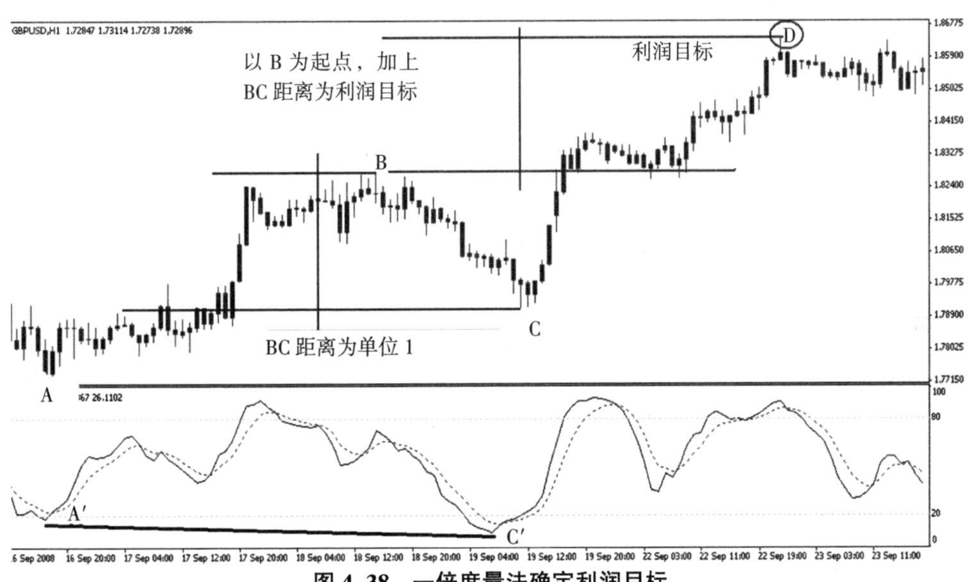

图 4-38 一倍度量法确定利润目标

资料来源：Metatrader5.0，Sunil Mangwan。

斐波那契扩展点位在本章前面部分讲了很多，Sunil Mangwan 建议利用这一工具来确定隐式背离交易的离场点（见图 4-39）。还是以英镑兑美元小时走势隐式背离这个例子为例，假设你按照前面的过程进场做多。以 AB 为单位 1，以 C 点为起点绘制斐波那契扩展线谱。价格在 1.272 扩展点位处（E 点）出现看跌 K 线形态，这就是 Sunil Mangwan 给出的利润目标。当然，DED′E′也构成了一个顶背离，因此加强了这一出场信号。

无论是斐波那契扩展点位还是扇形，其主要目标在于提供前瞻性的关键点位。把握了这一点，你就能变化具体思路，在于背离信号结合的过程中打磨出自己的高效策略。

图 4–39　斐波那契扩展点位确定利润目标

资料来源：Metatrader5.0，Sunil Mangwan。

第五章　突破陷阱（败位）与背离

夫解杂乱纷纠者不控捲，救斗者不搏撠，批亢捣虚，形格势禁，则自为解耳。今梁赵相攻，轻兵锐卒必竭於外，老弱罢於内。君不若引兵疾走大梁，据其街路，冲其方虚，彼必释赵而自救。是我一举解赵之围而收弊於魏也。

——孙膑

万物并作，吾以观复也。夫物芸芸，各复归于其根。归根曰静，静曰复命。复命曰常，知常明也。不知常，妄。妄作，凶。知常容，容乃公，公乃王，王乃天，天乃道，道乃久，没身不殆。

——老子

凡人心险于山川，难于知天。

——庄子

诱惑，常常让人的理智发生短路。很多的陷阱，它们的外观看起来那好像是一个难得的机遇。

——张方宇

突破陷阱往往出现在价格泡沫破灭之时，因此我们在本章先来谈谈泡沫的价格。泡沫的结构不仅适用于股票和商品等资产，在外汇市场也有广泛的利用价值。

当然，外汇市场与股票和商品等地产还有存在较大的差别，因为外汇是两种资产的比值，因此其泡沫结构不仅存在于大涨行情中，也存在于大跌行情之中。

在本章当中，我们会先介绍一个比较宏观的结构——“泡沫”以及背离在其中的角色；接着会介绍陷阱和败位与背离的关系和运用。

接下来对泡沫结构（Bubble Setup）的解剖是基于上

涨趋势展开的，你可以倒置过来用于外汇市场的下跌趋势中。

什么是“泡沫”呢？全球金融史上存在不少著名的资产泡沫，比如荷兰郁金香泡沫（Tulip Bubble）、最近十来年的几次比特币泡沫（Bitcoin Bubbles），当然股票市场的泡沫和房地产的泡沫那更是数不胜数了。比较狭义的金融泡沫是指资产价格的飙升，当然在外汇市场还包括汇率的暴跌。

在外汇交易中，我们定义“小型泡沫”为小时走势上的汇价暴涨或者暴跌，这类走势或许在数周之内发生。这类泡沫的破灭往往与背离关系密切，而且也是短时间内快速获利的高赔率和高胜率机会。

同时具备高胜率和高赔率的机会我（宁建一）称为“双高机会”。

如果不借助非技术分析手段，比如宏观流动性和供求缺口以及题材和预期，我们很难预判泡沫本身的形成。但是，在泡沫形成后我们可以借助诸如背离等技术手段来捕捉泡沫破灭带来的机会。

一个多头泡沫的形成和破灭可以通过下列模型来解构（见图 5-1）。

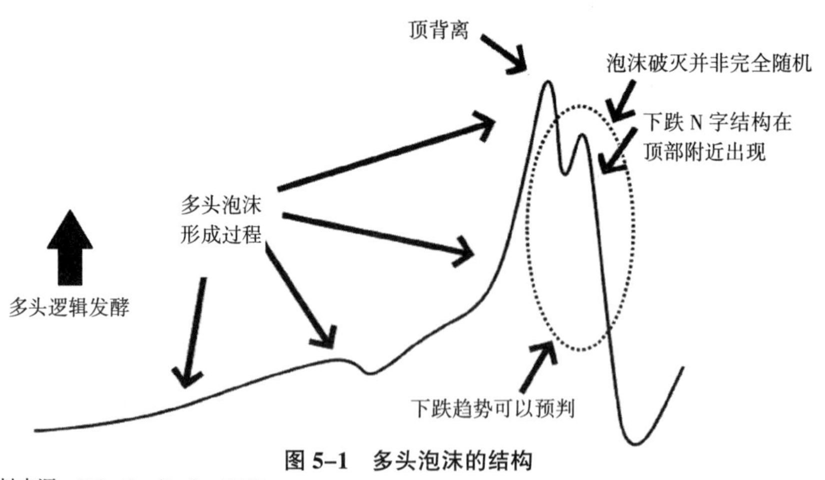

图 5-1 多头泡沫的结构

资料来源：Mike Semlitsch，DINA。

一个多头泡沫的破灭提供了做空的获利良机。在多头泡沫顶部附近往往会出现“多头陷阱”和顶背离等信号（败位进场信号），此后则经常出现向下 N 字结构和跌破上升趋势线的进一步确认信号（破位进场信号）。

多头泡沫破灭时，价格的下跌幅度是非常大的，而且下跌的持续性很强。通过本书介绍的顶背离结合其他线索（见图 5-2），我们能够在泡沫破灭时及时入场。

利多不涨、散户持仓极端比率等信号也可以引入，这些都属于另类数据，使用的交易者很少，效果很好。

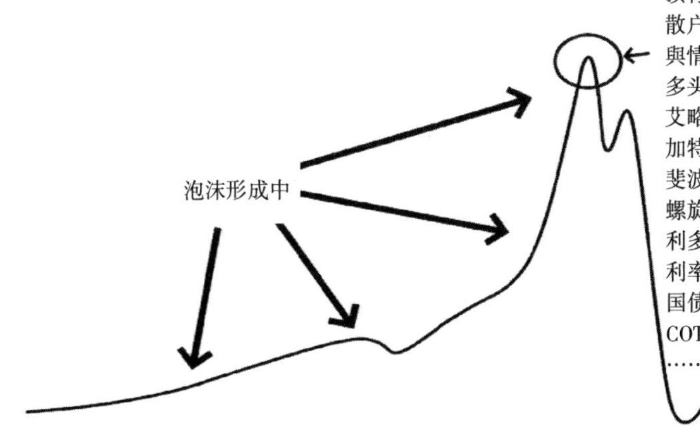

图 5-2　外汇多头泡沫破灭的线索

资料来源：Mike Semlitsch，DINA。

图 5-2 给予了交易者较大的观察和思考视角，你能够观察到的有利线索越多，那么你的胜率和赔率就越高，双高机会是我们的一个主要追求，一个正向不对称机会是每个背离交易者的最主要目标。除上述图中介绍的线索外，我们这里再结合此前关于趋势线的知识点提出若干关键线索。

我们将基于关键线索来洞察泡沫破灭的机会。最为重要的关键线索是趋势通道，趋势通道在趋势线的基础上建立起来，它是观察泡沫破灭机会的有力工具。

就外汇市场的多头泡沫破灭提供的做空机会而言，你需要首先找到一个已经持续了两天以上的多头趋势。这一

上涨趋势往往与多头逻辑发酵有关，这一趋势的最后疯狂阶段往往是稍微回调后斜率更陡的加速上扬走势。在艾略特波浪理论框架下，这往往是第五浪的特征，称为“冲顶”（Blowing off the Top）。

我们可以简单地将多头泡沫形成分为三个阶段：第一个阶段是汇价稳步上涨阶段，第二个阶段是汇价回调整理阶段，第三个阶段是汇价飙升阶段。空头泡沫也可以分为三个阶段：第一个阶段是汇价稳步下跌阶段，第二个阶段是汇价反弹整理阶段，第三个阶段是汇价暴跌阶段。

我们以多头泡沫为例展开，在下面这个例子中（见图 5-3），汇价在第一阶段持续了 8 个交易日。

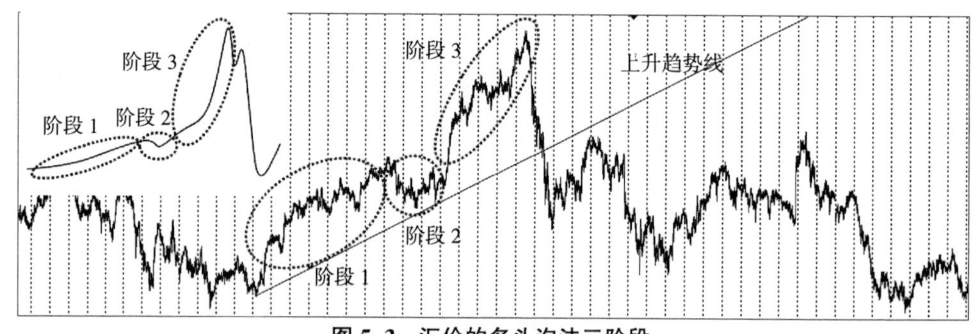

图 5-3 汇价的多头泡沫三阶段

资料来源：Metatrader4.0，Mike Semlitsch，DINA。

第二阶段，汇价回调整理。这个阶段会吸引做空交易者，但这只是一个看跌陷阱（Short Trap）而已。你可以将第一阶段设定为单位 1，然后通过斐波那契回调点位来估计第二阶段的结束点。

顾比均线组也可以洞察泡沫的扩大，与乖离率原理差不多。

第三阶段，汇价以比第一阶段更陡的斜率上涨，**通过乖离率指标你可以看到泡沫在急剧扩大。**

你可以在上涨趋势开始的时候，就着手绘制一条上升趋势线。这条上升趋势线通常包括了第一阶段和第二阶段中最显著的两个低点。更进一步地观察可以再绘制一条与

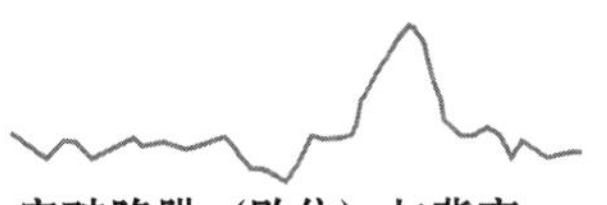

上升趋势线平行的直线，通过上涨走势的一个显著高点，这样就构成了一条上升隧道。**在艾略特波浪理论中，可以通过这条上升隧道观察第三阶段的飙升和“翻越行为”**(Channel Overshooting)。**翻越上升隧道上轨的行为与泡沫的最后阶段密切相关**。这代表着超买和亢奋。

“翻越上轨”是第一个关键线索。

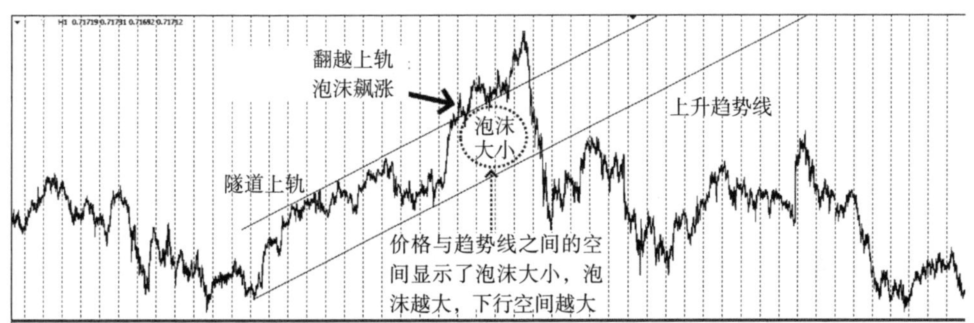

图 5-4 翻越上轨

资料来源：Metatrader4.0，Mike Semlitsch，DINA。

汇价和上升趋势线之间的空间（垂直距离）体现了泡沫的大小。泡沫越大，则下跌的概率和幅度也越大。但仅依靠上述分析，还不能完全确定多头泡沫破灭的时机。我们还忽略了一些关键点。

在此前我们提到的“冲顶”，也就是汇价以更加陡峭的方式上涨。如何刻画和观察“冲顶”这个特征呢？我的建议是绘制一个规模更小、更加紧凑的上升隧道（见图5-5）。

“冲顶”是第二个关键线索。

当“翻越上轨”出现时，我们就要据此绘制一个更小规模的上升隧道了。如果“翻越上轨”发生，那么汇价会处于极端超买的状态，泡沫进一步扩大了，而这就是泡沫扩大的尾声了，多头泡沫破灭临近了。当汇价冲破第二个上升隧道的上轨时，“冲顶”就发生了。多头泡沫变得更大了，那么此后下跌的速度和幅度也会增加，也意味着做空的利润空间扩大了。

“冲顶”就是我们经常提到的“多头陷阱”，“冲顶”后的回落往往就是“败位”进场做空的信号。

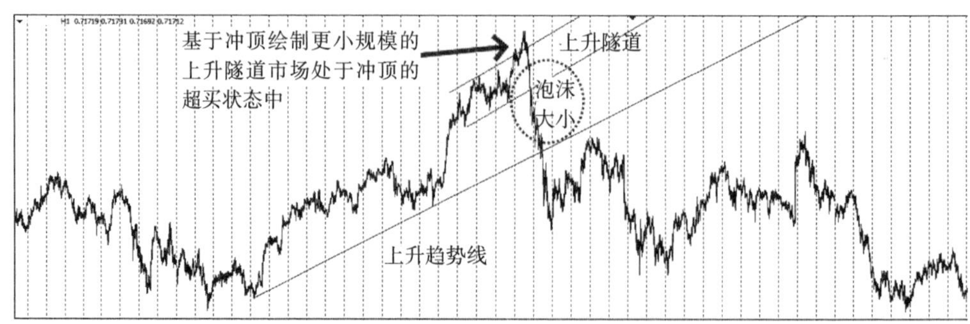

图 5-5　绘制一个更小规模的上升隧道

资料来源：Metatrader4.0，Mike Semlitsch，DINA。

“阻力线”是第三个关键线索。

当“翻越上轨”“冲顶”出现时，泡沫就到了第三阶段的尾巴上。在“冲顶”出现时，我们希望触及重要的阻力线。重要的阻力线可能是历史高点或者低点，又或者是我们前面提到的斐波那契扩展点位或者回撤点位，当然也可以是加特利形态的极限点位等（见图 5-6）。

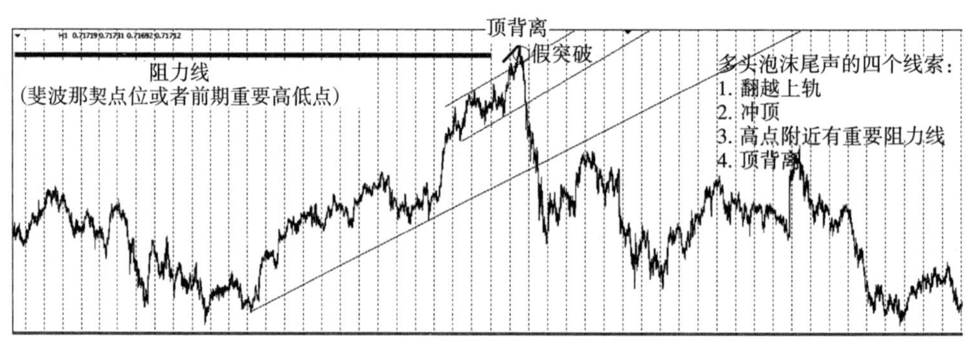

图 5-6　“冲顶”触及重要的阻力线

资料来源：Metatrader4.0，Mike Semlitsch，DINA。

“背离”是第四个关键线索。

冲顶的时候往往会形成“顶背离”或者“多头陷阱”，这是上涨动量完全衰竭的征兆。我们在这里并没有绘制出动量部分，但是价格背离形态是给出来了。

四个关键线索是：第一，翻越上轨或者下轨；第二，冲顶或者赶底；第三，临近阻力线或者支撑线；第四，顶背离或者底背离。

就纯粹的技术交易而言，当上述四个关键线索具备后，这个时候我们就需要明确的进场点位了。在这里，做空进场可以采用均线死叉或者震荡指标死叉，又或者跌破第二个上升隧道的上轨或者下轨（见图 5-7）。

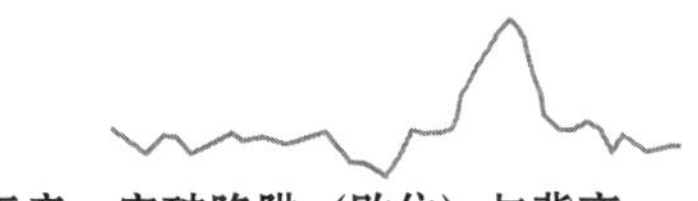

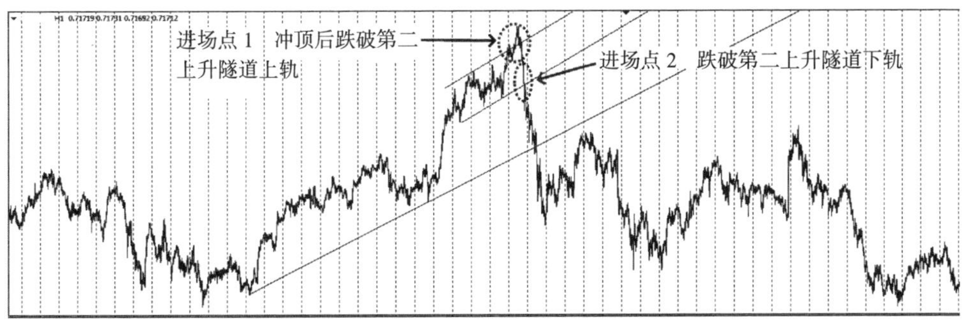

图 5–7　进场点

资料来源：Metatrader4.0，Mike Semlitsch，DINA。

外汇市场上的多头泡沫或者空头泡沫存在不同的规模，这也取决于交易者在什么时间框架上分析和交易。上述这个多头泡沫持续了 15 天时间才最终泡沫，而下面这个美元兑加元的多头泡沫则持续了仅 6 天就破灭了（见图 5–8）。"翻越上轨""冲顶""重要阻力线""顶背离"四大线索都具备之后，美元兑加元快速下跌。

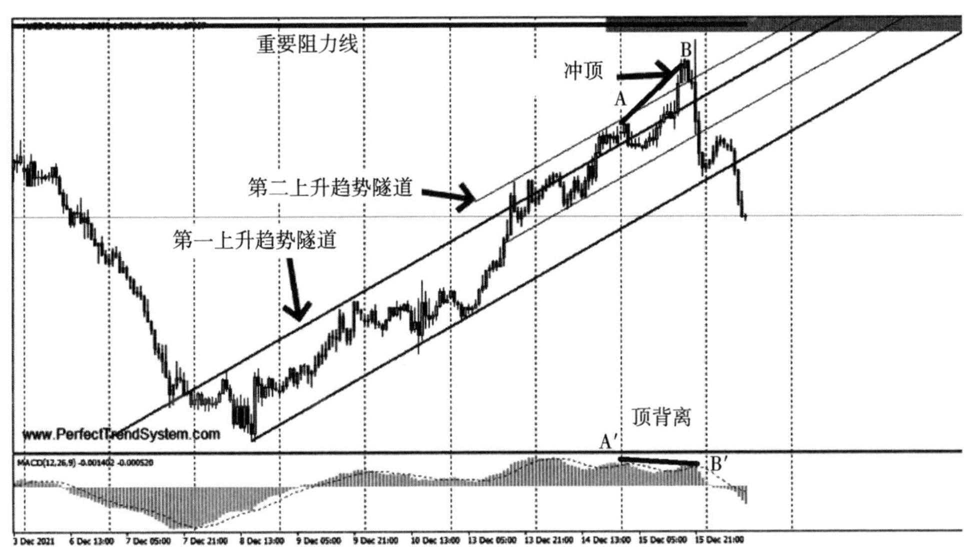

图 5–8　四大线索

资料来源：Metatrader4.0，Mike Semlitsch，DINA。

通常而言，可以通过泡沫的大小来预判此后背离交易的利润空间有多大。泡沫越大，则背离交易的利润空间越大。

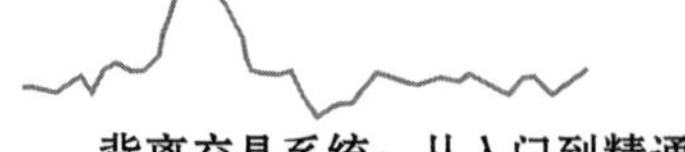

泡沫是一个宏观结构，背离则是这个结构的终点信号。接着我们将会介绍一个微观结构——“陷阱周期”（Trap Cycle），它于背离经常一同出现，也是“败位进场”的基础。

“海龟汤交易”（Turtle Soup Trading）就是基于陷阱建立起来的败位进场交易策略。**背离早于败位进场点出现，这就意味着激进的背离交易者可能获得“先手优势”**。当然，也可以推迟进场，等待进一步的确认信号。败位就是跌破水平趋势线后的进场，我们还可以在跌破倾斜趋势线后进场，这就是此前课程提到的一些趋势线过滤背离信号的思路。

简言之，败位进场提供了稳定获利的一个坚实基础。当你持有一个处于浮盈状态的败位进场头寸时，盈利可能不断扩大，超出你的预期，变成一个“本垒打”。背离和败位提供了在趋势早期介入的优势，趋势反转信号可以确保你在趋势萌芽的时候就能够捕捉到它。当然，趋势也分时间层级的。**如果不同时间层级的趋势能够共振，则你的赔率和胜率都会显著提升，这就是周期共振**。

“陷阱周期”（Trap Cycle）的每个阶段由三个环节组成：第一个环节是“吸筹”（Accumulation）；第二个环节是“陷阱”（Trapping）或者“假突破”（Fake Breaking）；第三个环节是“趋势反转”（Trend Reversal）。

陷阱周期有上升阶段和下降阶段，每个阶段都由上述三个环节组成。上升阶段和下降阶段，互为镜像，其中吸筹指的是主力资金或者聪明资金的动作。

陷阱周期是基于假突破或者陷阱结构的，因此我们先从陷阱结构本身讲起。图 5-9 中有两个结构，左边是“空头陷阱”（Bear Trap）或者说“空头假突破”（Bear Fake Breaking）；右边是“多头陷阱”（Bull Trap）或者说“多头假突破”（Bull Fake Breaking）。

聪明的玩家在这个陷阱结构中会“乘势、当机、借力”而行，他们会在转势前最有利的位置附近吸筹。当然，我们会追随他们，在他们吸筹后，在败位进场点或者破位进场点建仓（见图 5-10）。当然，还存在其他类型的进场信号，这里没有必要展开，你看了本书，应该脑袋里面可以冒出许多可以尝试的想法。

空头陷阱中的 B 点低于 A 点，经常与动量呈现底背离关系；多头陷阱中的 B 点高于 A 点，往往与动量呈现顶背离关系。

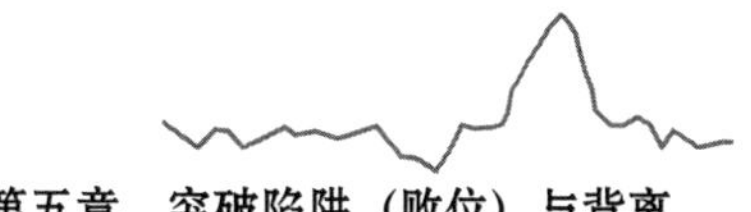

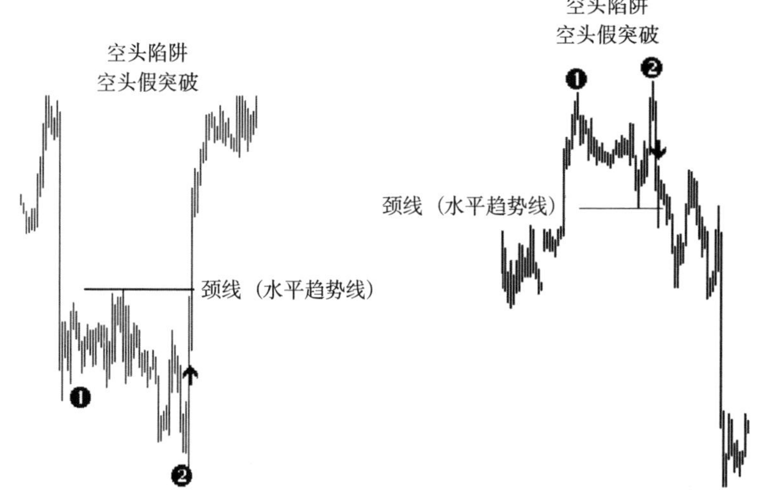

图 5-9　空头陷阱和多头陷阱

资料来源：Mike Semlitsch，DINA。

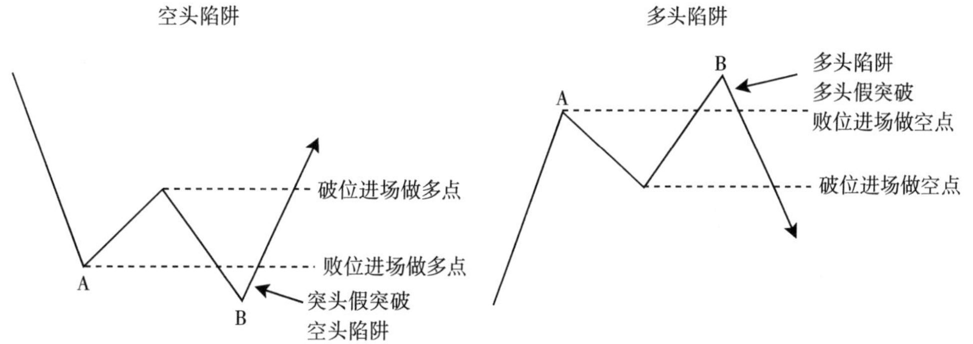

图 5-10　陷阱结构中的两个主要进场点

资料来源：Mike Semlitsch，DINA。

我们再仔细观察和分析陷阱结构与周期，看看这个反转结构的特征和蕴含的交易机会，看看它与背离的关系。一旦你掌握了这些要点，那么你就能够结合本书中其他技巧打磨出自己的交易策略，持续从市场中获利。

陷阱结构对于大众而言已是陷阱，对于聪明资金而言就是捕猎的工具和机会。持续亏损的绝大多数交易者成就了持续盈利的极少数交易者。**市场沿着阻力最小路径前行，什么是阻力最小路径？让绝大多数人亏损的路径**。

陷阱愚弄了绝大多数交易者，如果你能够占到极少数人那边，就能**利用大众盲点和非理性获利**，这就是“盲利公式”。空头陷阱引诱大众继续做空，绝大多

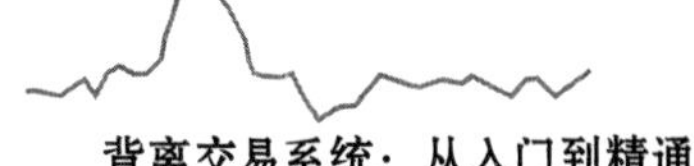

数交易者会持有更多的空单，那么极少数交易者就会持有对等数量的多单。同理，多头陷阱引诱大众继续做多，绝大多数交易者会持有更多的多单，那么极少数交易者就会持有对等数量的空单。

市场是一个优胜劣汰的过滤器，极少数存活下来并且壮大的聪明资金会持有规模大得多的平均头寸。而被收割的绝大多数交易者则持有规模小得多的平均头寸。

因此，你会发现多空头寸是对等的，但是**持仓人数和平均持仓规模却是不对称的。市场运行的阻力最小路径就是少数人走的路。你应该选择少数人持有大规模仓位的方向，而不是多数人持有小规模仓位的方向，追随少数独立的理性强者，而非多数盲从的情绪羔羊。**

在空头陷阱附近，“少数派”在建立多头头寸，而“多数派”则在继续做空；在多头陷阱附近，“少数派”在建立空头头寸，而“多数派”则在继续做多。

“众争之地勿往！”

“多数派”相比“少数派”的规模越大，则市场反转的概率越大。“多数派”的分歧越少，情绪和意见越是一致，则市场反转的概率越大。

在假突破发生之前的震荡走势中，“少数派”已经在收集与逆市的筹码了（见图 5-11），因为这个时候“多数派”往往一致看好市场延续此前的趋势。

图 5-11 左边是下降趋势末端、空头陷阱附近的筹码交换和聪明资金吸筹情况。多数派在这个阶段以做空为主，而少数派则以做多为主。少数派的平均建仓成本应该在这个成交密集区的均值附近，甚至高于此密集区。

图 5-11 右边是上升趋势末端、多头陷阱附近的筹码交换和聪明资金吸筹情况。多数派在这个阶段以做多为主，而少数派则以做多为主。少数派的平均建仓成本应该在这个成交密集区的均值附近，甚至高于此密集区。

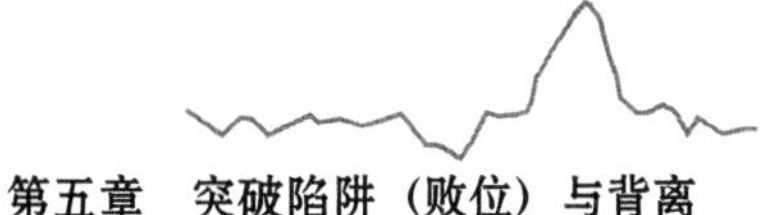

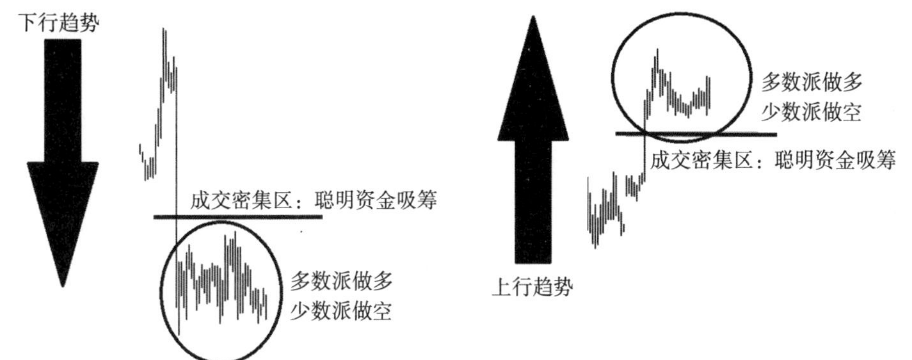

图 5-11　少数派在陷阱附近逆向吸筹

资料来源：Mike Semlitsch，DINA。

少数派持有的净头寸刚好与多数派持有的净头寸相反且相等，但是少数派的人均头寸规模要大很多，这往往是长期竞争优势带来的结果。**少数派能够拥有大资金，是市场优胜劣汰的结果，他们在信息收集和分析上具有显著优势，处于信息流上游，在信息发酵过程中处于先手位置，而且他们的操作更为坚定。**

相反，多数派的人均持仓较少，之所以资金上不去，要么是作为新手起始资金较少，要么是在市场中长期处于劣势，处于被收割地位，不停给市场输血，本金不断亏损，资金量自然上不去。多数派处于信息流下游，在市场兑现信息的过程中就处于末端位置，操作上比较情绪化、非理性，典型的“乌合之众”。

同时，少数派的平均头寸大，对市场的推动力显著大于散户。当少数派认为趋势要反转时，他们会利用对手盘的非理性持续地增加头寸，这就是吸筹的过程。

成交密集区提供了充足的吸筹窗口，汇价横向波动为主，流动性充足。在成交密集区，少数派和多数派成了对手盘，因为**趋势转折阶段是两种性质资金分歧最严重的时候，而且也是多数派内部意见和情绪最为一致的时候。在陷阱附近，非理性的多数派被此前的趋势催眠了，高度一致地看好行情继续，这就提供了充足的对手盘给理性的少数派**（见图 5-12）。

在下行趋势末端，低点 A 出现后，汇价会整理或者反弹，这个时候少数派基于判断就会着手建立多头头寸。一段时间后，汇价跌破 A 点，跌向新低 B（见图 5-13）。

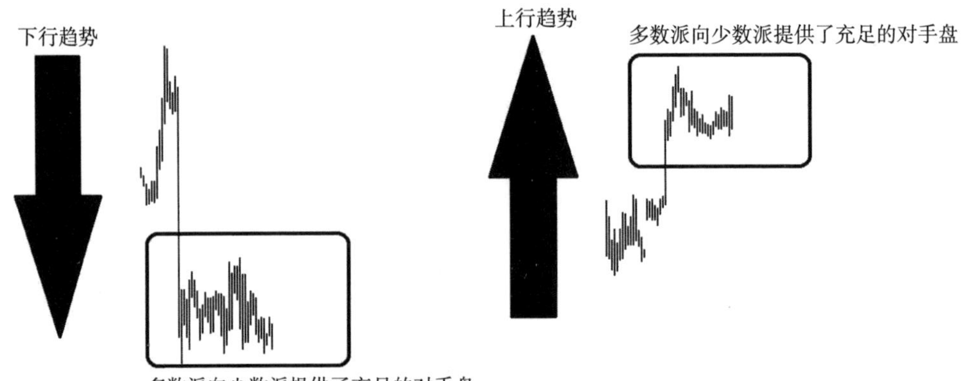

图 5-12 非理性多数派提供了充足的对手盘

资料来源：Mike Semlitsch，DINA。

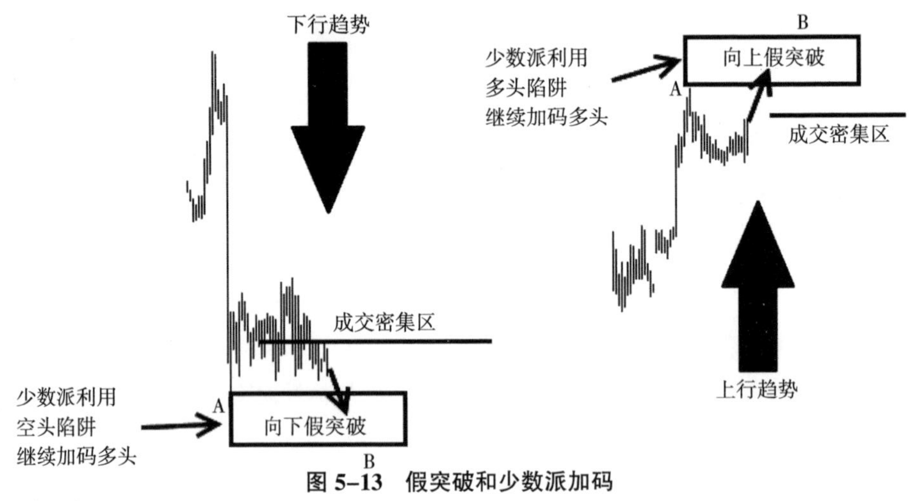

图 5-13 假突破和少数派加码

资料来源：Mike Semlitsch，DINA。

多数派往往会追空，因为在分歧下跌阶段他们的怀疑和谨慎此刻反而消失了，他们很有信心，基本面都是利空消息，大家一致看空。少数派看出了基本面逻辑已经完全兑现或者开始根本逆转了，也看到了市场上唱空的声音高度一致，极端悲观中机会出现了。在向下假突破过程中，多数派要么做空，要么止损多头，这就提供了充足的非理性对手盘，少数派趁机加码多头头寸。

在上行趋势末端，高点 A 出现后，汇价会震荡或者回升，这个时候少数派基于判断就会着手建立空头头寸。过了一段时间，汇价向上突破 A 点，创出新高 B（见图 5-13）。多数派此刻经不住诱惑，会在高度乐观的市场氛围下追高。

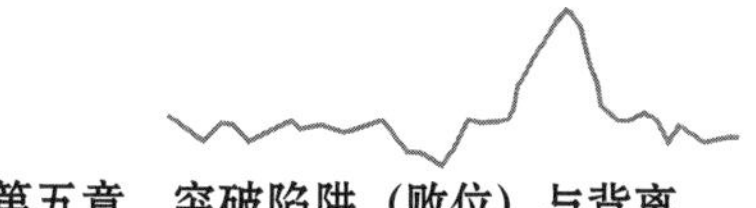

在一致看多的市场舆情下，谁能抵御诱惑呢？毕竟，从众给了我们极大的安全感。而少数派则已经看出了利多完全兑现，缺乏更进一步的利好，甚至看空逻辑已经隐隐可见了。在向上假突破的过程中，多数派要么做多，要么止损空头，这就为少数派加码做空提供了充裕的流动性。

假突破出现时，动量衰竭的迹象往往就非常明显了，背离往往已经出现了。**当筹码交换基本完成，行情就会朝着让大多数亏损的方向前进了**。如果继续顺着此前的走势前行，那么大多数都是赚钱的，市场就无法存在下去了，因为“总奖池”就那么多，如果赢家数量太多，那么也无法按照市价兑现盈利，因此市场会自动调节赢家数量，朝着少数人盈利的方向前进。

趋势反转或者动量反转之前，往往会出现双底或者双顶形态，当然不那么标准：第二个底部可能低于第一个底部或者第二个顶部可能高于第一个顶部。但是，无论是标准的双底或者双顶，还是变种，我们都可以发现相应动量指标衰竭的迹象。

一旦价格快速反转，确认陷阱，多数派就会在恐慌中平仓，而这会助推趋势反转。随着越来越多的人改换立场，行情持续发展，这就是少数派的盈利区间（见图 5-14）。

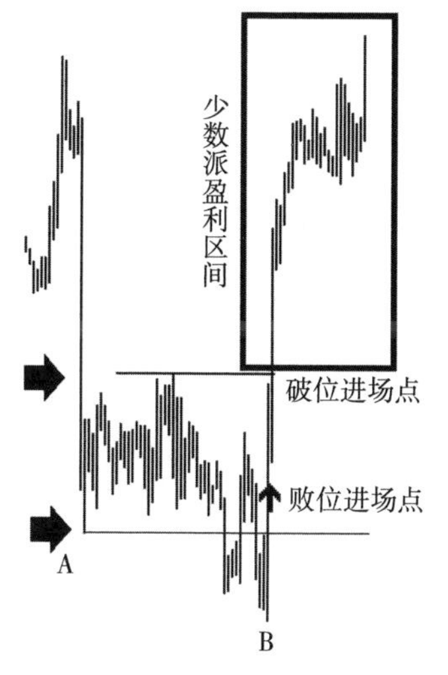

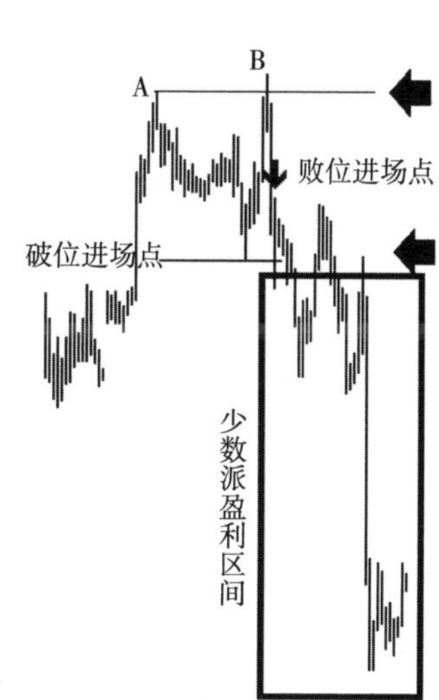

图 5-14　陷阱结构中两个常见的进场点

资料来源：Mike Semlitsch，DINA。

对我们而言，不考虑其他因素和过滤指标的情况下一般可以在两个点位进场：

第一是败位进场点，空头陷阱出现后价格返回到 A 点之上，这就是败位做多进场点；或者是空头陷阱出现后，价格跌回 A 点之下，这就是败位做多进场点。

第二是破位进场点，空头陷阱出现后价格回升突破 AB 之间的高点，这就是破位进场做多点；或者多头陷阱出现后，价格跌破到 AB 之间的低点，这就是败位做空进场点。

通过在败位或者见位进场，我们加入到了少数派阵营，也就是阻力最小路径方向。这个方向上能够有多大幅度的利润，根本上还要取决于逻辑和市场头寸分布。逻辑越强，发酵时间越长，则行情越大；分歧越大，持续时间越长，则行情越大。除逻辑和情绪外，时间周期共振也是非常重要的一点，后面会具体分析这一点。

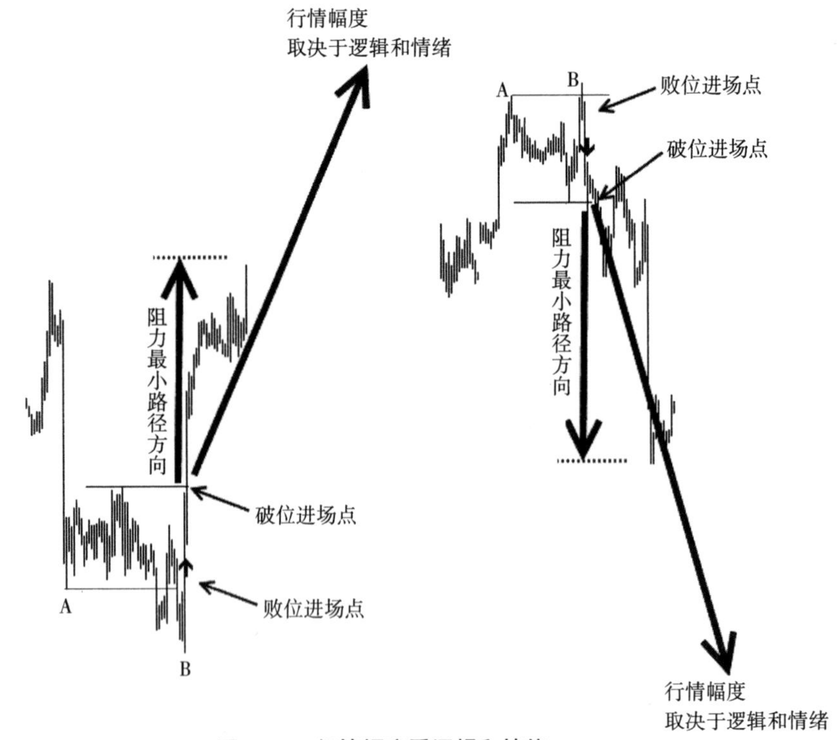

图 5-15 行情幅度看逻辑和情绪

资料来源：Mike Semlitsch，DINA。

接下来，我们会继续深入演示如何通过时间周期把握住其中的重大机会。尽管单纯采用上述陷阱也能够产生丰厚的利润，但是我们还是强烈推荐你采用更大的时间周期来过滤这些信号，这样能够获得更高的赔率和胜率。更大的时间周期提供给交易者一个更大的格局，当这个更大格局有利的时候我们就拥有了更强的竞争优势。

外汇短线交易者中的相当大一部分人往往倾向于选择 30 分钟或者小时框架作为操作基础，因为在这个时间框架内可以更好地兼顾精力和机会。当然，如果你精力旺盛也可以在欧美主导阶段交易 5 分钟或者 15 分钟走势图。

但是，无论你采用什么时间框架进行交易，都必须考虑更大时间周期的影响。以 30 分钟走势为例，如果你只看 30 分钟的 K 线图，那么在把握大行情上就会一叶障目。你对大行情的来临就变得毫无觉察，图 5–16 就展示了 30 分钟走

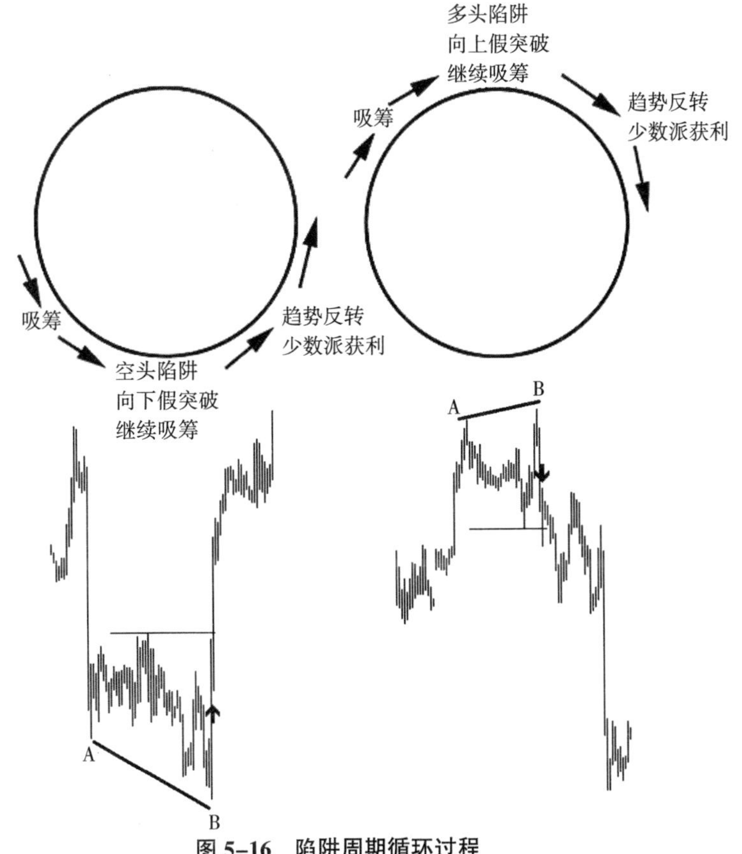

图 5–16　陷阱周期循环过程

资料来源：Mike Semlitsch，DINA。

势上的陷阱周期循环。陷阱周期分为下降阶段和上升阶段，每个阶段都有三个环节：少数派吸筹（Minority Accumulation）、多数派陷阱（Majority Trapping）以及趋势反转（Trend Reversal）。以多数派陷阱为中心的结构往往与背离同时出现，这也是我们在本章专门介绍陷阱结构和周期的原因。

但是，如果你想要提升从陷阱结构和周期中获利的潜能，那么最好能够利用**时间周期共振**的力量——你需要**从更高时间层级周期中“借势”**。从高层时间周期借势可以给你提供许多竞争优势，让你在背离或者陷阱交易中处于更加有利的优势位置，获得一个更高的收益期望值。

如何具体操作呢？如果我们在 30 分钟走势图上捕捉交易机会和管理具体的进出场点位和时机，那么则可以将 4 小时走势图作为“高层时间周期”的基础。我们会寻找 4 小时走势图上的背离结构，也就是从 4 小时走势背离中“借势”。

30 分钟走势可以存在底背离，也可以不存在，但是要求 4 小时走势上存在底背离。陷阱周期嵌套的一个必要条件是高层周期中存在背离，底层周期中可以有背离，也可以没有背离，但最好存在背离。

具体来讲，如果你在 30 分钟走势上找到了一个空头陷阱或者底背离交易机会，那么“高层时间周期借势”就要求 4 小时走势上存在底背离结构。这其实就是一种**“时间周期嵌套”**，两个时间周期中都处于同类陷阱或者背离结构中。有了**陷阱或者背离的时间周期嵌套**，你就可以获得更高的胜率和赔率了。

图 5-17 呈现了陷阱的时间周期嵌套模型，一个 30 分钟陷阱周期存在于一个 4 小时陷阱周期之内。

我们再从另外一个角度观察空头陷阱周期嵌套（见图 5-18）。4 小时走势上是一个空头陷阱和底背离，这是一个大圆标注的地方；小圆圈内则呈现了一个规模更小的空头陷阱，至于是不是底背离则没有标明。小圆圈内的走势可以下切到 30 分钟走势图上去看。一旦出现空头陷阱

（底背离）的周期嵌套，那么就是绝佳的做多机会。

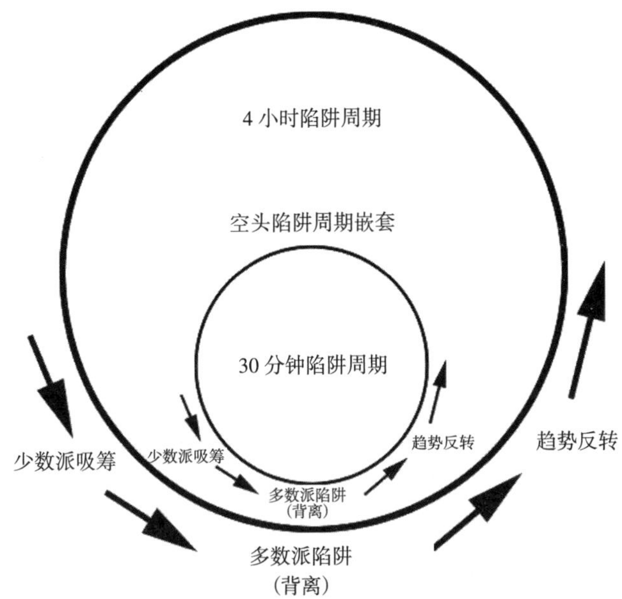

图 5-17　空头陷阱周期嵌套（1）

资料来源：Mike Semlitsch，DINA。

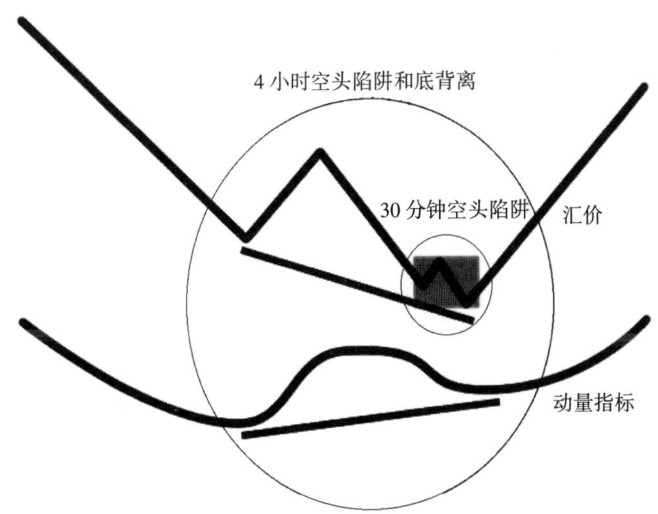

图 5-18　空头陷阱周期嵌套（2）

资料来源：Mike Semlitsch，DINA。

接下来，我们再来看多头陷阱的周期嵌套。如果在 30 分钟走势上出现了多头陷阱，那么我们就要查看是否在 4 小时走势上存在多头陷阱和顶背离（见图 5-19）。如果存在多头陷阱的周期嵌套，那么你就可以在 30 分钟的多头陷阱上寻找具体的进场做空点位，这是一个绝佳的做空机会。

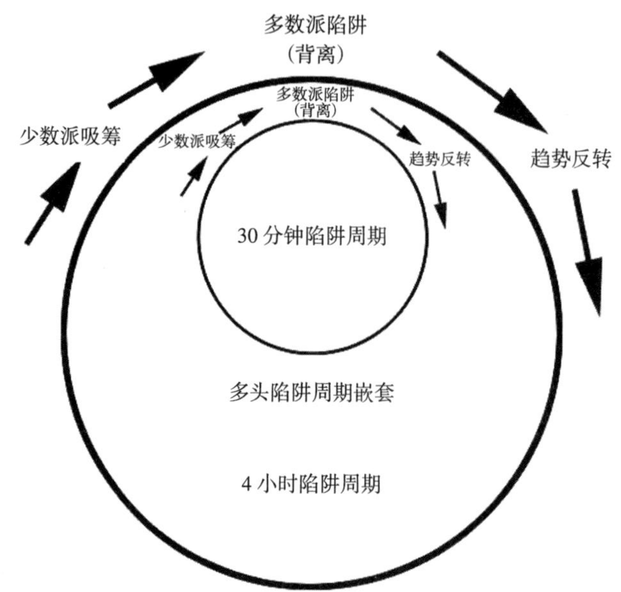

图 5-19　多头陷阱周期嵌套（1）

资料来源：Mike Semlitsch，DINA。

我们再从另一个角度观察多头陷阱周期嵌套（见图 5-20）。4 小时走势上是一个多头陷阱和顶背离，这是一个大圆标注的地方；小圆圈内则呈现了一个规模更小的多头陷阱，至于是不是底背离则没有标明，因为这里没有要求低时间层级多头陷阱需要是顶背离。小圆圈内的走势可以下切到 30 分钟走势图上去看。一旦出现多头陷阱（顶背离）的周期嵌套，那么就是绝佳的做空机会。

陷阱周期嵌套要求高时间层级必须出现背离，这样的情况其实很多，因此交易机会并不匮乏，但你需要有耐心地等待。**闲庭信步，等风来，这才是背离交易者的圭臬。什么是“风”？高层周期就是风**。

下面我们来看一个具体的陷阱周期嵌套例子。英镑兑澳元 4 小时走势上出现了显著的下跌，接着出现了底背离 ABA′B′（见图 5-21）。汇价低点 B 低于点 A，动量低点 B′高于点 A′，下跌趋势出现了动量衰竭。当然，这也是一个空头陷阱，因为汇价跌破了 A 点，创出新低 B 之后迅速升到 A 点之上。

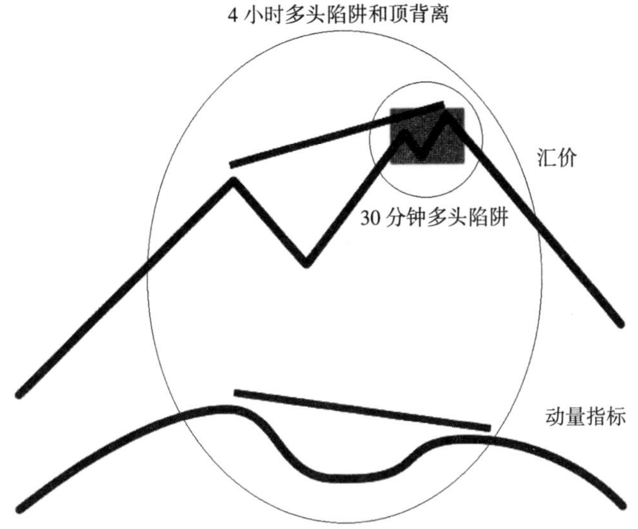

图 5-20　多头陷阱周期嵌套（2）

资料来源：Mike Semlitsch，DINA。

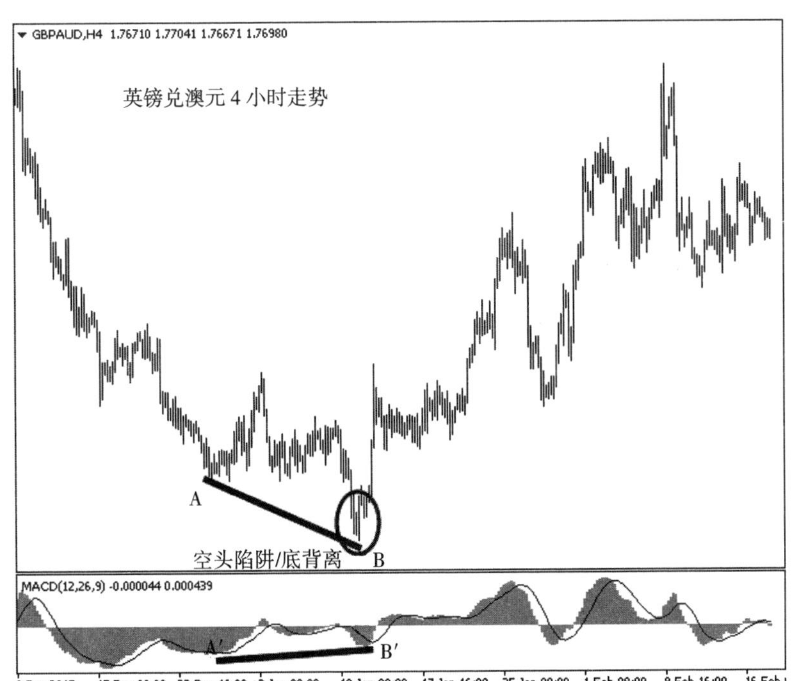

图 5-21　英镑兑澳元 4 小时走势中的空头陷阱和底背离

资料来源：Metatrader4.0，Mike Semlitsch，DINA。

与此同时，在更低时间层级的 30 分钟走势上（见图 5-22），澳元兑美元出现了空头陷阱。汇价跌破了 A 点，创出低点 B，但是很快回升到 A 点之上。这样就构成了一个空头陷阱的周期嵌套，一个做多的良机出现了。

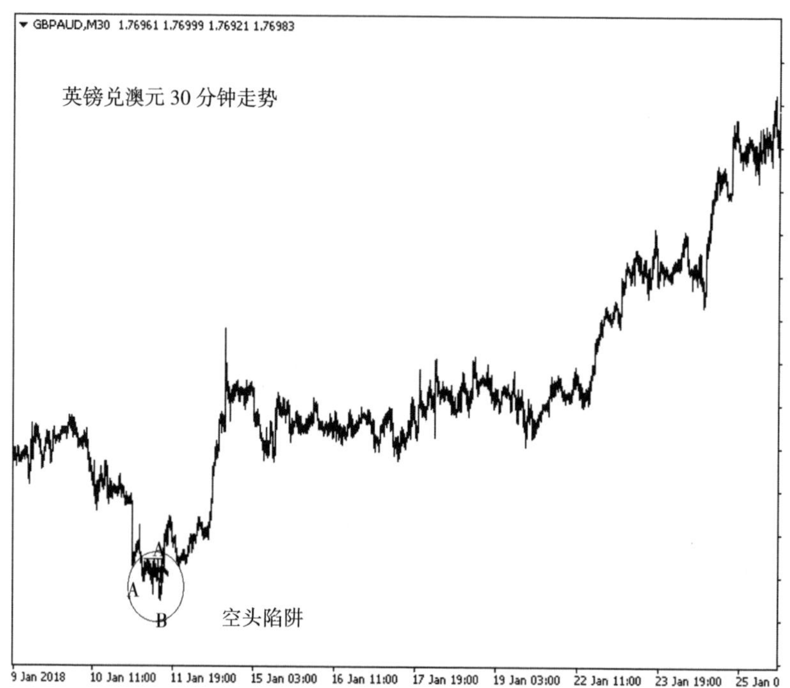

图 5-22　英镑兑澳元 30 分钟走势中的空头陷阱和底背离

资料来源：Metatrader4.0，Mike Semlitsch，DINA。

我们在 30 分钟 K 线图上寻找具体的进场点，假设在汇价向上突破 A~B 之间的颈线时进场做多（破位进场点），而止损设置在 B 点之下。则初始止损幅度为 R，最终这笔单子的最大利润幅度为 17 个 R，因此赔率是 17 倍（见图 5-23）。

在本章中我们介绍了一个宏观结构——“泡沫”和一个微观结构——“陷阱”，其中都能看到背离的影子，如何将它们有机结合起来则是一个非常个性化的工作了。希望你能够将适合自己的要素与实践结合起来，打磨一个真正有效的交易利器。

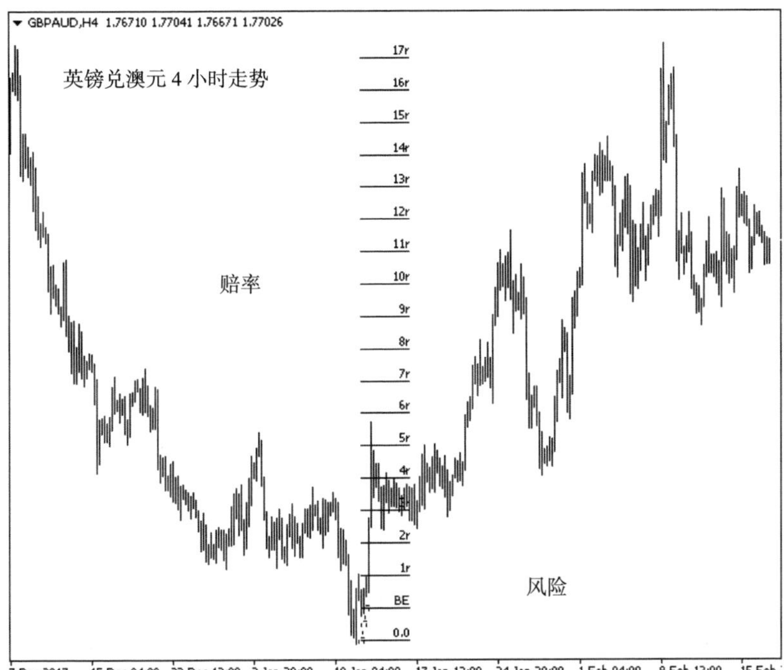

图 5-23　交易的风险和赔率

资料来源：Metatrader4.0，Mike Semlitsch，DINA。

第六章　背离和布林带

审大小而图之，酌缓急而布之；连上下而通之，衡内外而施之。

——冯梦龙

像巴菲特和芒格一样，邓普顿对定价错误、风险和回报不对称的押注有一种理智的欣赏。除非你的所作所为与大多数人不同，否则你就不可能获得卓越的业绩。

——威廉·格林（William Green）

什么叫破局？就是，你现在是一个什么样的人，性格基本稳定，格局基本稳定，思想观念基本稳定……这一切，就是你，也是你的局。

如果，你想抓住大的财运，必须打破自己，把所有的一切，都粉碎，然后重置，只有你的认知，进入到一个新的境界，你才可以驾驭财运。

——易瑾还

在本章我们将介绍两个主题：布林带背离（Bollinger Band Divergence）和布林带与震荡指标背离，具体而言是布林带分别与 CCI，RSI 以及 MACD 等指标构成的背离组合信号以及相应的交易策略。

布林带是一个非常有用的波动率概率分布分析工具，布林带可以用来过滤价格与震荡指标的背离，也可以直接用来定义背离，这就是布林带背离。你可以将布林带背离融入到已有的交易系统中，这是我经常尝试的路径。

在讲解布林带背离之前，我们还是简单回归一下布林带本身，毕竟本教程的读者有很大一部分可能对此并不熟悉。约翰·布林格（John Bollinger）在 20 世纪 80 年代设计了这个价格指标。这是一个通道，价格有 90%的概率会落在这个通

道内，只在少数情况下会突破通道的上下轨。

市场敛散周期很好地体现在了布林带的收敛和扩大上。

设计布林带或者说布林通道的初衷是为了让交易者对市场波动率有直观准确的认知。较宽的布林带意味着波动率较大，而较窄的布林带则表明波动率较低，市场处于安静状态。标准布林带是基于一条20期简单移动平均线建立起来的，然后以加减两个标准差建立起上下轨。布林带的使用方法很多，我擅长于利用布林带背离。以欧元兑美元1小时走势为例标准布林带的构造如图6-1所示。

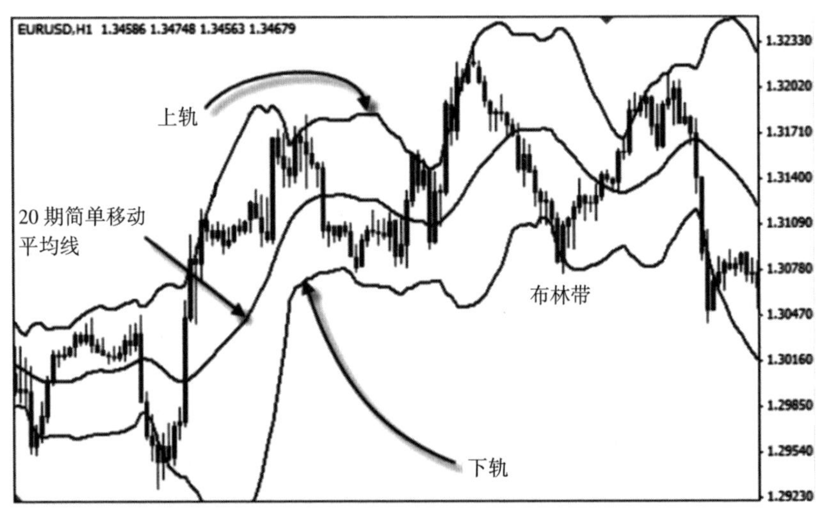

图6-1 标准布林带的构造（欧元兑美元1小时走势）

如何在MT4平台上调用布林带呢？你可以按照如下顺序点击“Insert>Indicators>Trend>Bollinger Bands”（见图6-2）。由于MT4的版本存在差异，因此布林带或许并非最后一级菜单（Trend）的第二选项。无论具体情况如何，你都可以很容易地找到它，点击后叠加到外汇行情走势页面。

点击菜单选项“Bollinger Bands”后，会出现属性选项框（properties box），其中的参数设置主要有平均线期数（Period）、标准差（Deviations）、计算基准（Apply to）

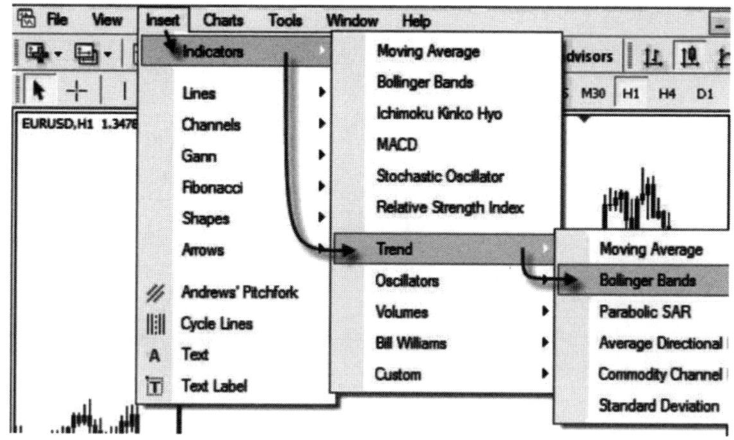

图 6-2　在 MT4 上调用（叠加）布林带

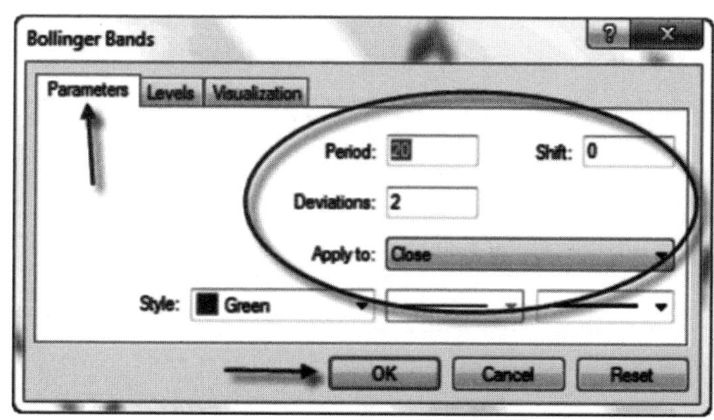

图 6-3　布林带参数设置

以及向前平移期数（Shift）。其中，计算基准默认的是收盘价（Close），当然你可以选择其他选项，比如开盘价（Open）等。

在讲解布林带背离之前，有一个前置概念需要明白，这就是布林带气泡（Bollinger Bubble）。这个技术术语只在极小的外汇交易圈子里面使用，但是它非常贴切，因此我决定采用它。在我最初构建起以背离为基础的外汇短线交易策略时，布林带气泡就是我时常注意到的走势特征，后来有个住在斯里兰卡亭可马里的职业外汇者向我提起了这个术语，给我留下了深刻的印象。

当汇率朝着某个方向运动时，布林带向上下两个方向同时扩张。当汇率运动速率下降时，布林带会收缩。扩展后收缩，这就一个“布林带气泡”（见图 6-4）。

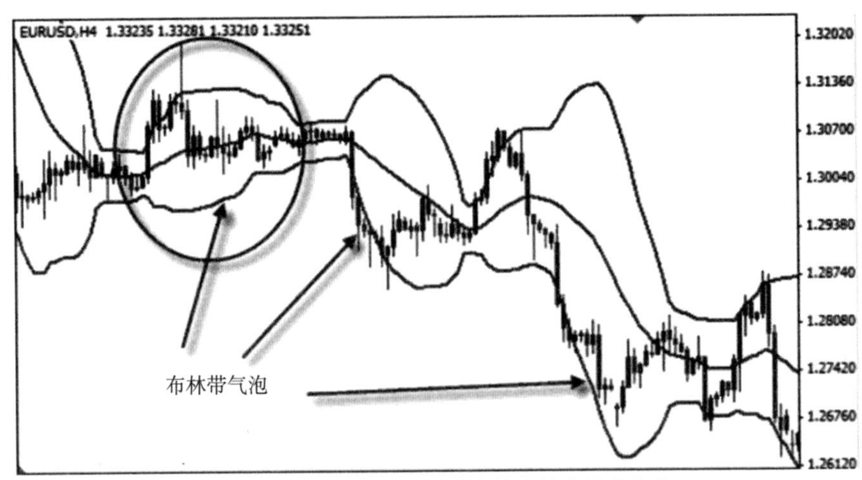

图 6-4 欧元兑美元 4 小时走势中的布林带气泡

而布林带背离其实就是一种出现在上轨或者下轨的布林带气泡。布林带顶背离就是两个汇率走势高点处于同一个上轨气泡中，而布林带底背离则是两个汇率走势低点处于同一下轨气泡中。

我先介绍布林带顶背离，也就是一个上涨到下跌的转折信号。价格会先形成一个高点，出现布林带顶背离信号，然后展开下跌走势。

外汇市场的布林带顶背离的结构大概是这样的：首先，汇率向上收盘于布林带上轨之上，或说上轨之外；其次，价格回落到布林带上轨之下，或者说内侧；最后，价格回升，形成第二个高点，比第一个高点更高一些，重要的是第二个高点要求收盘于布林带上轨之下。

光看文字叙述是不是有些糊涂了？没关系，我在下面会详细地展示一些外汇走势的布林带顶背离实例。

第一个例子是欧元兑美元 4 小时走势中出现的布林带顶背离（见图 6-5）。在宽幅横盘整理之后，汇率连续拉升，一根大阳线收盘于布林带外轨之上，这就是第一个高点 A。

接下来，汇率回调，收盘于上轨之下。回调几根 K 线之后再度拉升，形成第二个高点 B。B 点高于 A 点，这是一个基本要求。第二个基本要求是第二个高点 B 收盘价不能高于布林带上轨。这就是典型的布林带顶背离。

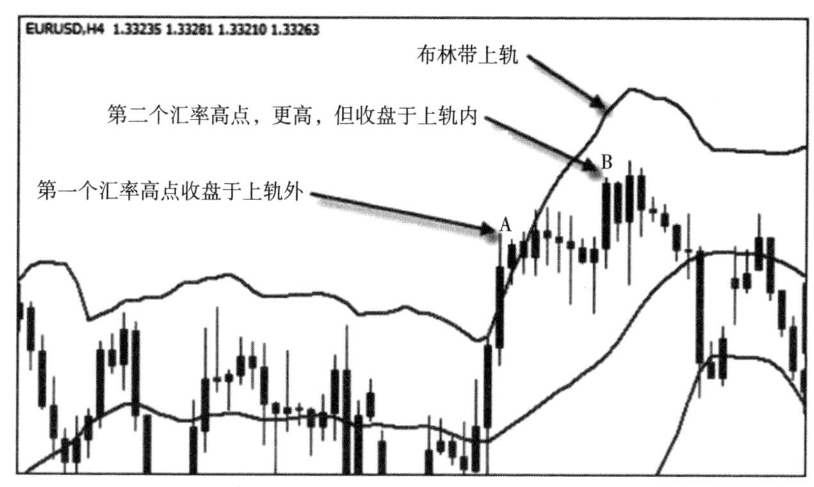

图 6-5　欧元兑美元 4 小时走势上的布林带顶背离（1）

这里还有一个要求细节需要进一步澄清一下。第一高点 A 附近要求有收盘价高于布林带上轨，但未必是高点 A 对应的这根 K 线。第二个高点 B 附近的任何收盘价都不能高于布林带上轨，包括高点 B 对应的这根 K 线（见图 6-6）。

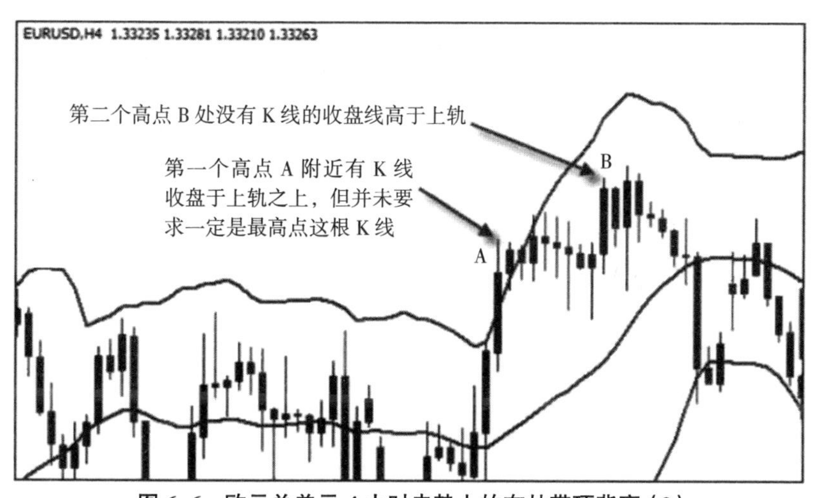

图 6-6　欧元兑美元 4 小时走势上的布林带顶背离（2）

布林带顶背离的基本定义就是基于价格高点以及与布林带上轨的关系：**第二高点比第一高点更高，但是却并未收盘于布林带上轨之上。**

为了提高布林带背离交易的胜算率，我们可以增加一些我们在本教程其他部分提到的维度。请接着看图 6-7，第一个高点 A 形成时，K 线收盘于布林带上轨

之上，而第二个高点 B 形成时，K 线收盘都在上轨之下。一旦交易者见证了第二高点在形成中，那么就需要密切关注价格对布林带上轨的反应如何了。高点怎么定义呢？可以用向上分形来定义，也就是一根 K 线最高价较前面两根 K 线和后面两根 K 线的最高价更高，那么这就是一个局部的高点。如果第二高点形成后，附近并未出现收盘价高于上轨的结果，那么就应该为布林带顶背离交易做准备了，这就是一个潜在的做空结构。

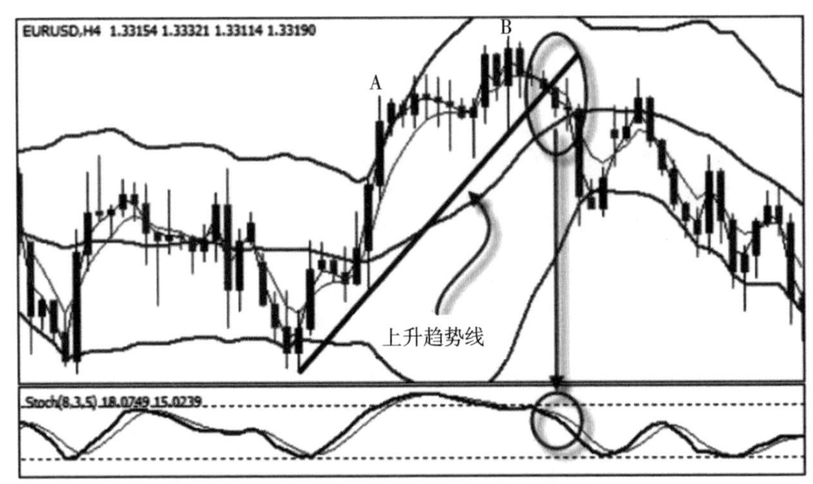

图 6-7　布林带顶背离叠加趋势线破位和双重死叉

就我个人的经验而言，基本的布林带顶背离还不足以构成技术上的做空信号。有效的做法是加入随机震荡指标（Stochastic Oscillator）或者移动平均线组来过滤，比如布林带顶背离确立后出现震荡指标或者均线的死叉。布林带顶背离叠加死叉作为最基本的做空信号，这点我们在这本教程的其他地方也有所涉及。当然，我个人还会加上趋势线过滤。下面这个例子当中可以看到做空信号触发和进场过程。

在欧元兑美元 4 小时走势中出现了一个布林带顶背离，我绘制一条上升趋势线来观察趋势的转折。同时叠加了一组移动平均线，参数分别为 5 期和 8 期。当 K 线跌破上升趋势线的同时，移动均线组合和随机震荡指标（Stochastic Oscillator）都出现了向下死叉。这就是我喜欢的布林带顶背离进场做空信号。

下面是布林带顶背离的另一个实例（见图 6-8），这个信号出现在欧元兑美

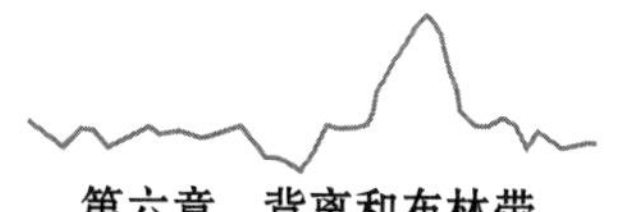

元 1 小时走势图上。这个例子当中，我并未叠加随机震荡指标，只给出了上升趋势线和移动平均线组，是否可以减少随机震荡指标的过滤呢？

这个布林带背离其实也符合普通的汇率与震荡指标背离模式，注意看汇率 A 点和 B 点与随机震荡指标高点背离情况。

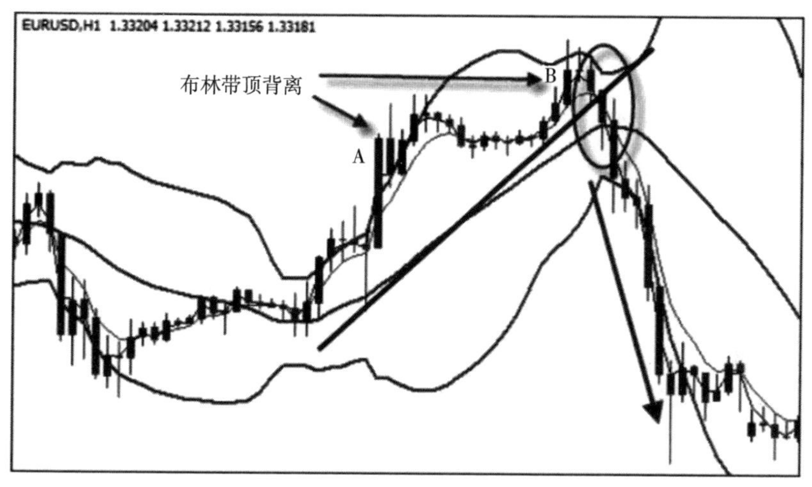

图 6-8 欧元兑美元 1 小时走势中的布林带顶背离

接下来，我们介绍布林带底背离。布林带底背离出现在布林带下轨，这个信号出现后我们等待做多的机会。汇率在布林带底背离出现之前呈下跌状，因此这被认为是一个看涨反转的信号（见图 6-9）。

外汇走势中的布林带底背离的形成过程可以这样来刻画：汇率下跌，K 线收盘于布林带下轨之下或者说外侧，形成第一个低点 B；接着，汇率反弹，回升到布林带下轨之上或者说内侧；然后，价格回落，出现一个更低的低点 B，但是这个低点收盘价应该在上轨内侧。

你能把布林带底背离与基本面的“利空出尽”结合起来研判吗？

在分析布林带背离的时候，我们提到了布林带气泡，这个概念是布林带背离成立的前提，弄不清楚这里面的关键细节，本章的研习者就很容易在识别布林带背离信号的时候犯下根本性的错误。

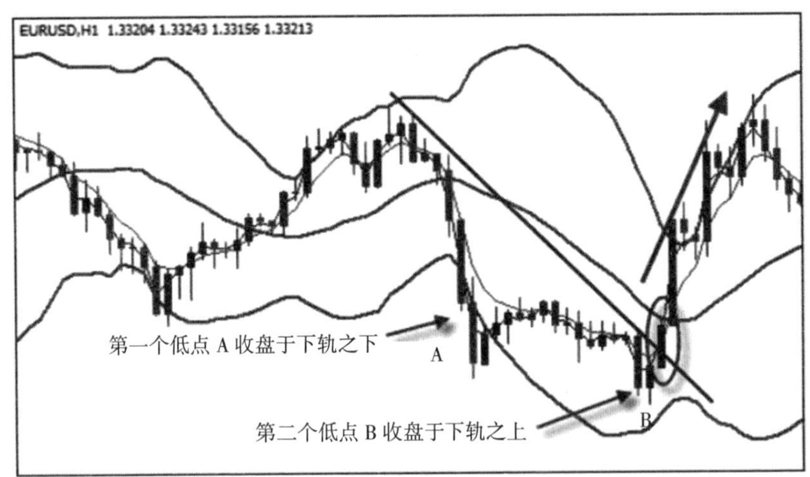

图 6-9　欧元兑美元 1 小时走势中出现的布林带底背离

布林带气泡的形态结构我此前已经介绍了，布林带上下轨同时扩张后同时收缩，这就是一个气泡构成的完整过程。我所定义的布林带背离是指 A 点和 B 点出现在同一个布林带气泡当中。倘若 A 点和 B 点分属两个布林带气泡，则不构成我所定义的布林带背离信号（见图 6-10）。特别是**如果两个高点之间的布林带有明显的收缩，则更不能用来分析背离信号**（见图 6-11）。

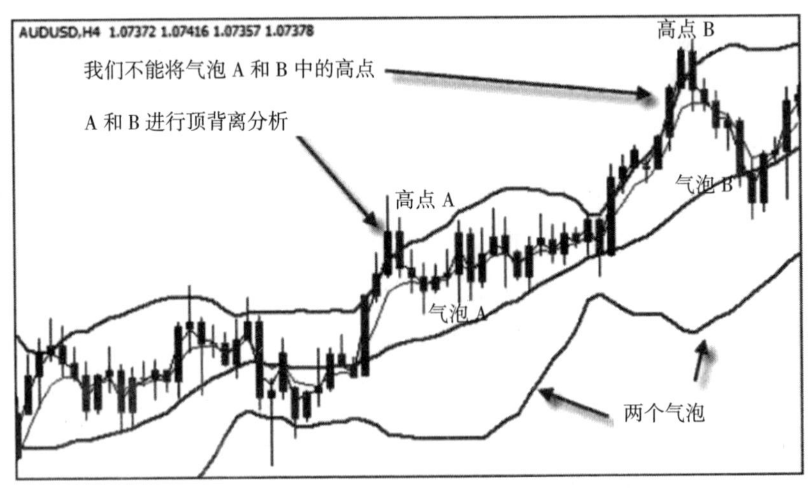

图 6-10　A 点和 B 点出现在不同的布林带气泡当中

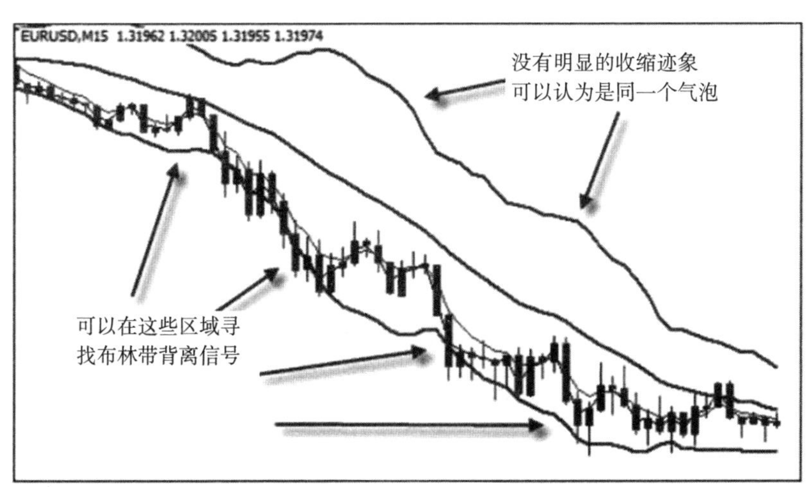

图 6-11　同一个气泡

你可以通过肉眼观察确定 A 点和 B 点是否处于同一个布林带气泡之中，也可以进一步量化气泡。图 6-12 中我对比了两种情形：在澳元兑美元的 4 小时走势中，前半部分是两个独立的布林带气泡，后半部分则是一个持续时间较长的布林带气泡。

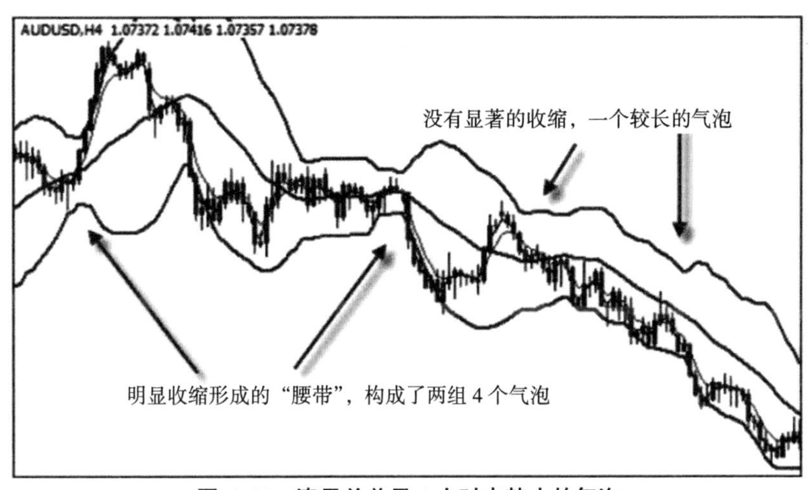

图 6-12　澳元兑美元 4 小时走势中的气泡

我已经介绍了标准的布林带背离，下面介绍两类常见的变种。在标准布林带背离中，A 点附近的收盘价要在轨道的外侧，而 B 点则要求收盘于轨道内侧。但

在布林带背离变种中，A 点和 B 点附近的 K 线收盘价都在轨道内侧或者外侧。

我们先来看第一种类布林带背离变种——A 点和 B 点都收盘于轨道内侧，因此简称“内收背离”。下面是一个内收底背离的实例（见图 6-13），这个实例出现在欧元兑美元的日线走势上。无论是第一个低点 A，还是第二个低点 B 点，它们附近的 K 线收盘价都在布林带下轨之上。**更为重要的是，不仅 B 点比 A 点更低，而且 B 点比 A 点距离下轨更远。**

为什么要求 B 点比 A 点距离下轨更远？

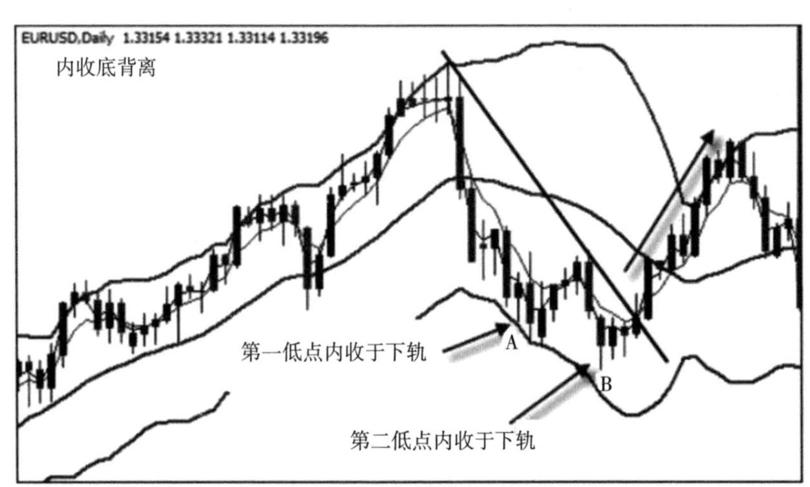

图 6-13 欧元兑美元的日线走势上的内收底背离

第二种布林带背离变种，我称之为“外收背离”。这类变种中的两个高点或者低点都收盘在布林带外侧，不过基本形态仍旧是第二个高点高于第一个高点，或者是第二个低点低于第一个低点。不过第二个点不能远离布林带轨线太远，最好是比第一个点更接近轨道线，这表明价格/汇率的动量在减弱。

下面是一个“外收底背离”的实例（见图 6-14），在美元兑加元的 1 小时走势中出现了这个形态，第一个低点

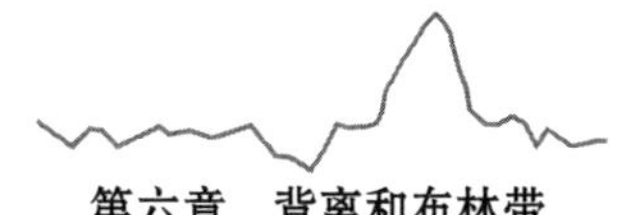

A 收盘于布林带下轨之下，第二个低点 B 也收盘于布林带下轨之下，且两个点在同一个布林带气泡当中。第二个低点在下轨之下的实体部分要小于第一个低点的相应部分，这是下跌动量减弱的迹象。

“外收底背离”出现的频率相对要低很多，而且其表征的动量衰竭并不如标准布林带背离显著，因此相应的胜算率也下降了，这里作为了解和举一反三之用。

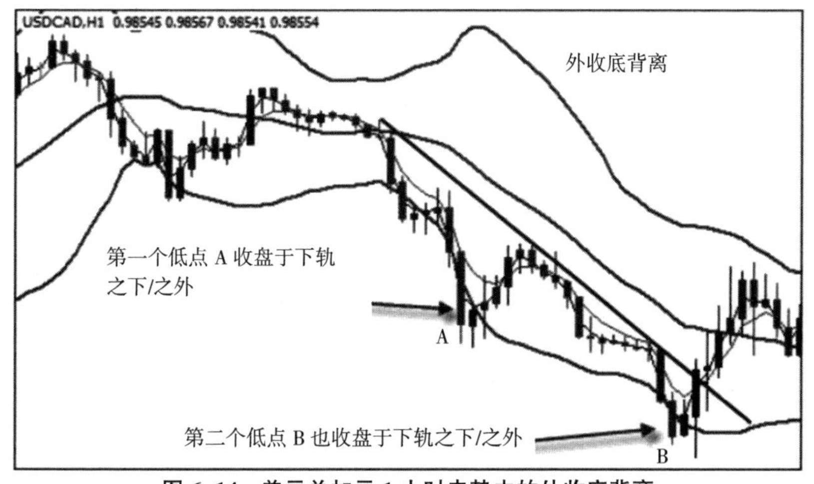

图 6-14　美元兑加元 1 小时走势中的外收底背离

从事交易很多年，我的个人经验是“法无定法，原理第一”。背离是我构建自己外汇、标普期货等品种的基石，对这一指标我进行了持续不断的探索和研究，并且不断对新的感悟进行实盘测试，可以说尝试了市面上能够接触到的所有思路和代码。此外，我自己也经常突发奇想构造一些稀奇古怪的背离策略。因此，就背离而言我自信是有一定发言权的，在圈里人的盛情邀请下我创作了本书。

背离可以发展出几百种不同策略，但是根本原理是什么呢？第一性的东西是什么呢？是形态吗？是指标吗？是参数吗？

事实上真正让一种背离信号的胜算率和报酬率期望值最大化的因素是它能够**高效侦测出/表征出“价格/汇率的动量正在显著衰减”。背离是一种现象层面的东西，动量显著衰减才是本质层面的精髓**。第二波走势明显比第一波

背离出现在什么大背景下的胜算率和报酬率最大呢？什么情况下的动量衰减容易导致趋势反转？你能不能用某个指标定义这种大背景呢？你能把本书看到这里，那我也应该把这点看家本领和盘托出了。答案是“乖离率”。更进一步讲，你能不能以“乖离率”来定义“布林带气泡”呢？如何定义呢？

走势弱，这才是背离想要表征的因素。

如何离场是一个全局意义的问题，专门开几章来讲都说不完。但是，布林带背离有一些特殊性的出场思路，这里提前讲一下。

一个交易者如果基于布林带构建了交易策略，那么在离场的时候就应该利用布林带提供一些优势。

如何利用布林带离场呢？方法有好几种，当然并不是你一定要将所有的离场方法用上，这里只是拓宽思路而已。

外汇日内走势的反复性很强，因此及时兑现利润就非常关键。除重大事件导致的大行情外，一般不要过多地采取加仓行为，反而应该及时兑现可观的利润，布林带外轨就是比较有效的离场点基准。当然，这是我个人的狭隘经验之谈。

第一种布林带离场法我定义为“轨线离场法”（Bands Exits）。外汇市场经常呈现出宽幅震荡走势，往往汇率在触及布林带外轨后就会反转或者修正，因此上下轨线就是很好的利润兑现点。这种布林带离场策略在汇率 4 小时走势图上特别有效，胜算率很高。当然，你可以利用双重时间框架（Double Timeframe）确定短线离场点位，常用的时间框架有日线（Daily）和 4 小时（4 hour）、4 小时和 1 小时（1 hour）、1 小时和 15 分钟（15 minute）、15 分钟和 5 分钟（minute）等。

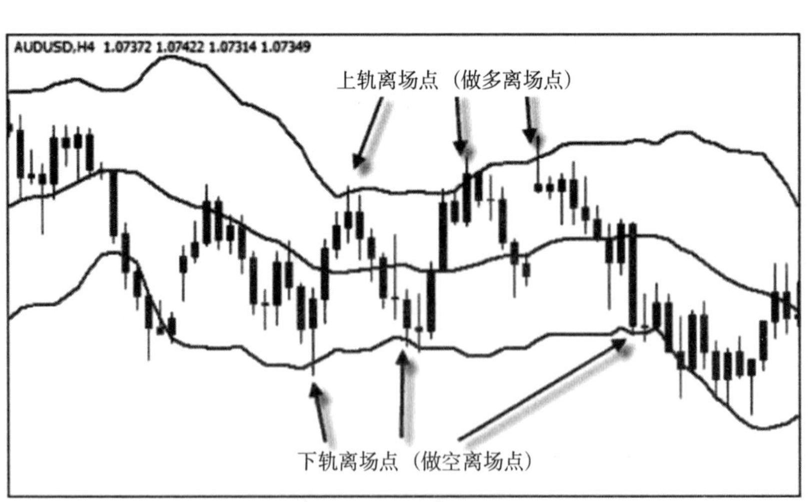

图 6-15 轨线离场法

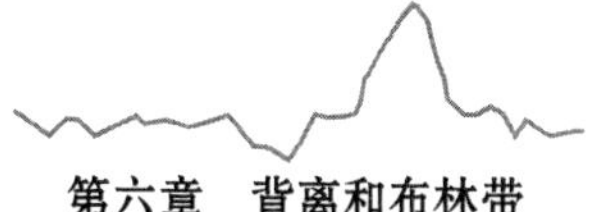

第二种基于布林带的离场策略称之为“内收离场法”(Inside Close Exits)。**这种离场策略适合于强劲的单边走势之后，特别是基本面出现重大变化之后。如果说“轨线离场法”适合基本面缺乏变化的情况，那么“内收离场法”则适合基本面出现变化的情况。**

那么，外汇交易者如何确定基本面有没有变化呢？财经日历和24滚动财经新闻是跟踪基本面变化的关键。当然，这类资讯要以专业外汇资讯网站为主，不能通过断断续续浏览一些泛泛而谈的财经媒体来把握。

财经日历可以捕捉一些“行情预动”，也就是数据临近，虽然还没有公布，但是会走一些预期行情。而数据公布后，如果超预期，则延续走势；如果不及预期或者预期兑现，则走反转走势。因此，数据公布也是一个观察市场反应，捕捉机会的窗口期。

如果最近没有数据公布，消息面处于平静期，那么“轨线离场法”就更有用。相反情况下，也就是临近重大数据公布，或者消息面此起彼伏，市场处于单边走势中，K线持续收盘于轨线外侧，那么这个时候采取“轨线离场法”就不合时宜了，违背了“让利润奔腾”的原理。

在后面这种情况中，我们至少应该等待K线收盘于轨线内侧再考虑出场，这就是“内收离场法”。在做多交易中如何利用“内收离场法”兑现利润呢？我们等待上涨走势中的K线收盘于布林带下轨之下/内侧。

这里我介绍的离场法都是针对显著盈利后的利润兑现，而不是初始止损，这是要区分清楚的。

在做空交易中如何利用“内收离场法”兑现利润呢？我们等待下跌走势中的K线收盘于布林带下轨之上/内侧。

一图抵千言，下面来看一个做空交易利用“内收离场法”的例子（见图6-16）。澳元兑美元在1小时走势图上大幅飙升，出现了一个“气泡”，多头仓位处于显著浮盈状态，什么时候落袋呢？一旦K线收盘价位于布林带上轨内侧/之下，我们就兑现利润。

上升动能充足，布林带收敛后伴随K线向上突破而发散，K线连续收盘于布林带上轨之上/外侧，偶有调整，也是强势。最终，在这波行情首次出现K线收盘于布林

除利用“内收离场”外，需要跟进止损吗？

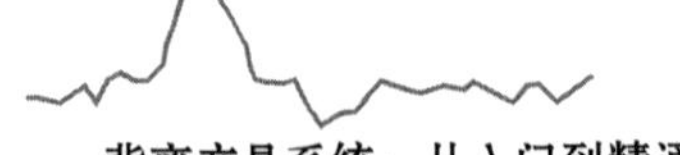

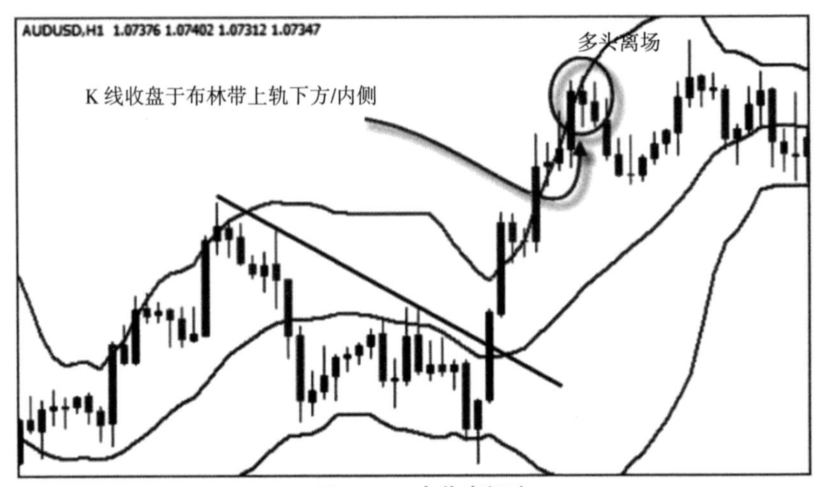

图 6-16　内收离场法

带上轨之下时兑现利润。

第三种布林带离场策略称为“内轨离场法”（Inner Bands Exits），其前提是双重布林带设置（Double Bollinger Bands Setting）。双重布林带设置在交易界变得越来越受重视，就出场而言它提供了一种**自适应的跟进止损思路**。

后面还会专门介绍双重布林带过滤背离信号。

“内收离场法”信号虽然有效，并未必会出现。强劲的单边市场中“内收离场法”非常有效，但震荡攀升的单边市况中就不太好用了。在一般强度的趋势中，K 线可能在标准差 2 的布林带轨线附近缠绕运动，也就是说这是一种中等强度的走势，这个时候利用“内轨离场法”更好。

高强度走势最好利用“内收离场法”；中强度走势最好利用“内轨离场法”；低强度走势最好利用“轨线离场法”。如何定义走势强度呢？可以利用乖离率，针对参数为 20 期的布林带而言，乖离率可以基于 20 期，为乖离率设定两个基准，从而划分出高、中、低三个乖离区间，对应高、中、低三个趋势强度。

“内轨离场法”的基础是双重布林带，两组布林带都是基于 20 期移动平均线，所以中轨是同一条线，差别在于标准差参数：一组是 2 个标准差；另一组是 1 个标准差（见图 6-17）。所谓的“内轨”就是标准差为 1 的这组布林带的上轨和下轨，因为它们更靠近中轨，且在 2 个标准差上下轨的内侧，因此被称为“内轨”。

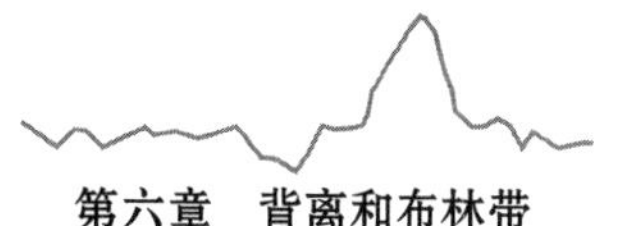

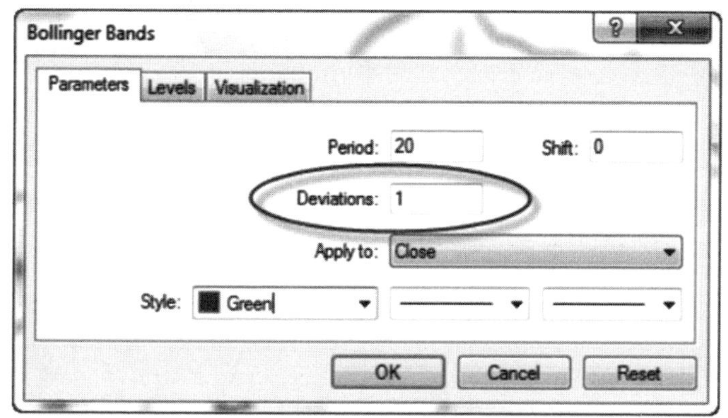

图 6-17 参数中标准差设置为 1 的布林带

在图 6-18 中你可以看到上述这组标准差为 1 的新布林带叠加到了汇率走势图上。双重布林带如何运用到出场平仓上，想必大家心里一定有点数了。基于双重布林带的“内轨离场法”可以在趋势强度中等的市况中发挥良好的作用，让浮盈头寸继续发展一段时间。

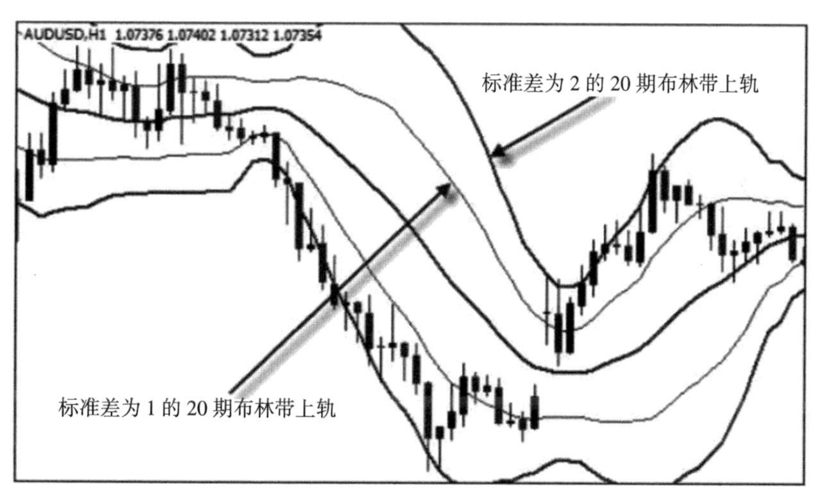

图 6-18 双重布林带

标准差为 2 的布林带的上下轨定义为“外轨”，两条轨线分别称为“外上轨”和“外下轨”。标准差为 1 的布林带的上下轨定义为“内轨”，两条轨线分别称为“内上轨”和“内下轨”。

基于“双重布林带”的“内轨离场法”的具体法则是：持有多头头寸时，当

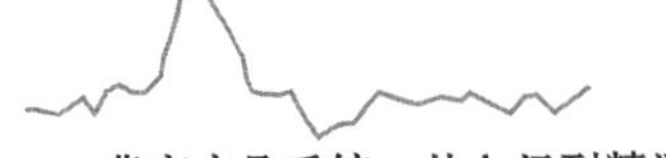

K 线收盘低于内上轨时平仓；持有空头头寸时，当 K 线收盘高于内下轨时平仓（见图 6-19）。

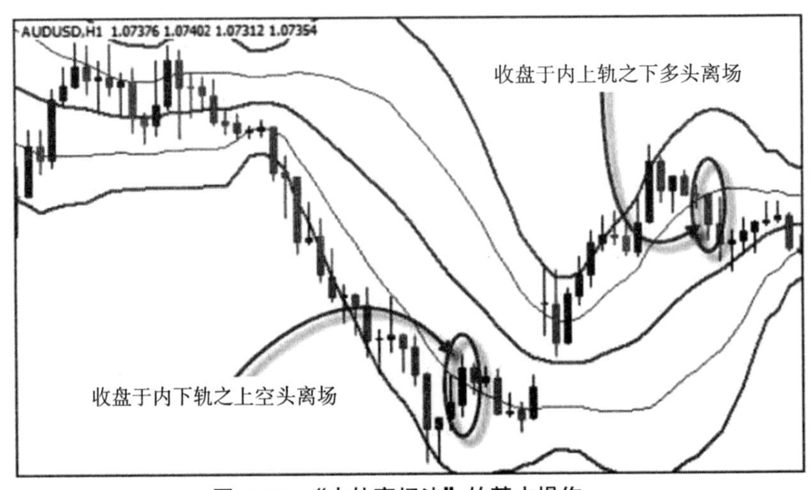

图 6-19 “内轨离场法”的基本操作

布林带背离是重要的进场信号，而根据此后价格的趋势强度，应该分别采纳不同的离场思路：高强度趋势采纳“内收离场法”（Inside Close Exits），中强度趋势采纳“内轨离场法”（Inner Bands Exits），低强度趋势采纳“轨线离场法”(Bands Exits)。趋势强度与布林带气泡的大小密切相关，气泡大小可以基于乖离率来量化。

布林带的衍生和配套指标有很多，可以在 MT4 的指标库或者市场上找到。我专注于包括布林带背离在内的各种背离信号，因此不对布林带相关的知识进行全面的讲解。不过，我听说有一位在泰国的资深同行，根据自己的外汇交易经验撰写了一本名叫《布林带相对顶底交易系统》的专题册子，大家可以参照一下。

布林带叠加到主图上会显得杂乱，为了让走势图显得清晰明了，可以在副图上选择布林带百分比指标(Bollinger Percent B Indicator)。通过这个指标来观察和量化布林带背离，要直观简单一些。MT4 一般都自带了这一指标，你可以在上面查找“Bollinger Percent B”。这个指标的走势图很像 CCI 或者 RSI 这类震荡指标，不过它的独特性在于表征了布林带的走势特征（见图 6-20）。

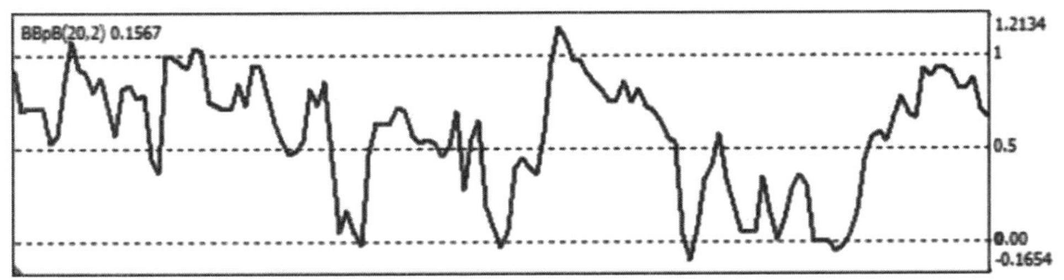

图 6-20 布林带百分比指标（Bollinger Percent B Indicator）

布林带百分比指标有三个重要的阈值需要我们关注，从低到高依次是 0、0.5 和 1。0 水平位于指标值域的底部区域，代表布林带下轨（Bottom Band）。0.5 水平位于指标值域的中部区域，代表布林带中轨（Middle Band）。1 水平位于指标值域的上部区域，代表布林带的上轨（Top Band）。指标曲线代表了 K 线收盘价与布林带的位置关系。

如果一根 K 线的收盘价恰好位于布林带下轨，那么布林带百分比指标曲线就会经过 0 水平。如果一根 K 线的收盘价恰好位于布林带上轨，那么布林带百分比指标曲线就会经过 1 水平。

比如图 6-21 中这个欧元兑美元 5 分钟走势中，左侧有一根 K 线的收盘价位恰好在布林带上轨，对应的布林带百分比指标曲线就在 1 水平附近。

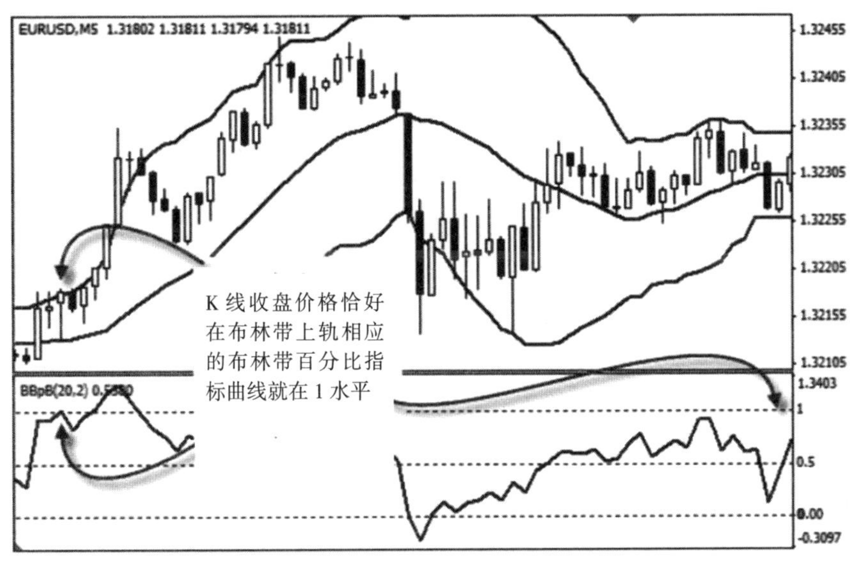

图 6-21 K 线收盘价在上轨与指标取值 1

布林带百分比指标量化了价格在布林带中的相对位置，乖离率量化了价格与均线的相对位置。怎么在市场中很好地结合两者呢?

如果一根 K 线的收盘价在布林带下轨和中轨之间，那么布林带百分比指标曲线就会相应地处于 0 和 0.5 水平之间。图 6–22 综合体现了布林带百分比指标与布林带的主要关系。指标曲线读数代表了 K 线收盘价与布林带三条轨道线的位置关系。

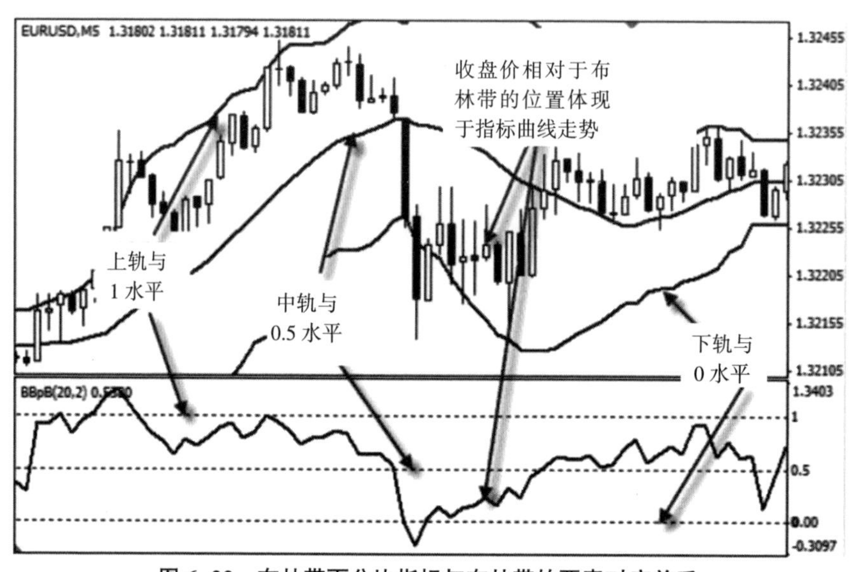

图 6–22　布林带百分比指标与布林带的要素对应关系

再来看一张 K 线收盘价相对布林带位置与布林带百分比指标的对应关系（见图 6–23）。A 点的 K 线收盘价位于上轨，相应的指标读数就在 1 水平；B 点的 K 线收盘价位于下轨，相应的指标读数就在 0 水平；C 点和 D 点的 K 线收盘价位于中轨，相应的指标读数就在 0.5 水平。

布林带百分比指标是一个简单到只有一根曲线的指标，但它可以帮助交易者更准确快速地侦测出布林带背离。我说这句话的意思是你可以在此基础上量化布林带背离。

布林带背离如何体现于布林带百分比指标走势呢？图 6–24 是欧元兑美元 5 分钟走势，主图叠加了标准的布林

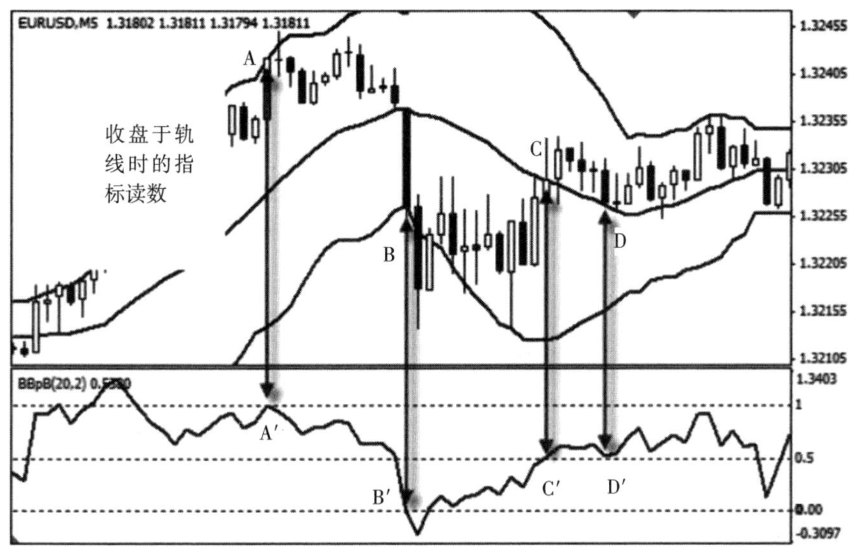

图 6-23 轨线上的收盘价与指标关键水平

图 6-24 布林带背离与布林带百分比指标特征

带，副图则是布林带百分比指数。

AB 段是布林带顶背离，相应的布林带百分比指标 A′B′段则是走低的，A′点在 1 之上，而 B′则在 1 之下一点，这精确地体现出了 K 线收盘价与布林带上轨的位置关系。

CD 段是布林带底背离，相应的布林带百分比指标 C′D′段则是走高的，C′点在 0 之下，而 D′则在 0 之上一点，这准确地量化了 K 线收盘价与布林带下轨之间的相对位置。

借用布林带百分比指数我们就可以快速地找到布林带背离。同时，经由这种转换，将价格/汇率走势图与布林带百分比指数走势结合起来看，是不是有动量背离的特征？价格走势来看，B 点高于 A 点，但是指标的 B′点低于 A′点，像不像震荡指标与价格的顶背离？

同样从价格走势来看，D 点低于 C 点，但是指标的 D′点是高于 C′点的，是不是很像震荡指标与价格的底背离？

当然，我们采纳布林带百分比指标的目的就是为了化繁为简，因此不会同时叠床架屋，在采纳了布林带百分比指标之后仍旧保留布林带。下面我们就将布林带从主图中移除（见图 6–25）。这样整个走势图就显得干净整洁了，这就为叠加其他技术指标或者画图腾出了空间。

通过布林带百分比指标来分析布林带背离，可以通过肉眼观察和量化两者方式。如果要量化，第一步需要定义价格高点和低点，你怎么做？

作为一名纵横北美金融市场的老兵，说起来都是眼泪，每一个走过来的交易者都知道成功是多么不容易。由繁入简是成功前的最后一段路，但是在此之前谁又不是厚积薄发，像毛竹的生长过程一样呢？早年阶段，每天往走势图上添加指标就是习以为常的工作，不尝试怎么知道什么有效，什么没效呢？事非经过不知难，每一个成功的交易者都可以写一本小说。

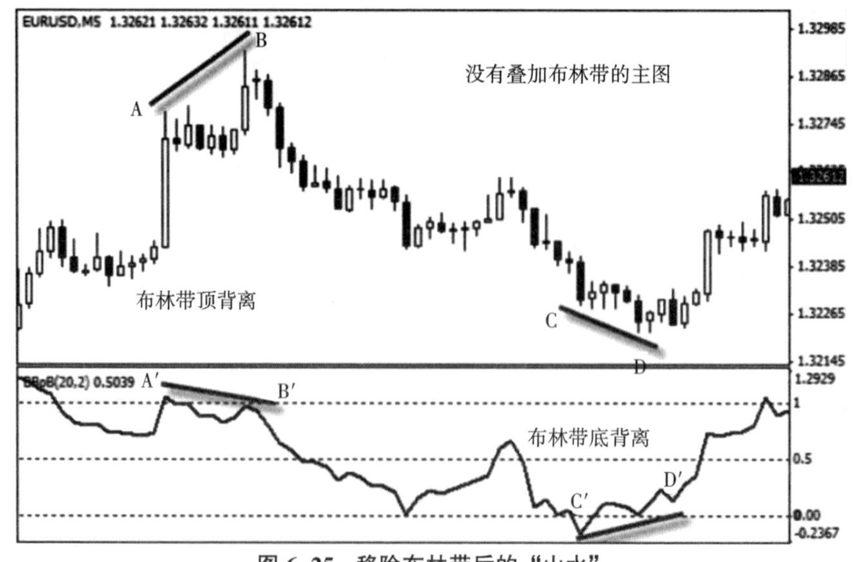

图 6–25 移除布林带后的“山水”

唐代青源惟信禅师讲到自己参禅悟道的历程时说："老僧三十年前来参禅时，见山是山，见水是水；及至后来亲见知识，有个入处，见山不是山，见水不是水；而今得个体歇处，依然见山还是山，见水还是水。"我们的交易进阶之旅又何尝不是如此呢？

为了简单地检验一下大家是否掌握了布林带百分比指数与布林带背离的关系，请看图 6–26。这是一幅欧元兑美元 1 小时走势的 K 线图，你能够标出布林带背离吗？

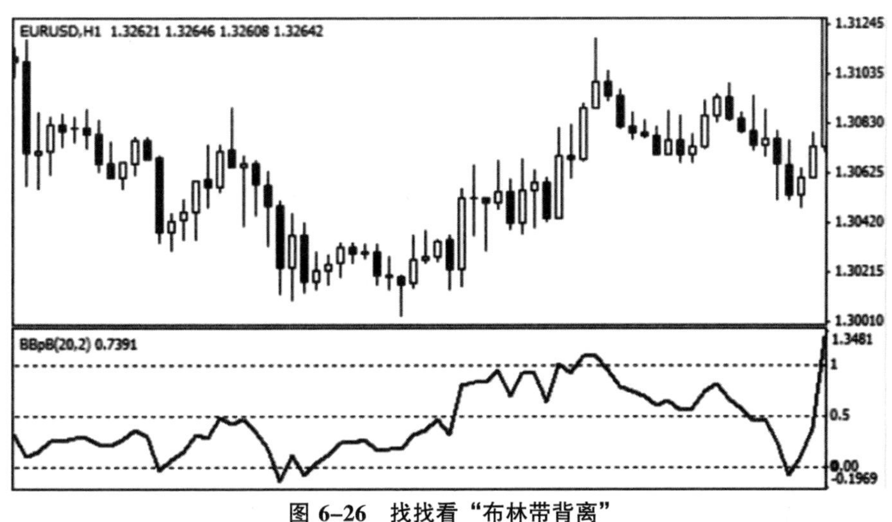

图 6–26　找找看"布林带背离"

下面是答案（见图 6–27），A 段和 B 段之间出现了布林带底背离，因为指标相应的 CD 段给出了指示。C 点跌到了 0 水平以下，表明 K 线收盘价跌到了布林带下轨之下。D 点位于 0 点之上，意味着 K 线收盘价在布林带下轨之上。

C、D 两点满足了布林带底背离的基本要求，那么是否处于同一个布林带气泡之中呢？怎么解决这个问题呢？MT4 里面有一个常用指标，是用来度量布林带宽度的，你把它找出来。

"布林带背离"是基于布林带和汇价之间的背离定义的，不涉及通常的震荡指标或者动量指标。在本书中我们已经提到了不少过滤和加持背离信号的技术和工具，比如趋势线、斐波那契点位、K 线反转形态等，现在我们研究如何利用布林带过滤汇价和动量之间的背离信号。

图 6-27　从布林带百分比指数找出“布林带底背离”

魏老师提出的“势位态”框架非常不错，关键就看我们怎么去使用了。

比如下面这个例子（见图 6-28），这就是一个顶背离无效的实例。顶背离出现之后，欧元兑美元开始走低，MACD 柱线也向下穿越了零轴。但是，汇价更像是横盘震荡，而非开启向下趋势。布林带在圆圈处出现了极端收敛

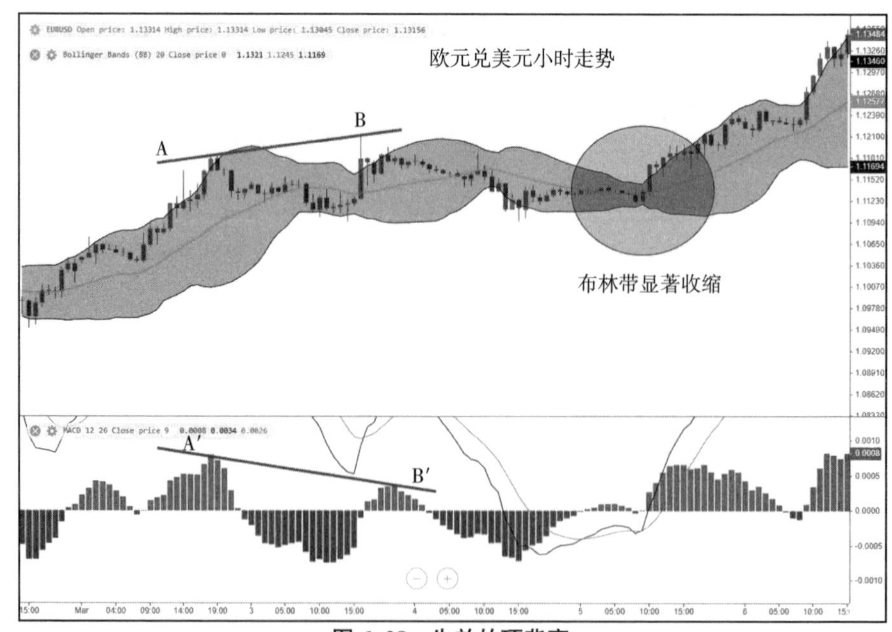

图 6-28　失效的顶背离

资料来源：LiteForex。

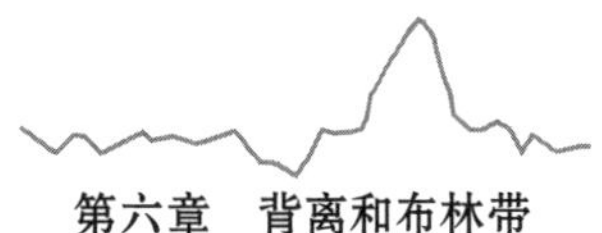

状态，而汇价却升到了布林带上轨附近，这就表明向下走势结束了，顶背离信号无效。在这里我利用了布林带这个有趋势指示功能的指标来过滤背离信号，实际上其他的趋势指标也可以用来确认背离指示的趋势变化信号，比如此前我介绍的趋势线等。

布林带与背离结合起来是非常好的组合，布林带提供了波动率、趋势和关键点位等信息，背离则试图抓住趋势终点和起点。整体而言，两者的组合中，布林带提供趋势，而 MACD 则提供动量背离。当然，你也可以利用其他动量指标或者震荡指标分析和定义背离。

我在这里采用了“双布林带策略”（见图 6–29）：一个布林带的系数为 1，另一个布林带的系数为 2，期数都是 20。两个布林带是嵌套关系，因此也可以称之为“布林带嵌套策略”：一个窄布林带嵌套在一个宽布林带里面。窄布林带的上下轨之间被定义为中性区间（neutral area），而宽布林带的上下轨就是关键点位，宽布林带上轨附近是

此前利用双布林带管理离场信号，这里是利用双布林带过滤背离进场信号。

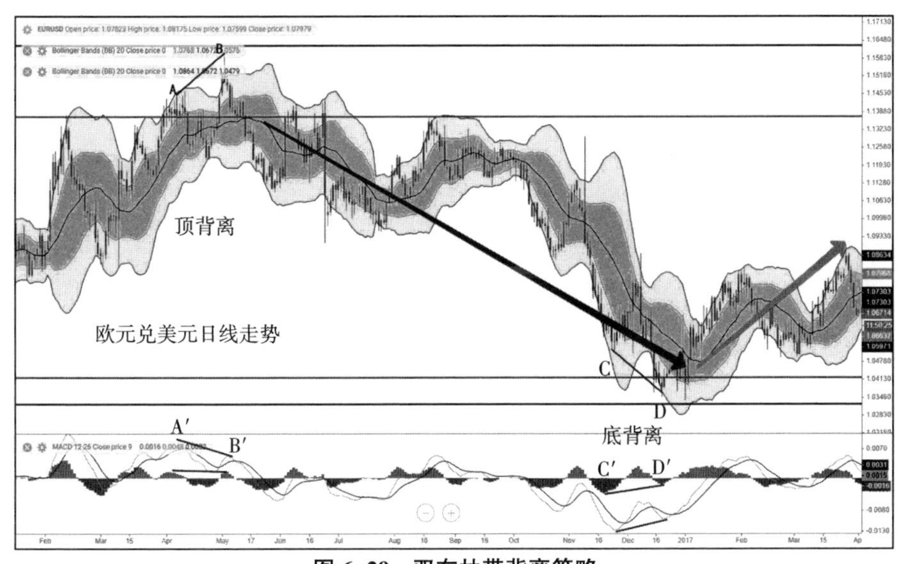

图 6–29　双布林带背离策略

资料来源：LiteForex。

做多区域，下轨附近是做空区域。

双布林带如何与背离结合起来成为“双布林带背离策略”呢？基本的策略是：汇价显著上涨后出现顶背离，紧接着汇价跌到窄布林带下轨之下、布林带下轨附近，这就确认了顶背离信号，可以进场做空了；相反，汇价显著下跌之后出现了底背离，紧接着汇价升到窄布林带上轨之上、布林带上轨附近，这就确认了底背离信号，可以进场做多了。

显然，如果双布林带策略没有加入背离信号，也会出现许多虚假信号，因此双布林带和背离之间可以很好地互补。

图 6-29 中欧元兑美元在高位进入到了宽布林带上轨附近，并且突破了此上轨，形成了高点 B。高点 B 高于此前的高点 A。**相应的 MACD 柱线和信号线都形成了两个高点 A′和 B′，其中 B′显著低于 A′**。ABA′B′形成了一个标准的顶背离。这是上升动量衰竭的特征，汇价存在趋势反转的较大可能性，做空的胜率和赔率上来了，但这仅是一个提醒信号，胜率和赔率还不够高。做空还需要等待进一步的确认信号：汇价进入到窄布林带下轨之下和宽布林带下轨附近。初始止损可以放置在最近高点附近。盈利离场则最好采用跟进止损为主。

欧元兑美元跌了很长一段时间之后，出现了底背离 CDC′D′。汇价的低点 D 低于前一个低点 C，相应的 MACD 柱线和信号线都出现了背离特征。等待汇价升到窄布林带上轨之上和宽布林带上轨附近就可以进场做多了。

这也是一个更加严格的双重确认（Double Check）策略，就是要求 MACD 动量背离时不仅柱线符合要求，信号线也要符合要求。

那么不符合双重确认要求的背离是怎样的呢？请看下面这个例子（见图 6-30），汇价走低了，MACD 柱线与之形成了背离，也就是 ABEF 构成了底背离。但是，MACD 信号线却与汇价同时走低，因此 ABCD 并不构成底背离。通常而言，柱线和信号线同时与汇价背离的信号更有效一些。

在上述双布林带背离策略中，我们利用了 MACD 来确定动量背离，其实也可以利用随机震荡指标（Stochastic oscillator）、相对强弱指标（RSI）等来完成同样的工作。

下面我们就来看看一个结合随机震荡指标（Stochastic oscillator）、相对强弱指标（RSI）和双布林带的背离策略。随机震荡指标的参数设置为（21，7，7），

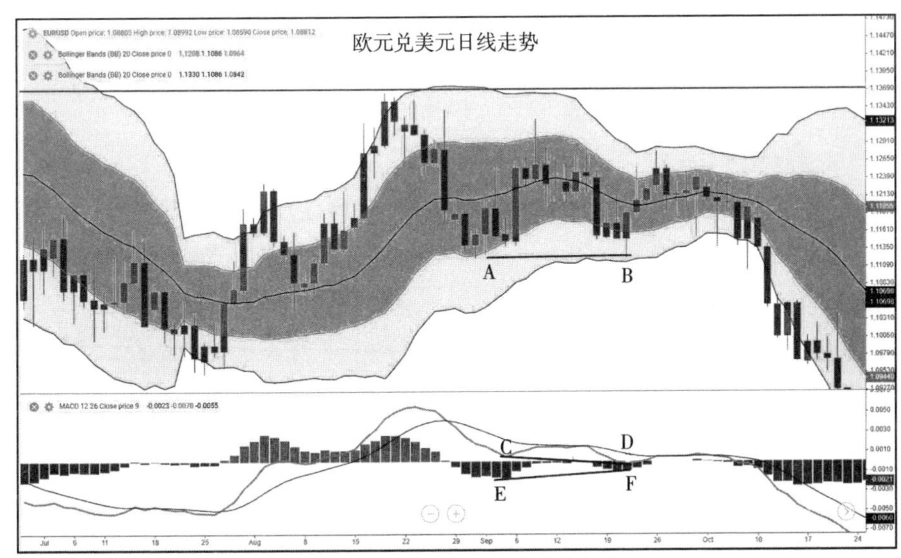

图 6–30　不符合双重确认的背离

资料来源：LiteForex。

相对强弱指标的参数设置为（14），双布林带采取此前的参数设置。

随机震荡指标和相对强弱指标除可以确定背离外，也可以表明超买和超卖状态（overbought and oversold conditions）。我们会在指标进入超买或者超卖状态时考虑兑现利润。

下面我们就来看同样走势中利用新指标与双重布林带组合的效果（见图6-31）。汇价一路上涨之后有两个高点 A 和 B，而随机震荡指标也有两个对应的高点 A′和 B′。汇价高点在布林带上轨附近，一个典型的顶背离 ABA′B′就形成了。

汇价向上突破宽布林带上轨之后回落，跌到窄布林带之内。相对强弱指标触及了超买区域，接着拐头向下，这些都是趋势转而向下的提醒信号。

汇价从窄布林带继续下行，跌到窄布林带下轨之下、宽布林带下轨附近时，也就是汇价小圈处这根 K 线，进场做空信号就出现了。更激进的交易者可以利用随机震荡指标快线下穿慢线作为进场做空信号，也就是 B′下方圆圈处的死叉信号，当然这又是另一种信号了。按照双布林带的规则，此时汇价还在“中性区域”。

接下来，随机震荡指标进入到了超卖区域，而相对强弱指标则处于中性区域，因此随机震荡指标的超卖信号并未得到相对强弱指标的确认。因此，这并不

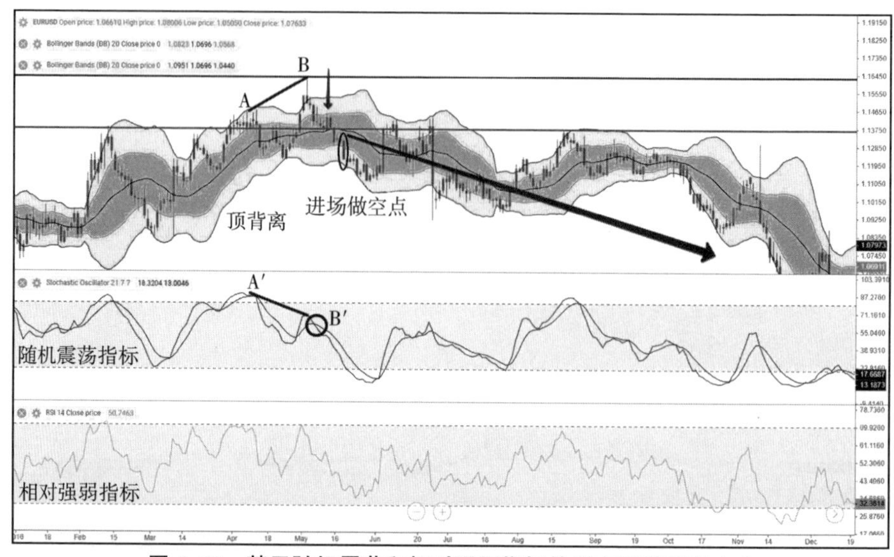

图 6-31　基于随机震荡和相对强弱指标的双布林带背离（1）

资料来源：LiteForex。

能算作是空翻多，而仅是一个调整罢了，那么就应该继续持有空头头寸。后续的发展确实仅是一个反弹而已，无论是随机震荡指标还是相对强弱指标都处于中性区域（见图 6-32）。

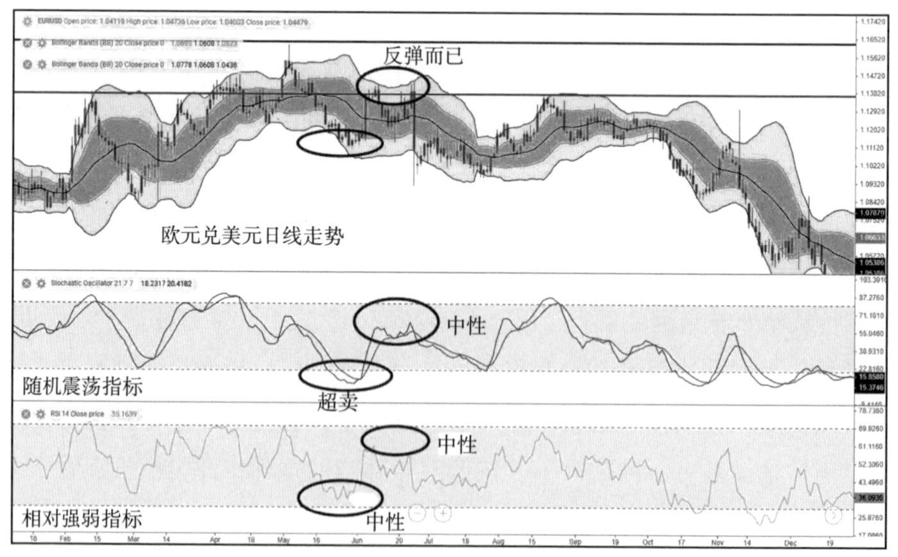

图 6-32　基于随机震荡和相对强弱指标的双布林带背离（2）

资料来源：LiteForex。

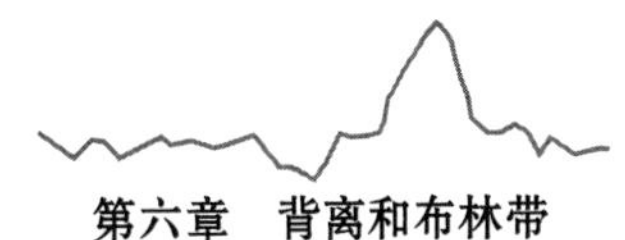

在 2016 年 10 月下旬的时候，随机震荡指标和相对强弱指标都进入了超卖区域。当汇价回升进入窄布林带内时，我们平掉此前的空头头寸，兑现盈利。

不过，这波上升后来被证明仅是反弹而已，此后汇价恢复下行趋势。当然，这里并没有新的进场信号。

到了 12 月，出现了一个底背离信号 ABA′B′或者 ABA′′B′′（见图 6–33）。我们会在汇价进一步上升到窄布林带上轨之上、宽布林带上轨附近时进场做多。而离场则是在随机震荡指标和相对强弱指标进入超买状态，同时汇价跌到窄布林带之内的时候。

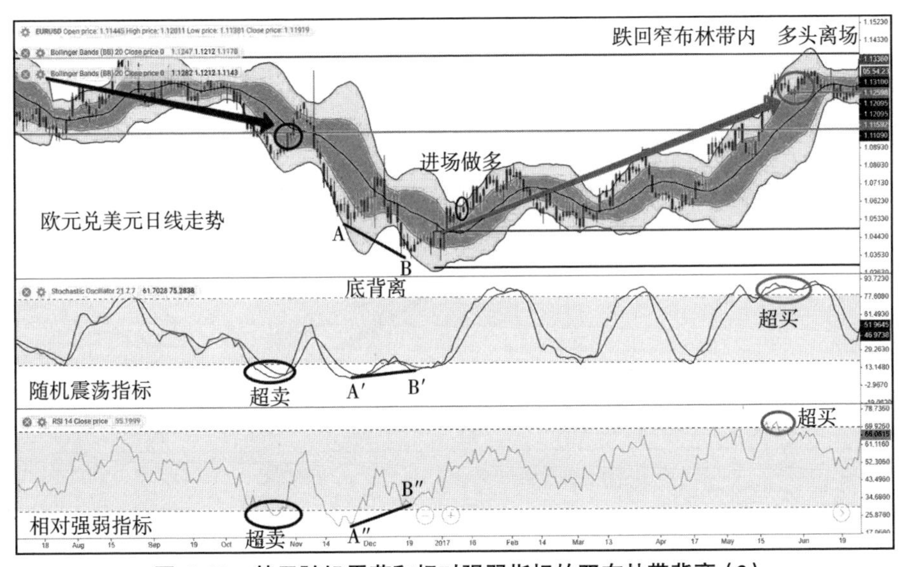

图 6–33　基于随机震荡和相对强弱指标的双布林带背离（3）

资料来源：LiteForex。

双布林带背离策略非常有价值，当然也不可能捕捉到所有显著的波动。毕竟，在获得满意收益率的同时，限制最大回撤率，就是一个高效的策略了。

在双重布林带背离策略的实践当中，我们会遇到双重背离，甚至多重背离。比如，一个顶背离之后，汇价并未转而下跌趋势，而是继续走高，形成新的顶背离。这样的情况叠加起来就会形成多重顶背离。你可以将未能进入趋势反转的背离信号当作完全错误的信号，也可以认为是动量衰竭后又恢复了的自然变现而已。当然，你也可以认为背离仅是局部市况而已，市场可能回撤，也可能反转，

前者是趋势的中继，后者则是趋势的反转。背离并非全局信号，这是我们要搞清楚的一点。因此，最好能借助诸如趋势线和布林带之类的趋势工具来进一步过滤背离信号。

看一个双重顶背离的实例（见图 6-34），ABA′B′是第一个顶背离，出现之后，欧元兑美元仅是回调了一下。当然，ABA′B′这个顶背离仅是 MACD 柱线与汇价之间的背离，MACD 信号线并未背离。接下来不久，汇价接着又出现了一个顶背离 BCB′B′（B″C″），不仅 MACD 柱线与汇价背离，MACD 信号线也与汇价背离，此后汇价正式转向下降趋势。持续下跌后形成了简单的底背离模式 CDC′D′（C″D″），MACD 柱线和信号线都与汇价背离。

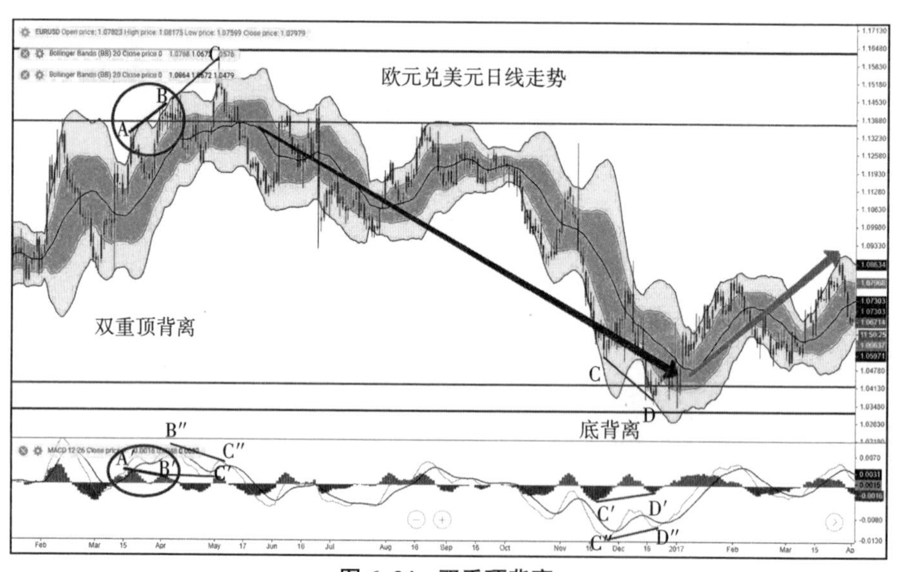

图 6-34 双重顶背离

资料来源：LiteForex。

在本章我们深入介绍了布林带与背离的关系，以及策略思路。在结束本章前，有必要总结下期中的一些要点和建议：

◆ 背离是一个基本的早期预警信号，频繁出现在包括外汇在内的诸多金融市场，它作为策略基础，叠加诸如布林带之类的指标，也可以作为其他策略的过滤手段。

◆ 不管是哪种情况，单纯的背离信号往往欠缺效率和可靠性。

◆ 在本书的绝大部分内容中，都以标准背离作为主要手段，隐式背离和延伸背离则极少涉及，因为标准背离足够了，它提供了趋势反转的足够提醒。

◆ 当然，你也可以将其他类型的背离与布林带或者趋势线、斐波那契点位结合起来分析。

◆ 双重背离，甚至多重背离是更值得我们去注意的一个结构，除了通过趋势线和双重布林带去过滤之后，你还能想出什么更有效手段吗。

◆ 我们在陷阱周期中提到过用高层时间周期过滤背离信号的思路，除背离之，你还能在更高层级时间框架上运用哪些工具来过滤底层时间走势中的背离信号。

◆ 本书中的思路和策略，除可以用于外汇市场外，还可以用到商品期货市场和股票市场，试试看。

◆ 除布林带外，你还可以引入哪些技术指标与背离有机结合起来，创新和试验才能带来竞争力。

本章就结束了，归纳就是两个思路：第一是布林带与汇价之间的背离；第二是利用布林带过滤汇价与动量指标之间的背离。

第七章　外汇交易中的价量背离

君子不镜于水，而镜于人。镜于水，见面之容，镜于人，则知吉与凶。

——墨子

克服恐惧最好的办法理应是：面对内心所恐惧的事情，勇往直前地去做，直到成功为止。

——富兰克林·罗斯福（Franklin Roosevelt）

你的注意力，就是你的人生。你活在世上的体验，就是你注意到的所有事物的总和。

——奥利弗·伯克曼（Oliver Burkeman）

我认为最大的挑战之一，就是确保你拥有一个纠正性反馈回路。然后保持这个反馈回路，随着时间的推移，即便身边人开始只说你想听的话，这非常难。我认为创建反馈循环这一点非常重要，这样你才会不断思考自己做了什么，怎样才能做得更好。我认为这是最好的一条建议：那就是不断思考怎样才能让自己做得更好，不断地质疑自己。

——埃隆·马斯克（Elon Musk）

外汇交易中如何利用成交量是一个鲜有人触及的问题。其实无论是场外的外汇保证金交易还是场内的外汇期货交易都可以利用成交量信号。

股票市场中经常提到价量背离的问题，比如“价涨量缩”就认为是价格升势没有得到成交量的配合。

很少有交易者搞清楚外汇成交量到底是怎么来的，但是这个指标却被我认为是少数几个非常重要的技术指标之一，即便是纯技术的背离交易策略都应该装备上这一武器。

除外汇外，其他金融市场的交易者，比如股票投机客或者期货交易者都会高频率地使用成交量进行交易决策。但是，在外汇市场上却很少有人会真正使用这一技术工具。

那么，什么是外汇成交量，这一数据是怎么得到的呢？每当一笔交易完成，就会计算到成交量里面。但是，外汇市场的成交量要复杂得多，因为不存在现货外汇的中心交易所。外汇本质上是一个去中心化的场外交易金融产品。

外汇期货是存在场内交易。

因此，存在大量的场外交易平台，它们往往只统计自己平台上的成交量。也正因为这些数据的来源局限于平台本身，因此被忽略。事实上，这好比是统计中的抽样，局部成交量是全体成交量的一个样本，在绝大多数情况下还是具有代表性的。

特别是那些成交量较大的知名经纪商，它们平台提供的成交量数据更具参考价值，比如图 7–1 中这个英镑兑美元 30 分钟走势图的成交量数据来自知名外汇交易平台 FXCM。

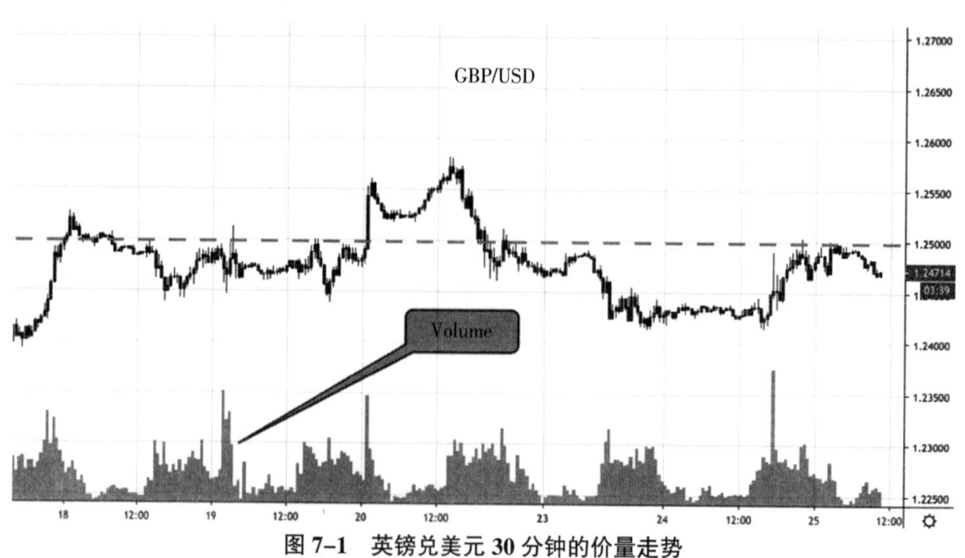

图 7–1　英镑兑美元 30 分钟的价量走势

许多外汇交易者第一次看到成交量指标往往都会心怀敬畏地认为这其中隐含着重大信息，但是如何具体地提取和解释其中蕴藏的奥妙却无从下手。

二十几年前，我也面临同样的窘境，不过并未就此放弃，相反我努力地寻找其中的门道。我阅读了许多文献资料，包括书籍和论坛，也参加了一些集训营和研讨会，无论是在线的，还是线下的。

无论是经典技术，还是刚刚兴起的前沿知识，我都努力搞懂究竟是怎么回事。什么是低量柱（low volume bar）、高量柱（high volume bar）、极端高量柱（ultra high volume bar）、弱势成交量信号（sign of weak volume）、强势成交量信号（sign of strong volume）；等等，我学了一大堆概念和定义，还有各种成交量指标和策略。

只要是我不知道的关于成交量的知识，我都感兴趣。狂热的学习阶段中，在加拿大冬天的时候，我喜欢宅在魁北克的家里研究各种成交量相关的技术。

当然，真正有用的知识极少，但是就是这样的积沙成塔，许多年后，我终于检验出来一些确实有效的经验。成交量背后站着买家和卖家，或者说多头和空头，成交量体现了进出场的容量。

在登堂入室之前，在研究外汇成交量的道路上我也经历了不少挫折，持续数年，迷茫的时候我会从行情分析界面中删除成交量指标。

我会沉头丧气，或者自怨自艾——“或许我没有解读成交量的能力……”“也许成交量根本就没有任何意义……”

在艰难的日子中，在对成交量失去信心的日子里，我会回到只关心价格的老路上：“价格高点和低点更高了吗？”“价格低点和高点更低了吗？”“价格高低点是有序上升或者下降，还是杂乱无章呢？”

在迷茫探索的过程中，不断听到有人说“价格吸收了一切，只看价格就好，什么指标都不要看，成交量就更不用看了”。我也尝试简单地只看 K 线，有时候甚至只关心收盘价和开盘价之间的关系：如果收盘价高于开盘价，说明多头占优；如果收盘价低于开盘价，说明空头占优……但理念是理念，实践中完全是另外一回事，现实要比理论复杂得多，这就是市场反复打脸我的无情一面。

只看价格走势似乎并不能解决我的问题，我又时不时地回到各种技术指标上来，逐渐地我感觉到动量背离比较有效。在这个基础上，我逐渐将动量背离的思路迁移到成交量上，命运女神开始垂青我了！

没有对比，就没有真相！横向对比和纵向对比是我常用的方法。横向对比是基于横截面数据，纵向对比是基于时序数据。买东西要货比三家，分析问题要横向对比和纵向对比。为什么我们在价格和成交量走势图上看不出门道来？因为我们没有做横向对比和纵向对比，只是简单地找局部的规律，这样的道路肯定是走不通的！山重水复疑无路，柳暗花明又一村，将根本思路和观念转换一下，转机就来了。

以前无论怎么分析都显得混沌无序的成交量，让我慢慢有一些心得了，其中最为重要的一条是：**如果简单机械地将单根成交量柱线与价格线结合起来看，那就是只见树木不见森林；如果能够将前后的成交量对比起来看，那就能够看出一些真名堂来！**

说个人经历多了不行，现在回到干货上来。在外汇短线交易中，特别是日内交易中我比较重视成交量的两个信号：第一个是价量背离（Tick Volume Divergence Trading）；第二个是脉冲式放量。

什么是外汇走势中的价量背离呢？无论是场外的零售外汇交易平台，还是场内的外汇期货交易平台，都可以看到成交量数据。当价量配合时，趋势延续时，价格/汇率走出更高的高点时，则成交量也会走出更高的水平，价格/汇率走低更低的低点时，则成交量也会走出更高的水平。

这就是趋势延续时的成交量常态，与股市类似。而价量背离就是“价格高点更高，但是成交量萎缩”或者“价格低点更低，但是成交量萎缩”。

我将向你们演示如何利用外汇平台上的成交量进行价量的背离交易。在日内框架上，外汇成交量是非常有用的，比如 5 分钟走势上和 15 分钟走势上的成交量特征。

但是我个人觉得在 4 小时走势和日线走势这样的时间框架上，外汇成交量的指示意义变得含混不清了。下面我展示的外汇价量背离信号是建立在 15 分钟走势上的，也就是在 15 分钟汇率走势上寻找价量的背离信号，但是我们需要在日线走势图上确认趋势。

在这幅欧元兑美元的 15 分钟走势中（见图 7-2），两次出现了汇率上涨而成交量萎缩的情况，这就是成交量背离，再结合日线走势，我们应该寻找做空机会。

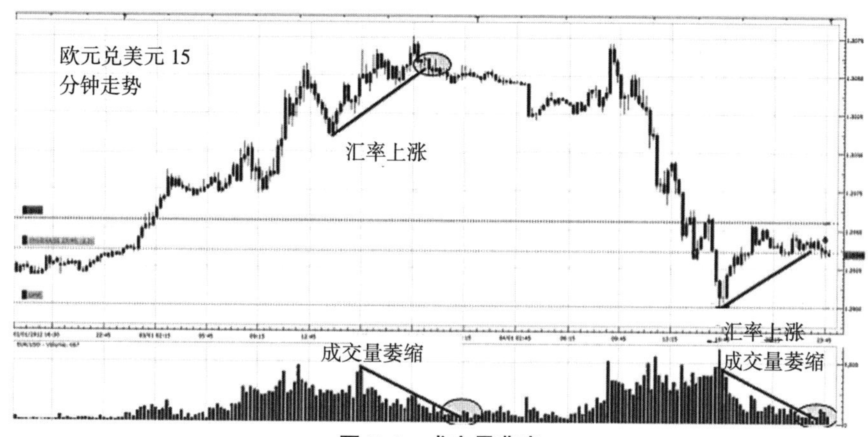

图 7-2　成交量背离

我们做的是顺势交易，但是会等待回撤，在回调中等待价量背离带来的做多机会，在反弹中等待价量背离带来的做空机会。

具体来讲，在上升趋势中价格出现了下跌（回调），同时成交量萎缩，这就是下跌走势没有成交量支持，属于下跌的价量背离，这就是做多机会。

在下跌趋势中价格出现了上涨（反弹），同时从成交量萎缩，这就是上涨走势没有成交量支持，属于上涨的价量背离，这就是做空机会。

当价量背离出现时，成交量萎缩到一个较低水平，这个时候就会出现顺趋势方向进场的机会。这就是魏老师经常提到的见位进场机会，当然除结合成交量外，你还可以利用诸如斐波那契点位和震荡指标极端区域交叉之类确认指标。不过，我专注于各种背离，因此这里只讲成交量背离的信号。

总结一下，什么是成交量背离呢？简单来讲就是缩量，持续缩量意味着走势将反转，持续放量意味着走势将延续。

注意，我这里讲的是“走势”，而非“趋势”。如果

什么是价量背离，无论是价格上涨还是下跌，如果成交量萎缩，就属于价量背离，价格运动有没等到成交量的支持和确认，运动处于量能走弱的特征中。相反，无论是价格上涨还是下跌，如果成交量逐步放大，则不属于价量背离状态，走势延续的可能性很大。

"趋势"向上，则此过程中出现汇率下跌，而且伴随着缩量，这就是"回调"，恢复上行的概率较大；如果"趋势"向下，则此过程中出现汇率上涨，而且伴随着缩量，这就是"反弹"，恢复下行的概率较大。"走势"是局部的，具体的波段，而"趋势"则是整体的，曲折前进的。放量的"走势"往往体现了"趋势"的方向。

除现货外汇外，在期货外汇上，也可以利用相同的成交量背离原理进行分析和择机。

我们再来看一些具体的案例。第一个例子是欧元期货 3 分钟走势（见图 7-3），上面是欧元兑美元的期货汇率，下面是期货合约的成交量。A 处这段走势是汇率持续下跌，相应的成交量是逐步放大的，这就是顺势下跌，成交量并没有背离，这时候可以"破位做空"，因为成交量顺势推动下跌，价量是配合，而非背离。

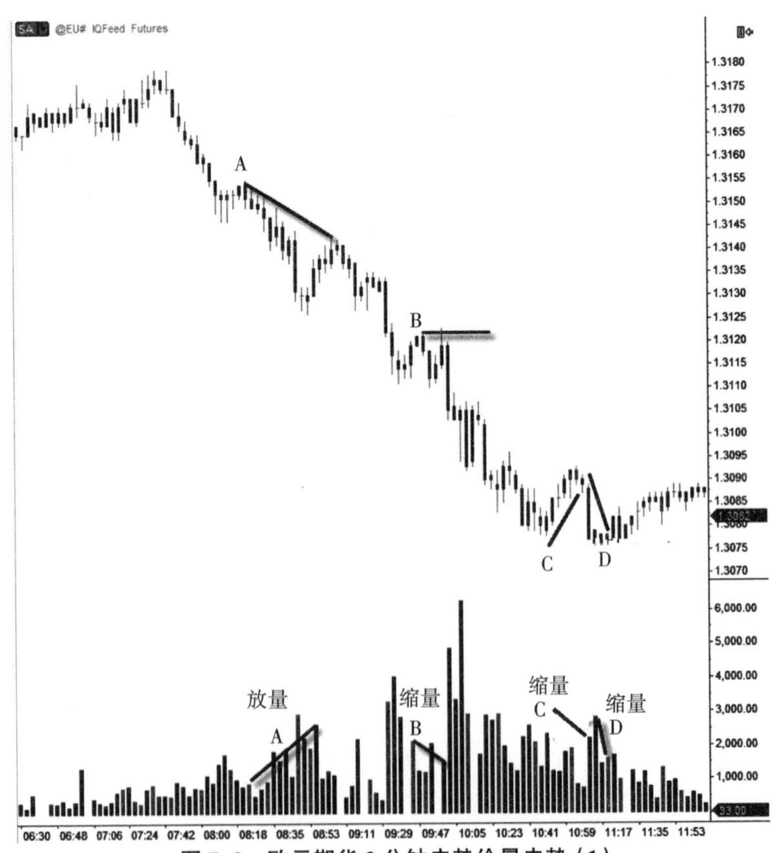

图 7-3　欧元期货 3 分钟走势价量走势（1）

B处汇率反弹，相应的成交量却是萎缩的，这就是成交量不支持上涨，或者说上涨的量能不足，两者是背离的，应该择机做空，这就是“见位做空”，利用反弹衰竭点做空欧元。C处汇率上涨，但是相应的成交量却是萎缩的，这也是价量背离，不支持继续上涨。D处则是汇率下跌，而成交量显著萎缩，价量背离，不支持下跌延续。CD两处表明市场进入盘整状态，没有单边趋势。

成交量背离就是“缩量”。

可以在不同的时间框架和跨度上分析成交量背离，比如同样的一段欧元期货3分钟走势（见图7-4）。将视野扩大，可以发现整个下跌趋势可以根据成交量是否配合划分为两个阶段。

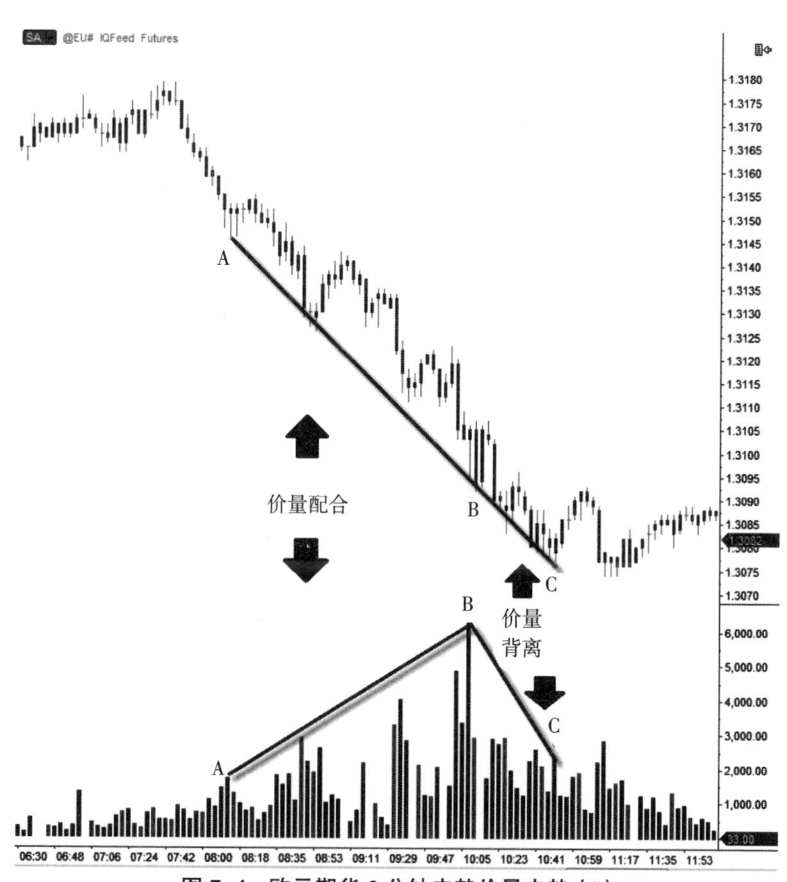

图7-4　欧元期货3分钟走势价量走势（2）

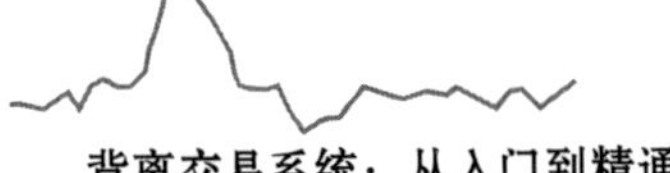

成交量背离与震荡指标背离和布林带可以结合起来使用吗？如何结合呢？

从 A 点到 B 点是第一个阶段，欧元下跌，相应的成交量是放大的，这就是价量配合，而非价量背离，下跌走势与下跌趋势一致，这个时候应该寻找做空机会，这就是顺势而为。

从 B 点到 C 点是第二个阶段，欧元下跌，但是相应的成交量是萎缩的，这就是成交量不配合价格，属于价量背离，这个时候做空就不明智了，而且 C 点是一个天量点，反而应该选择反转机会，或者高抛低吸机会，这个时候可以观察其他底背离信号，比如布林带底背离或者震荡指标底背离。

怎样区分下跌趋势中的上涨是反弹还是反转呢？看成交量是配合上涨放大了，还是背离缩小了。下跌趋势中的上涨如果配合成交量放大，则属于反转的概率较大；下跌趋势中的上涨如果成交量萎缩，呈现背离，则属于反弹的概率较大。

在外汇市场当中，无论是现货还是期货，如果汇率下跌，成交量放大，则应该破位做空为主；汇率上涨，成交量缩小，则应该见位做空为主。下跌后的放量上涨是反转，缩量上涨是反弹！

汇率下跌后上涨，相应的成交量缩小，价量背离出现，下跌趋势仍将延续，应该在这个点附近做空。仍旧以欧元期货 3 分钟走势为例，说明在 ABC 三处汇率上涨了，是反转还是反弹呢？行情走出来当然是清楚的了。

那么如何在当下预判呢？我的经验是可以看成交量是配合，还是背离。这三处显然都属于缩量状态，也就是价量背离，因此大概率属于反弹。既然定性是下跌趋势中的反弹，那么如何操作呢？肯定是逢高做空！因此 ABC 三处提供了类似“见位做空”的机会。

反过来，怎样区分上涨趋势中的上涨是回调还是反转呢？看成交量是配合下跌放大了，还是背离缩小了。上涨趋势中的下跌如果配合成交量放大，则属于反转的概率较大；上涨趋势中的下跌如果成交量萎缩，呈现背离，则属于回调的概率较大。

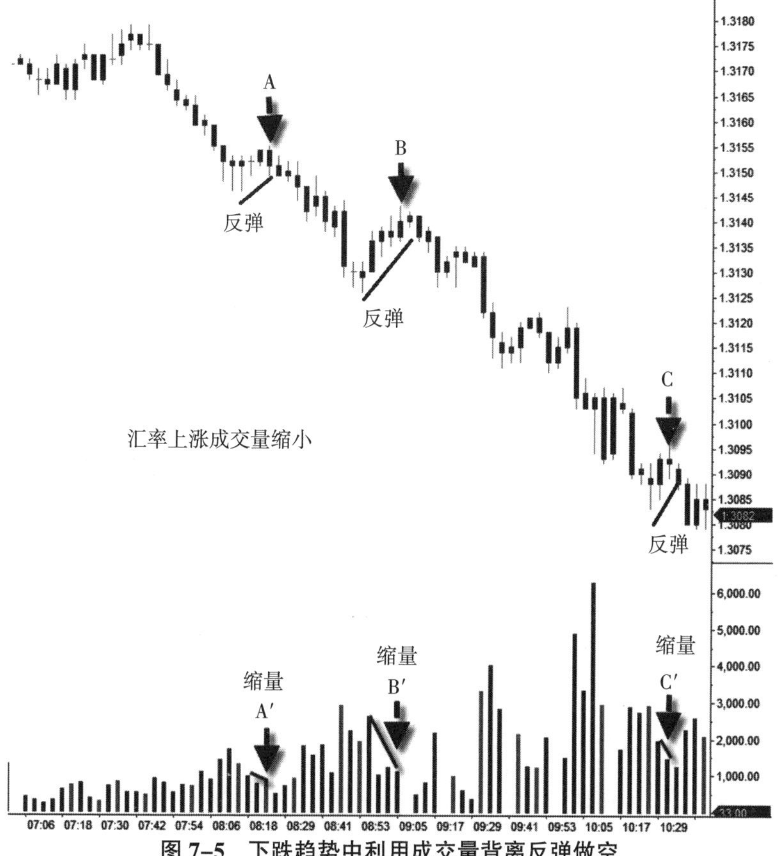

图 7-5 下跌趋势中利用成交量背离反弹做空

汇率上涨后下跌，相应的成交量缩小，价量背离出现，上涨趋势仍将延续，应该在这个点附近做多。仍旧以欧元期货 3 分钟走势为例说明，在 ABC 三处汇率下跌了，是反转还是回调呢？行情走出来当然是清楚的了。

那么如何在当下预判呢？我主要还是看成交量是否配合，价量背离是否出现了。这三处显然都属于缩量状态，也就是价量背离，因此大概率属于回调。既然定性是上涨趋势中的回调，那么如何操作呢？肯定是逢低做多！因此 ABC 三处提供了类似“见位做多”的机会。

在外汇市场当中，无论是现货还是期货，如果汇率上涨，成交量放大，则应该破位做多为主；汇率下跌，成交量缩小，则应该见位做多为主。上涨后的放量下跌是反转，缩量下跌是回调！

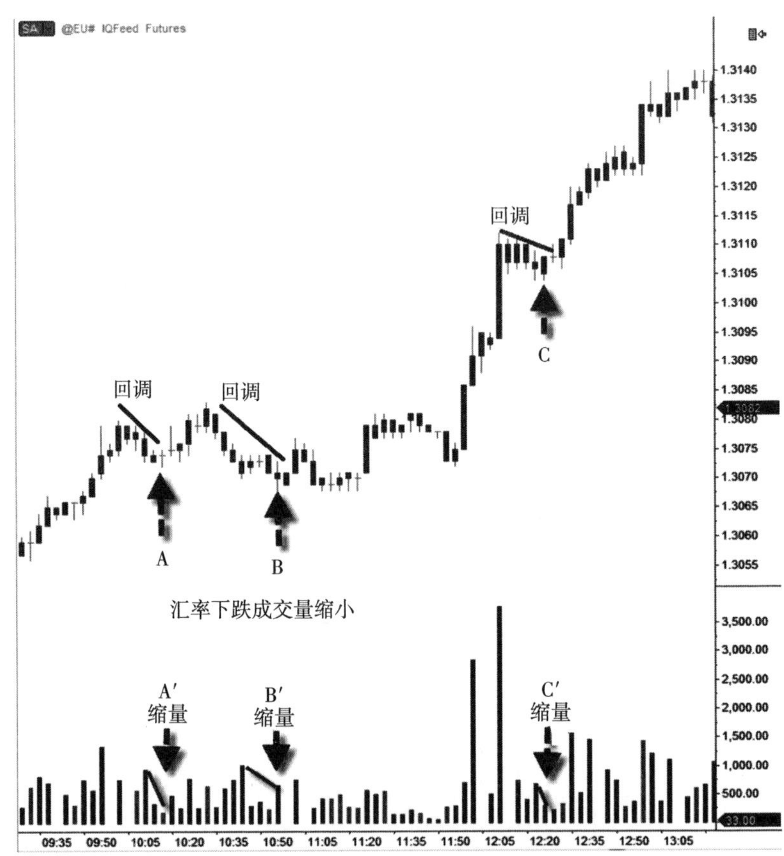

图 7-6　上涨趋势中利用成交量背离回调做多

成交量萎缩后什么时候回撤结束呢？或者说成交量背离信号出现后，进场点怎么选择呢？震荡指标反向交叉是比较好的择时信号，如果反弹幅度较为显著，也可以叠加斐波那契点位来确认，当然什么 K 线形态之类的也可以参考。

不过，我喜欢化繁为简，当成交量背离信号出现时，我只会观察震荡指标的情况来选择时机。

具体是这样来操作的：日内汇率（比如 15 分钟 K 线图）上升，成交量萎缩，形成价量背离，日线还是下跌走势，那么我就等待日内走势的 KD 指标形成死叉时进场做空；日内汇率（比如 15 分钟 K 线图）下跌，成交量萎缩，形成价量背离，日线还是处于上涨走势，那么我就等待日内走势的 KD 指标形成金叉时进场做多。

当然，你还可以叠加日内消息面过滤，比如缩量下跌后出现了利多消息，或者缩量上涨后出现了利空消息，等等。

在本章最后，我还是要讲讲脉冲式放量。当然这个知识不是我本章要讲的重点，重点还是在价量背离这里，这点要提醒大家。

脉冲式放量与极端高位的大阳线或极端低位的大阴线一起出现往往意味着行情即将反转，这是一个兑现利润的好时机。

在什么情况容易出现脉冲式放量呢？

第一，交易时段因素很重要。在欧洲交易时段，成交量显著放大，容易出现脉冲式放量，因为全球最大的外汇交易市场在英国。此后，成交量会下降，不容易出现脉冲式放量。因此，欧洲交易时段容易出现日内行情的反转点。

第二，经济数据的刺激。当重要消息和数据宣布时，交易者蜂拥而至，这个时候容易出现交易量脉冲。比如非农数据公布时，脉冲式成交量容易在外汇日内走势中出现。

第三，突发重大事件。一些预期之外的重要事件带来的新闻会导致交易量激增，因为大量的交易者想要从中获利或者改变风险敞口。

第四，重要的技术关口。重要的技术关口是整个市场参与者关注的焦点之一，这附近有不少预设订单存在，无论是建仓单还是平仓单的集体引爆都会导致成交量骤变。

第八章　背离与逻辑驱动

夏则资皮、冬则资絺、旱则资舟、水则资车，以待乏也。贵极反贱，贱极反贵。得时无怠，时不再来；天予不取，反为之灾。

——范蠡

你面临特定的约束条件和事实，你必须寻找一个具有相对优势的机会，这个优势可能来自心理层面，也可能来自统计层面。

——大卫·埃因霍恩（David Einhorn）

价格第一，基本面第二……交易者不能单纯地依靠基本面信息进行操作，你还得是一个图表解读者……虽然我花很多时间分析数据，收集关于基本面的信息，但最终我还是要看走势图。一些纯粹的基本面交易者，总是等逻辑清晰后才进场交易，这时候行情往往都处于尾声阶段了。价格和技术图形很多时候会先于清晰明了的逻辑而运动，毕竟总有一些资金聪明是先知先觉的。

——保罗·都铎·琼斯（Paul Tudor Jones）

只有独立思考，并且保持谦卑，你才能从市场中挣钱。

——瑞·达利欧（Ray Dalio）

背离属于纯粹技术的范畴，如果能够结合心理因子或者驱动因子来分析则会取得更加好的效果。毕竟，交易制胜意味着不能从理论框架出发，机械刻板地遵守单一的教条方法。

相反，想要成功的交易者需要从实际出发，在各个维度上努力，不能主观地设限。只要能用来从外汇市场上赚

查理·芒格推崇的“格栅模型”其实也是同样的出发点。

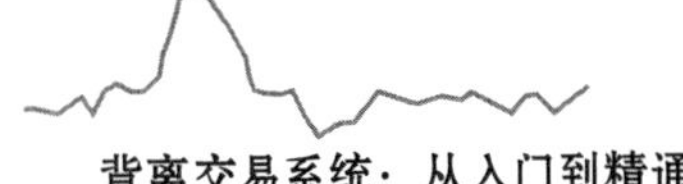

钱，任何工具都应该抱着科学的态度进行尝试和检验。因此，技术分析远远不够，交易员必须要具备解读基本面和心理面因子的能力，这是科学方法之上的重要部分。

虽然在本章我们主要介绍背离与消息面性质的关系，但在正式开始之前有必要简单提示一下心理因子在背离交易中的运用方向。在《外汇交易三部曲》《外汇交易圣经》两本指南当中，我们提到了一些散户持仓、持仓报告（COT），以及分析师情绪。

教条主义才是人和人之间最大差别的根源。能够打破教条，创造新事物，利用新事物获得竞争优势才是真正的天才。

整体而言，就数据获取的方便程度而言，散户持仓和COT是最容易获得的。许多外汇交易平台都提供主要货币对的持仓情况，通常认为这是一个反向指标，背离其实也是一个反向指标，两者如何结合呢？

外汇COT是外汇期货持仓报告，其极端值往往可以作为中长期汇率反转的信号。因此，如果在汇率日线甚至周线上出现了背离信号，同时该汇率的期货持仓近期极端值，那么这个背离信号的胜算率和赔率（风险报酬率）就会非常高，这就是技术背离与心理面结合的思路。

提示就到这里了，接下来我们进入到本章的主题：背离与逻辑驱动。先把我们的思路拿出来：

顶背离出现后，有两种逻辑驱动确认了做空的机会。第一种是利多不涨，反而下跌；第二种是利空出来，跌了。

底背离出现后，也有两种逻辑驱动确认了做空的机会。第一种是利空不跌，反而上涨；第二种是利多出来了，涨了。

这种思路简单吧，基本面或者说消息面叠加技术背离，这是一种强大的组合。原理并不复杂，思路也不复杂，关键是如何落地。“战例启发思维”，案例能够帮助我们更快切入运用。

下面我们就来一些具体的例子。本章的例子全部都是基于直盘货币对的小时走势，也就是每根 K 线代表 60 分钟时间跨度。

先来看欧元兑美元小时底背离与逻辑驱动的实例。2023 年 7 月 26 日到 7 月 31 日（见图 8-1），欧元兑美元先是处于震荡上升走势中。然后在 1.1150 附近，欧洲央行行长拉加德（Lagarde）宣称欧元区经济的短期展望恶化了，工业生产因为外需疲软而下降。欧元应声大跌，一根大阴线伴随而来，这说明市场是认可拉加德说法的。连续下跌之后，出现了两个低点 A 和 B，其中 B 点是创了新低。相应的动量指标 MACD 柱线创出了两个相应的低点 A′和 B′，且 B′点高于 A′点。ABA′B′是一个底背离。

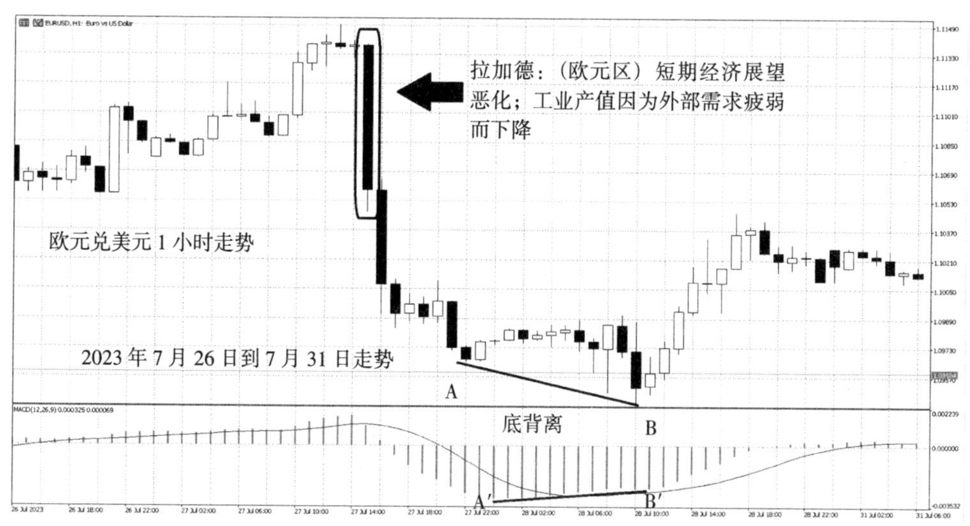

图 8-1　欧元兑美元 1 小时走势底背离与逻辑驱动（1）

资料来源：Metatrader5.0，Forexfactory，DINA。

在 1.0965 附近出现了一个底背离之后，我们可以等待逻辑驱动的出现（见图 8-2），在 B 点附近欧洲央行委员会的 Vasle 也出来发表讲话，认为最新的经济数据表明欧元区的经济走弱了。讲话发表后，汇价创出了低点 B，但是很快就回升到了 A 点之上，这显然是一个空头陷阱，

最后一次利空逻辑驱动。

利空明显已经被市场消化了，兑现之象。单就底背离与逻辑驱动而言，做多的机会已经确认了，最后要做的就是你结合本书其他章节给出的进场点位操作了。本章不会介绍背离之外的技术要点，特别是具体进场点和出场点的问题，这里不会涉及。因为本章的重点是让大家揣摩和掌握逻辑驱动分析在背离中的运用。

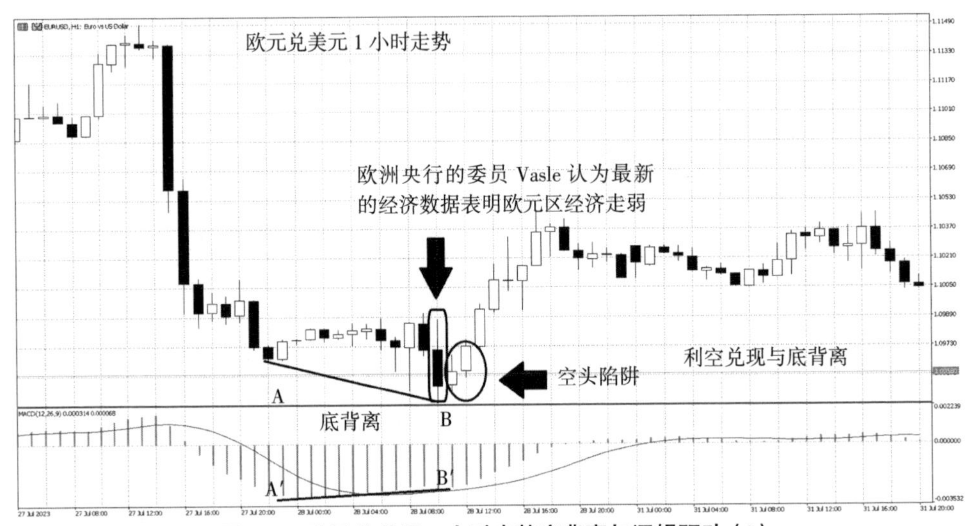

图 8–2　欧元兑美元 1 小时走势底背离与逻辑驱动（2）

资料来源：Metatrader5.0，Forexfactory，DINA。

2023 年 4 月 28 日到 5 月 3 日，欧元兑美元小时走势中（见图 8–3），汇价先是形成了 A 和 B 两个低点，与相应的动量低点 A′和 B′构成了一个底背离 ABA′B′。在 B 点附近，有一个逻辑驱动出现了：美国 2023 年 3 月的职位空缺（Job Openings）下跌超预期，这意味着劳动力市场需求不那么旺盛了，对于美元是利空。这则消息发布时，美元大跌，欧元大涨，确认了底背离转势。

2023 年 2 月 22 日到 2 月 27 日，欧元兑美元小时走势中，汇价先是震荡下跌（见图 8–4）。2 月 24 日中午，美国个人收入数据发布，增长了 0.6%，显示美国经济继续增长，利好美元，利空欧元，欧元兑美元拉了一根阴线，加速下跌。

欧元兑美元加速下跌后进入横盘震荡走势，形成两个低点 A 和 B，以及两个动量低点 A′和 B′。ABA′B′构成一个底背离。下跌动量衰竭迹象明显。

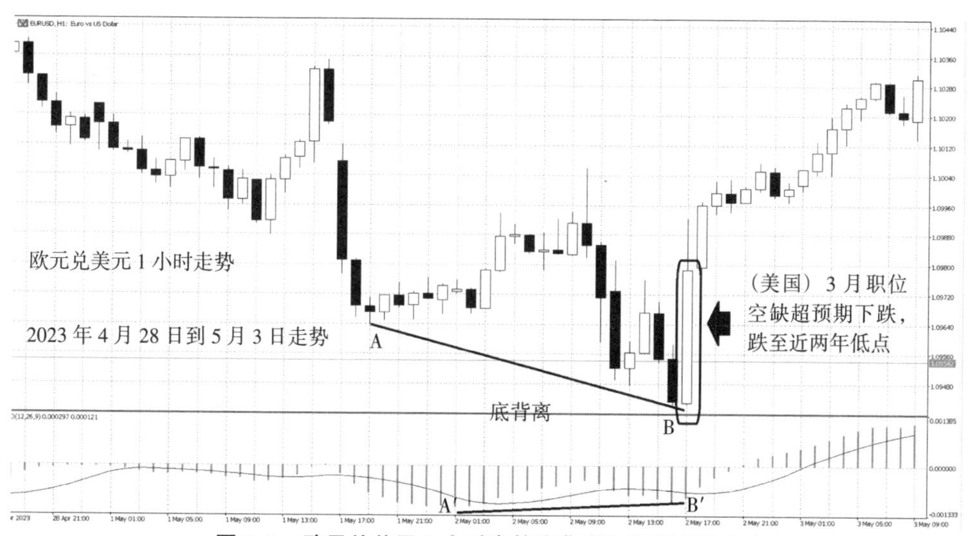

图 8-3　欧元兑美元 1 小时走势底背离与逻辑驱动（3）

资料来源：Metatrader5.0，Forexfactory，DINA。

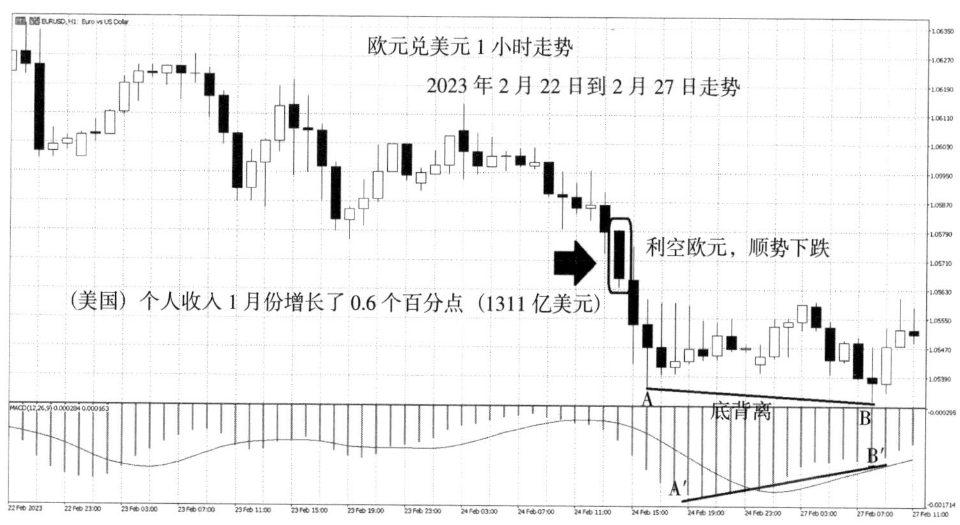

图 8-4　欧元兑美元 1 小时走势底背离与逻辑驱动（4）

资料来源：Metatrader5.0，Forexfactory，DINA。

底背离形成后不久（见图 8-5），美国耐用品订单（Durable Goods Orders）下跌了 4.5%，这是反向的新逻辑出来了，利空美元，利多欧元。汇价也有正向表现，拉出一根大阳线。这就是确认了底背离的转势信号。

首次利多逻辑驱动。

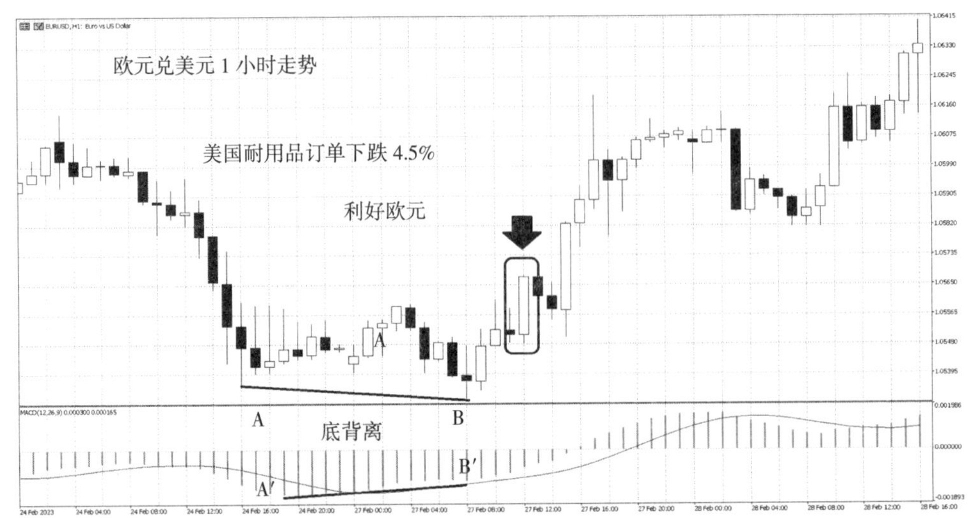

图 8-5　欧元兑美元 1 小时走势底背离与逻辑驱动（5）

资料来源：Metatrader5.0，Forexfactory，DINA。

2023 年 1 月 3 日到 1 月 6 日欧元兑美元 1 小时走势中（见图 8-6），汇价先是上涨，然后受阻于 1.0630 一线，横盘震荡。震荡很长一段时间之后，美国首次申请失业金人数公布，较前一周显著下降，利多美元，利空欧元。欧元兑美元应声下跌，一根大阴线结束盘整。

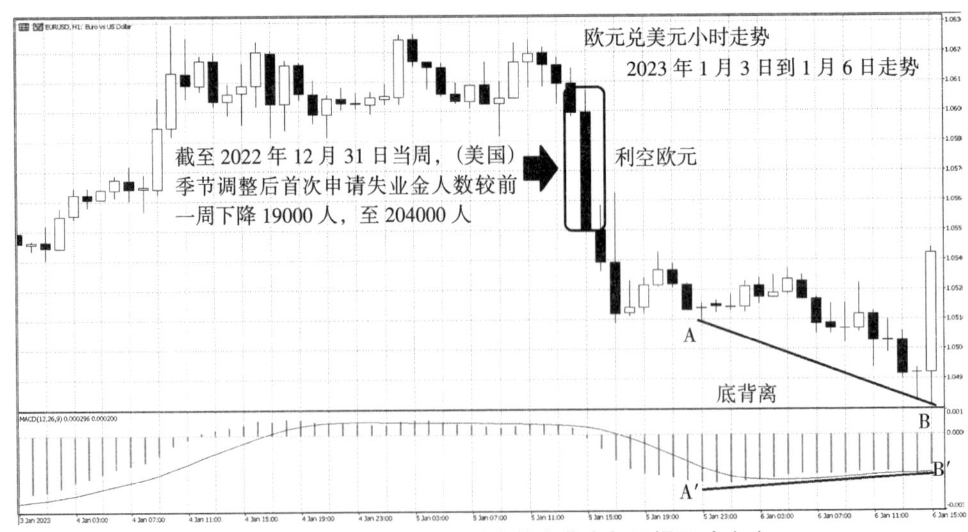

图 8-6　欧元兑美元 1 小时走势底背离与逻辑驱动（6）

资料来源：Metatrader5.0，Forexfactory，DINA。

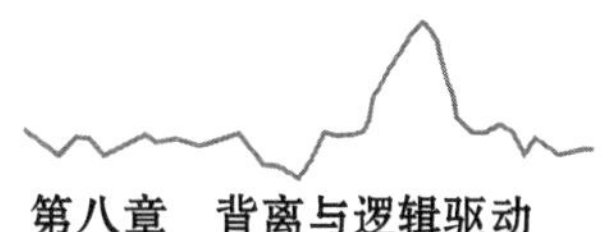

跌到 1.0500 附近形成了一个底背离 ABA′B′，汇价低点 B 低于 A，动量低点 B′高于 A′（见图 8-7），欧元下跌动量衰竭。B 点附近，美国服务业采购经理人指数（PMI）发布，跌破荣枯线 50，跌到了 49.6。其中，分项指数的工厂订单创下新冠疫情以来最大跌幅。消息逻辑上利空美元，利多欧元，欧元兑美元也顺向上涨了。欧元先是下跌动量衰竭，现在又有了上涨的逻辑驱动。此后，欧元兑美元一路上扬。

价格运动是果，逻辑驱动是因。

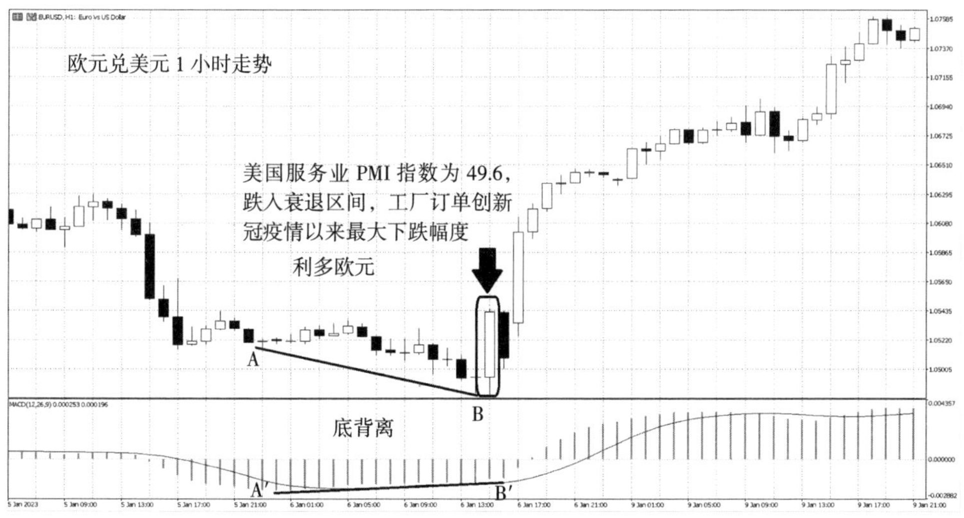

图 8-7　欧元兑美元 1 小时走势底背离与逻辑驱动（7）

资料来源：Metatrader5.0，Forexfactory，DINA。

接着我们来看一些欧元兑美元小时顶背离与逻辑驱动结合的实例。2023 年 6 月 20 日到 6 月 23 日，欧元兑美元先是处于上涨横盘走势中（见图 8-8），然后美联储主席鲍威尔（Powell）宣布以更加温和的方式加息才是合理的，鸽派离场表露无遗。这是利空美元而利多欧元的，欧元兑美元打破盘整格局，一根大阳线上行。

没有逻辑驱动，动量就是无源之水、无本之木。

欧元兑美元上行到 1.0100 整数关口附近有滞涨迹象（见图 8-9），形成了一个顶背离 ABA′B′，其中汇价高点 B

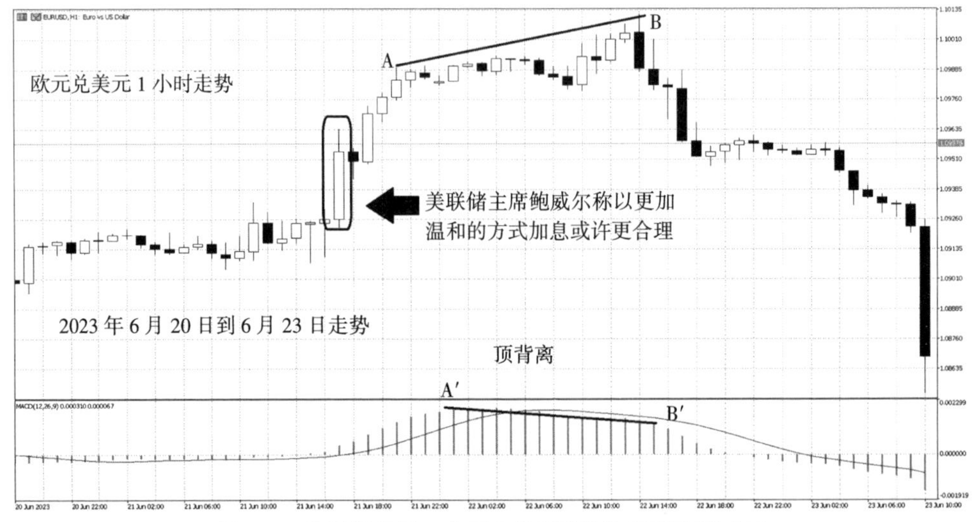

图 8-8 欧元兑美元 1 小时走势顶背离与逻辑驱动（1）

资料来源：Metatrader5.0，Forexfactory，DINA。

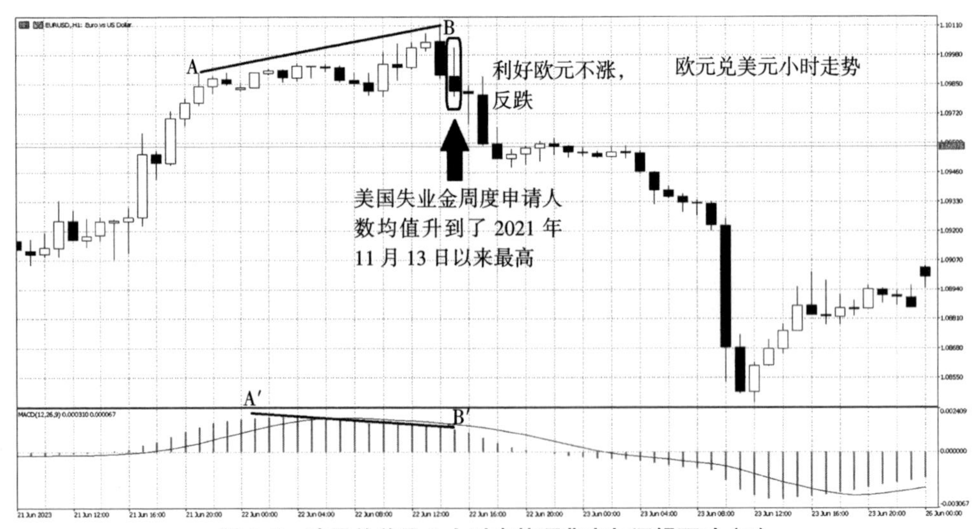

图 8-9 欧元兑美元 1 小时走势顶背离与逻辑驱动（2）

资料来源：Metatrader5.0，Forexfactory，DINA。

利多不涨，是不是背离？这是技术面与基本面的背离。

高于 A，动量高点 B′低于 A′。欧元兑美元的上升动量处于衰竭之中。B 点附近出了一则消息，美国周度失业金申请人数创了 2021 年 11 月 13 日以来的新高（见图 8-10），这对于美国是利空的，对于欧元是利多的，但是汇价冲高

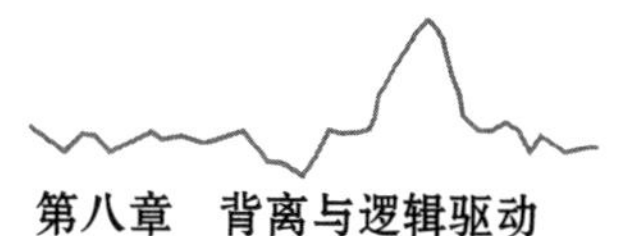

回落，收出一根长上影线的阴线。消息是利多欧元的，但是欧元不涨，反而下跌，这表明欧元上升动量实在太弱了，也可以看成是利好已经兑现了。那么，这就确认了顶背离的看空信号。**技术面有了逻辑的支持，这样才能走得更远。**

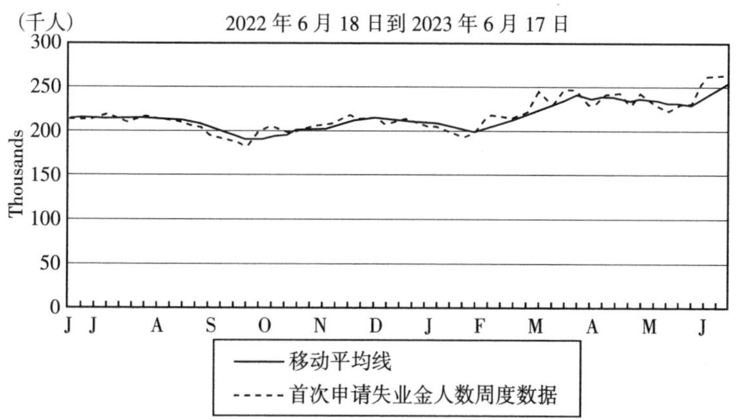

图 8–10　首次申请失业金季节性调整数据

资料来源：美国劳工部，DINA。

2023 年 5 月 31 日到 6 月 5 日，欧元兑美元小时走势中（见图 8–11），汇价上涨后在 1.0688 附近调整，6 月 1 日下午美国公布制造业采购经理人指数（PMI）公布，数值为 46.9，连续七个月处于荣枯线下。数据利空美元，利多欧

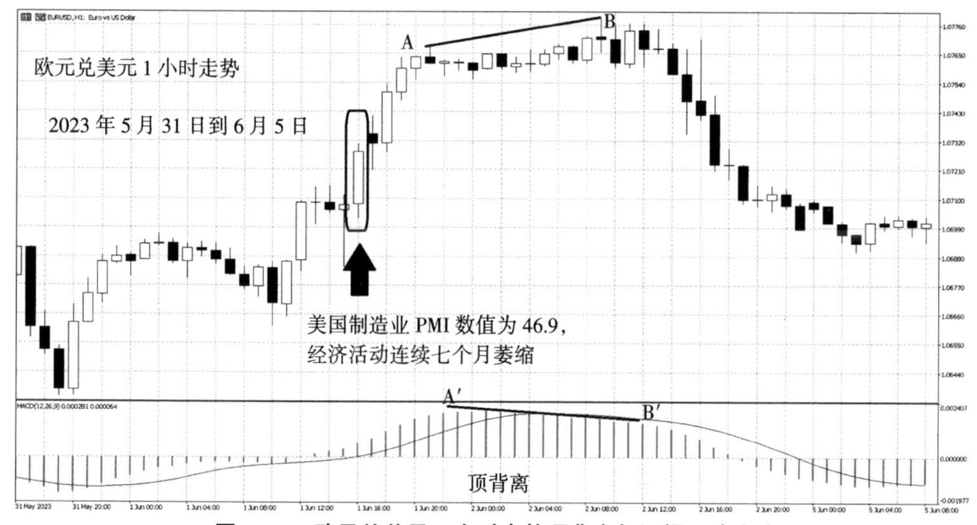

图 8–11　欧元兑美元 1 小时走势顶背离与逻辑驱动（3）

资料来源：Metatrader5.0，Forexfactory，DINA。

元，欧元兑美元拉出一根大阳线。

上行到 1.0765 附近出现滞涨迹象，两个显著高点 A 和 B，其中 B 点高于 A 点。相应的动量指标 MACD 柱线则也形成了两个高点 A′和 B′，其中 B′点低于 A`点。一个顶背离 ABA′B′就形成了，欧元兑美元呈现动量衰竭态势。

美元兑欧元小时走势出现顶背离之后，我们首先是等待技术面确认信号，这是趋势线、斐波那契点位、MACD 柱线穿越零轴等工具的作用；其次是等待基本面确认，这是本章要解决的问题。这是两条思路，可以并行，也可以选择其一。

在本例中，我们专注于寻找基本面的确认信号（见图 8-12）。顶背离出现之后，美国公布是失业率数据 3.7%，上升了 0.3%，这是利空美元，利好欧元的。但是，市场怎么反应呢？欧元不涨反跌，这说明要么是利好已经兑现了，缺乏进一步利好，利好低于预期；要么说明欧元上升动量太弱了，有基本面利好都“扶不上墙”。**该涨不涨，那就下跌。当基本面和技术面背离的时候，你该站在哪一**

对于价值投资者而言，当技术面和基本面背离的时候，肯定是按照基本面行动；对于趋势跟踪交易者而言，当技术面和基本面背离的时候，肯定是按照技术面行动。

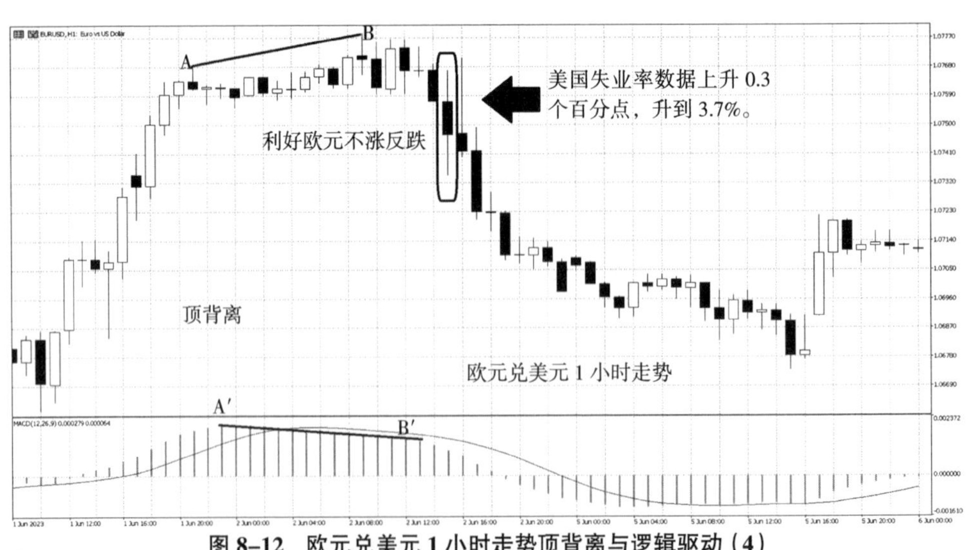

图 8-12　欧元兑美元 1 小时走势顶背离与逻辑驱动（4）

资料来源：Metatrader5.0，Forexfactory，DINA。

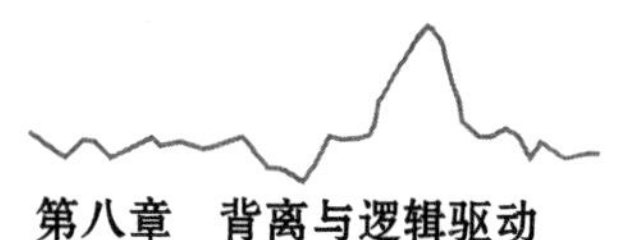

边呢？这个问题值得好好去思量，一定要结合周期和逻辑去分析，没有死板机械的简单答案。

2023 年 4 月 12 日到 4 月 14 日欧元兑美元小时走势中（见图 8-13），汇价逐渐上涨。4 月 13 日下午，美国劳工部公布了首次申请失业金人数，大幅增加，创下了 2022 年 1 月 15 日以来的高点。这个数据是利空美元、利多欧元的，欧元兑美元立即大涨。两根阳线之后，形成了高点 A，然后回调很长时间，然后创出一个新高 B 点。B 点高于 A 点，相应的动量高点 B′低于 A′。ABA′B′形成了一个顶背离结构，上涨动能衰竭。

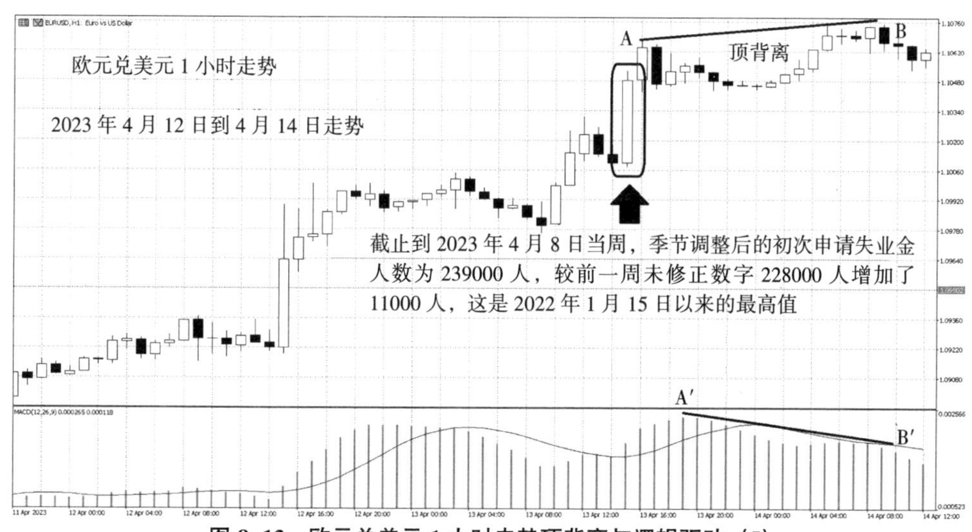

图 8-13　欧元兑美元 1 小时走势顶背离与逻辑驱动（5）

资料来源：Metatrader5.0，Forexfactory，DINA。

顶背离形成后，你可以看情绪，比如 COT 和 IG 情绪指标；也可以看技术过滤指标，比如上升趋势线是否跌破？附近有没有关键阻力线？当然，我们这里是看存不存在趋势反转的逻辑驱动。

欧元兑美元小时走势上形成顶背离 ABA′B′之后不久，美国公布 2023 年 3 月的零售数据，下跌了 5%（见图 8-14）。消费是美国经济的引擎和先行指标，零售不行，利空美元，利多欧元。但此时，欧元上冲后，小时 K 线收盘大跌，利好不涨，反跌，那么就是利好完全兑现或者上升动量太过孱弱了。这就是做空的信号，后面持续下跌。

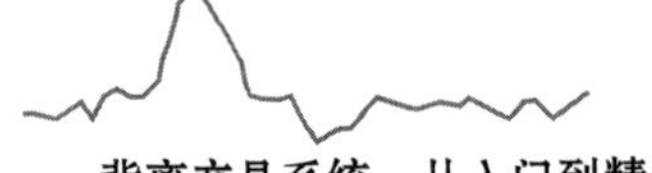

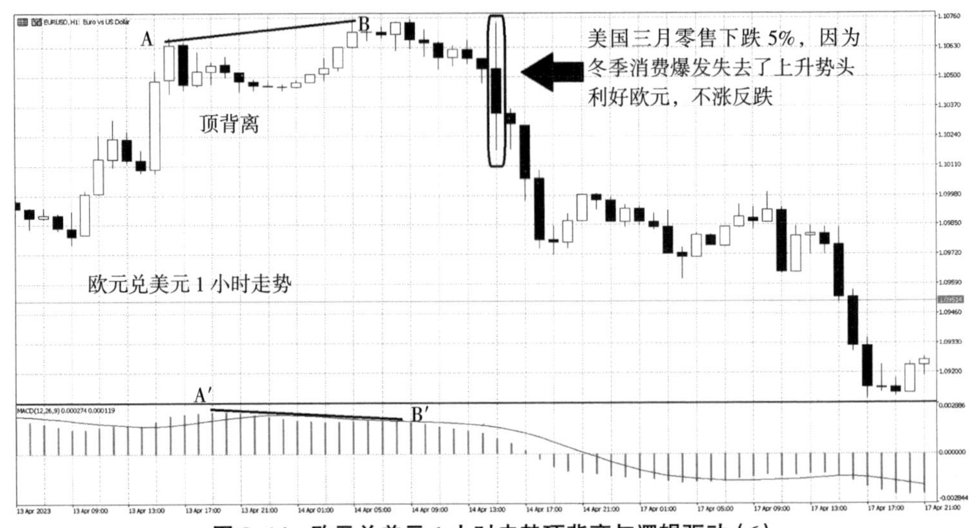

图 8-14　欧元兑美元 1 小时走势顶背离与逻辑驱动（6）

资料来源：Metatrader5.0，Forexfactory，DINA。

> 2012 年在国内做股指期货 IF 合约的时候，我（宁建一）也经常在 PMI 发布的时候，在一分钟 K 线上操作，所以逻辑驱动也可以作为进场信号。

接下来我们看下其他几个直盘货币对上通过逻辑驱动确认背离的一些例子。首先是美元兑瑞郎 1 小时走势底背离与逻辑驱动。

2023 年 3 月 8 日到 3 月 16 日美元兑瑞郎 1 小时走势上（见图 8-15），汇价持续下跌。3 月 10 日下午，美国失业率公布，上升了 3.6%，这是利空美元的，反过来就是利多瑞郎的。美元兑瑞郎顺势下跌，这表明市场还在吸收这一信息，利空在消化中，下跌动量还充足。

利空消息发布时形成了一个低点 A，此后持续下跌，跌到了 B 点，一根十字星线。汇价低点 A 和 B，与动量低点 A′和 B′形成了一个底背离 ABA′B′。美元兑瑞郎下跌动量衰竭了，那么能不能转势呢？我们寻求基本面的线索。严格来讲是基本面与技术面的结合，看市场对数据和消息的反应。

美元兑瑞郎形成底背离 ABA′B′之后（见图 8-16），汇价从 B 点回升不高就开始小阴小阳线地窄幅波动，直到 3 月 14 日下午美国公布 2 月消费者物价指数，上升了

0.4%，温和通胀，表明美国经济处于复苏轨道上，利好美元。转势向上的逻辑驱动有了，上升动量有了根基。此后，汇价逐渐脱离底部，持续上涨。

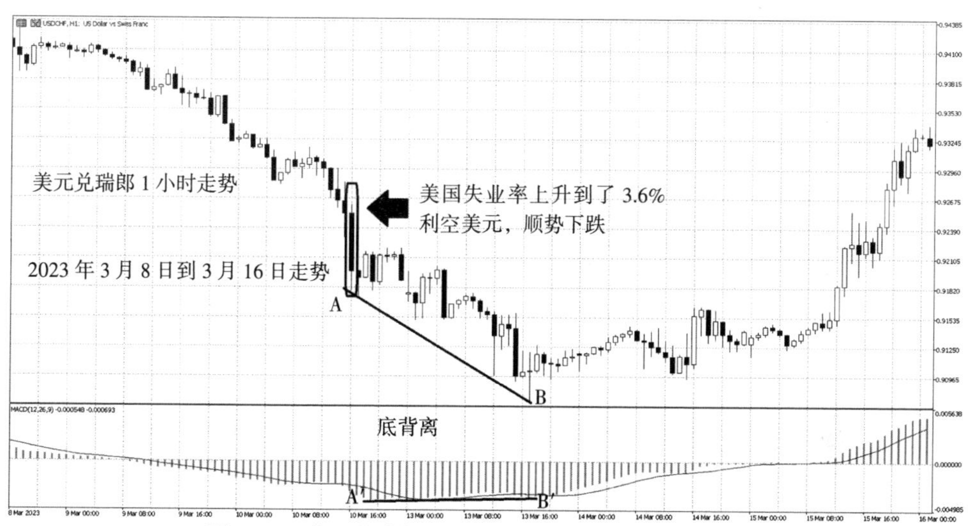

图 8-15　美元兑瑞郎 1 小时走势底背离与逻辑驱动（1）

资料来源：Metatrader5.0，Forexfactory，DINA。

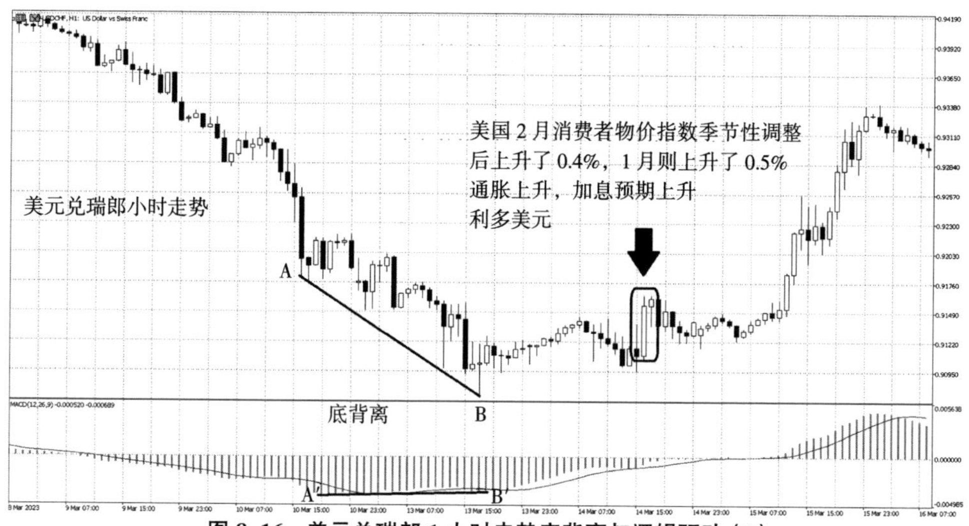

图 8-16　美元兑瑞郎 1 小时走势底背离与逻辑驱动（2）

资料来源：Metatrader5.0，Forexfactory，DINA。

其次是美元兑瑞郎 1 小时走势中的顶背离与逻辑驱动。美元兑瑞郎 2023 年 7 月 18 日到 7 月 25 日的 1 小时 K 线走势中（见图 8-17），汇价先是长时间横盘震荡，然后快速拉升到 0.8700 附近形成了一个顶背离 ABA′B′。其间有一个关键

核心是什么？把汇价走势与重要的基本面消息结合起来看，逻辑和情绪就通透了。按照魏老师的说法，背离是一种结构，而结构必须放在逻辑和周期中才能够搞清楚。

细节，也就是 AB 之间有一个回调低点 C。汇价跌到 C 点附近的时候，美国服务业数据比较差，这是利空美元，但是美元见利空不跌，那么就会往上走。利空数据下，美元兑瑞郎不跌，转而上涨到 B 点。

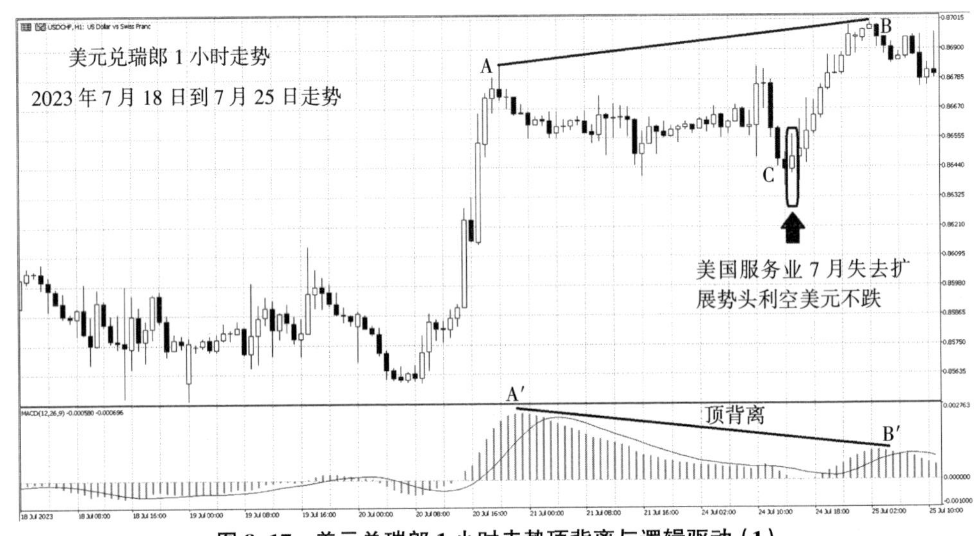

图 8-17 美元兑瑞郎 1 小时走势顶背离与逻辑驱动（1）

资料来源：Metatrader5.0，Forexfactory，DINA。

市场对逻辑的反应体现了情绪周期。市场结构与情绪周期，结合逻辑驱动，我们的背离交易就神形兼具了。

美元兑瑞郎 1 小时走势中出现顶背离 ABA′B 之后，我们等待逻辑驱动因子来确认。7 月 25 日下午，美国消费者信心指数公布，数值上升了。市场此刻如何反应呢(见图 8-18)？数据利好美元，但是美元大跌。这就是利好不涨反跌了，后续走势就是继续下跌了。这就确认了趋势转而向下了。顶背离告诉我们上升趋势可能结束了，逻辑驱动告诉我们向下趋势开始了。

英镑兑美元是投机客不可或缺的交易对象。来看英镑兑美元小时走势中的底背离与逻辑驱动。2023 年 6 月 22 日到 6 月 30 日的英镑兑美元 1 小时走势中，汇价长期宽幅震荡后终于下跌（见图 8-19）。暴跌后形成了低点 A，接下来汇价反弹。6 月 29 日中午，美国公布首次申请失业金人数，大幅下降，数据利好美元。反过来就是利空英镑兑美元汇率了，汇价大跌，形成了低点B。

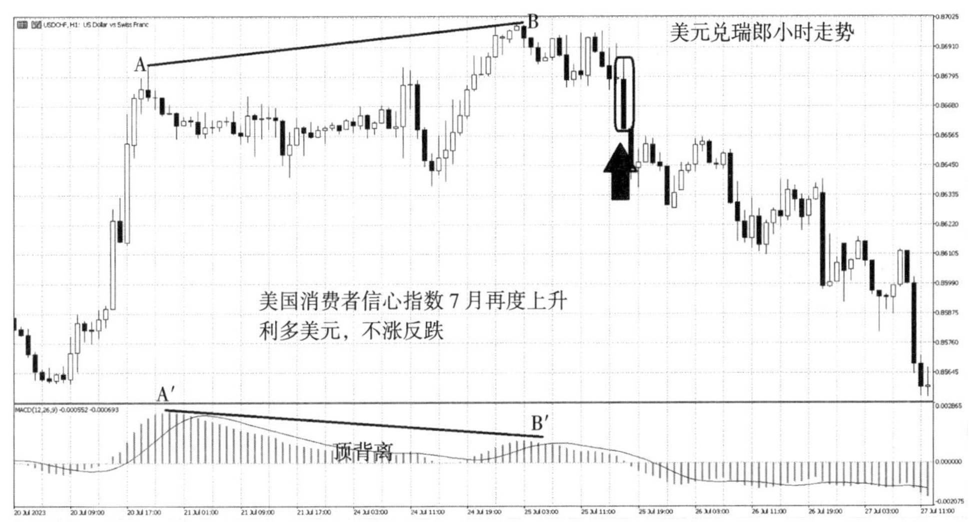

图8-18　美元兑瑞郎1小时走势顶背离与逻辑驱动（2）

资料来源：Metatrader5.0，Forexfactory，DINA。

图8-19　英镑兑美元1小时走势底背离与逻辑驱动（1）

资料来源：Metatrader5.0，Forexfactory，DINA。

汇价低点B低于A，相应的动量指标MACD柱线低点B′低于A′。一个标准的（常规）底背离ABA′B′形成了。

英镑兑美元形成了底背离，表明下跌动量衰竭了。那么，转势向上的信号出现了吗？低位窄幅整理后，6 月 29 日晚上由于中国经济数据下滑，带动日元下跌，美元兑日元飙升到了 7 个半月以来的新高，美元整体走强。但是，英镑并未跟随日元大跌，而是小幅上涨，不再像此前那般弱势。截面动量来看，英镑不弱了。该跌不跌，那就是要上涨了（见图 8–20）。此处的判断用到了中国和日本经济数据的逻辑驱动，但更多是用到了截面动量。底背离属于时序动量减弱，而截面动量则进一步验证了动量反转。

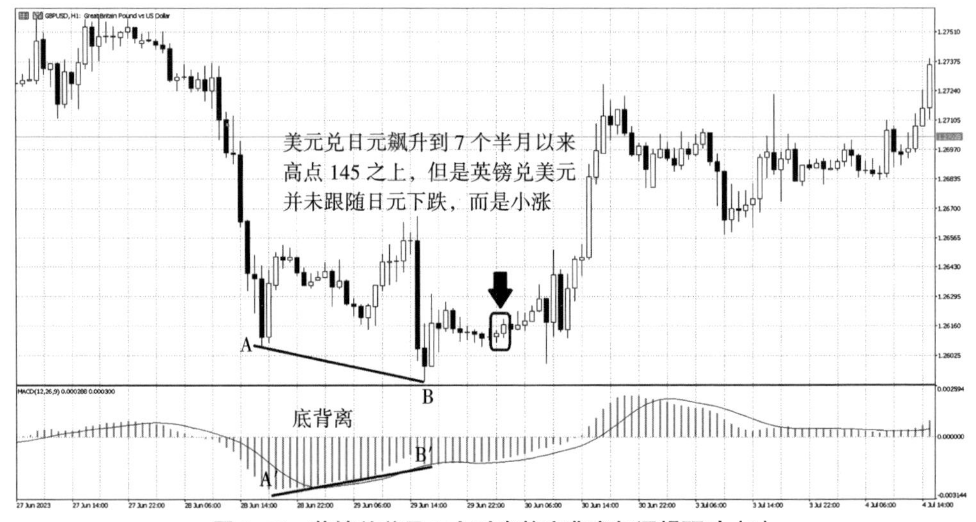

图 8–20　英镑兑美元 1 小时走势底背离与逻辑驱动（2）

资料来源：Metatrader5.0，Forexfactory，DINA。

再次是一个英镑兑美元 1 小时走势顶背离与逻辑驱动的案例（见图 8–21）。2023 年 5 月 30 日到 6 月 2 日的英镑兑美元小时走势中，汇价从 1.2360 附近上涨。6 月 1 日，美国制造业采购经理人指数（PMI）公布，继续下滑，利空美元，利多英镑。汇价上涨，但是很快在 1.2540 附近滞涨，形成了高点 A 和 B。MACD 柱线形成相应的高点 A′和 B′，一个顶背离 ABA′B′形成了。

顶背离形成后，我们等待逻辑驱动的转势确认信号（见图 8–22）。6 月 2 日中午，美国 5 月就业数据公布，大增，利多美元。英镑兑美元应声下跌，确认了转势向下的信号。刚好也跌破了 AB 间低点，技术上也恰好是进场做空点。

图 8-21　英镑兑美元 1 小时走势顶背离与逻辑驱动（1）

资料来源：Metatrader5.0，Forexfactory，DINA。

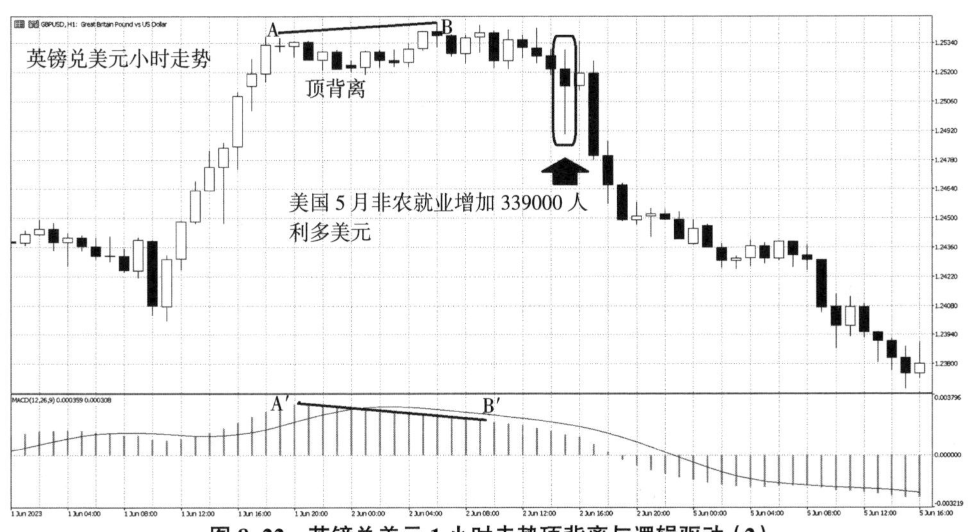

图 8-22　英镑兑美元 1 小时走势顶背离与逻辑驱动（2）

资料来源：Metatrader5.0，Forexfactory，DINA。

最后是利用逻辑驱动确认美元兑日元 1 小时走势背离的两个实例。第一个是美元兑日元 1 小时走势底背离与逻辑驱动的例子，2022 年 4 月 3 日到 4 月 5 日美元兑日元小时走势（见图 8-23）中，汇价震荡下跌。

4 月 4 日下午美国 2 月职位空缺数据公布，大幅下降，显示就业市场景气度下降，利空美元，美元兑日元顺势下跌。

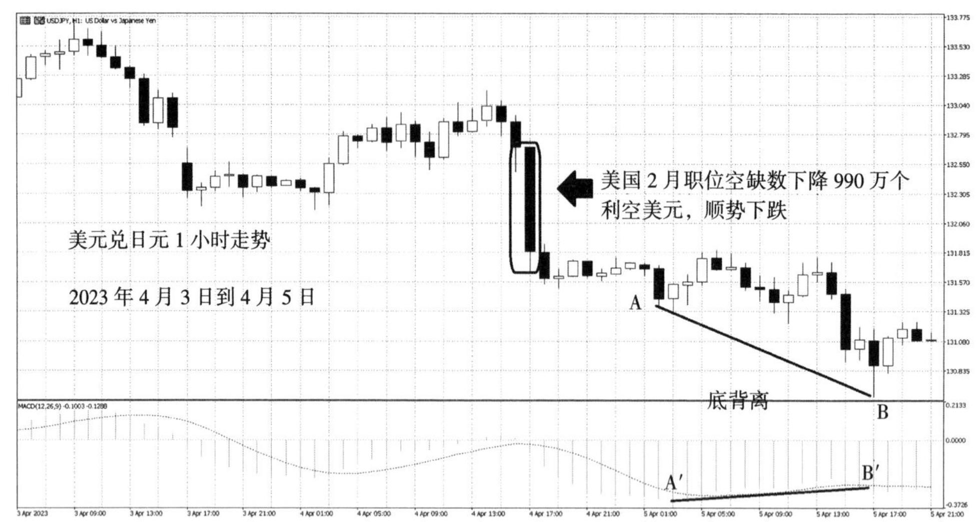

图 8-23　美元兑日元 1 小时走势底背离与逻辑驱动（1）

资料来源：Metatrader5.0，Forexfactory，DINA。

暴跌之后，汇价处于震荡下行走势中，先后形成了低点 A 和 B。汇价低点 A 和 B，与动量低点 A′和 B′形成了底背离结构 ABA′B′。

B 点附近美国 3 月服务业采购经理人指数（PMI）公布，连续三个月位于荣枯线 50 以上（见图 8-24），利好美元。汇价正向反应，上涨，这就确认了转势向上。

图 8-24　美元兑日元 1 小时走势底背离与逻辑驱动（2）

资料来源：Metatrader5.0，Forexfactory，DINA。

第二个是美元兑日元 1 小时走势顶背离与逻辑驱动的实例（见图 8-25）。2023 年 3 月 20 日到 3 月 22 日，美元兑日元 1 小时走势中，低位震荡中美国相关当局宣布正在研究给银行业兜底的所有可行措施，对当时处于破产危机中的中小银行业注入了一剂强心针，利好美元。美元兑日元摆脱低位，向上爬升。在 132.80 附近形成了两个高点 A 和 B，与相应的动量高点 A′和 B′构成了一个顶背离 ABA′B′。

图 8-25　美元兑日元 1 小时走势顶背离与逻辑驱动（1）

资料来源：Metatrader5.0，Forexfactory，DINA。

顶背离之后寻找逻辑驱动确认转势（见图 8-26），3 月 22 日晚上美联储发表声明，态度转为鸽派，利空美元。美元暴跌，这就是确认了此前顶背离提醒的上行动量衰竭。做空美元兑日元的信号出现了。

讲了这么多例子，你可以将其中的原理用在日线走势上，用在 5 分钟走势上。关键是什么？**通过市场对消息的反应来确认逻辑驱动的方向，进而过滤背离信号**。

顶背离之后，利空消息出来，汇价跌了，那就是确认了做空是阻力最小路径。

顶背离之后，利多消息出来了，汇价不涨反跌，也就是确认了做空是阻力最小路径。

底背离之后，利多消息出来，汇价涨了，那就是确认了做多是阻力最小路径。

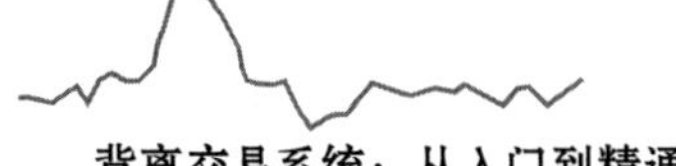

图 8-26　美元兑日元 1 小时走势顶背离与逻辑驱动（2）

资料来源：Metatrader5.0，Forexfactory，DINA。

底背离之后，利空消息出来了，汇价不跌反涨，也就是确认了做多是阻力最小路径。

什么是有效的逻辑？顺着阻力最小路径的逻辑！市场认可的逻辑！消息出来了，汇价顺着消息走，就是市场认可；消息出来了，汇价逆着消息走，就是市场不认可。

逻辑与结构、情绪与结构、逻辑与情绪，大家把这个三角关系弄清楚，做起背离交易来应该是非常顺手的（见图 8-27）。结构包括些什么呢？趋势线、斐波那契点位、超卖和超买、K 线形态、价量关系，等等；情绪包括些什么呢？散户

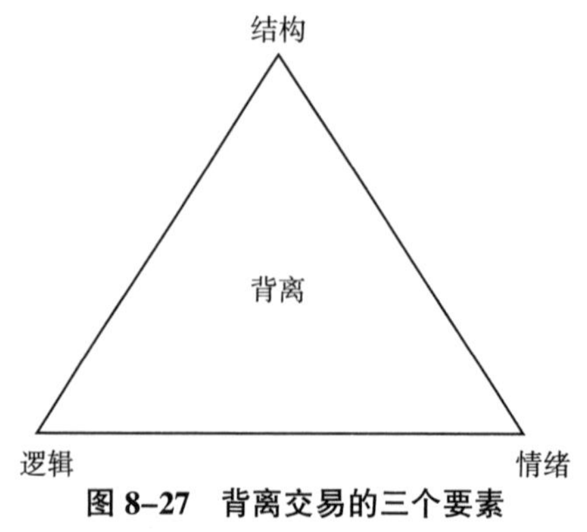

图 8-27　背离交易的三个要素

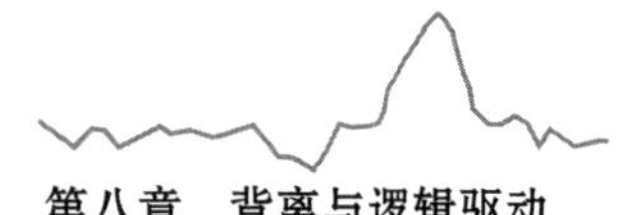

持仓、分析师舆情、外汇期货持仓、外汇期权波动率，等等；逻辑包括些什么呢？重大事件和经济数据，等等。

结构、情绪和逻辑构成了我们背离交易的三大支柱，或者说三个要素。希望大家基于这个三角寻找最佳的背离机会。

第九章　离场的准则和 30 年经验

持而盈之，不如其已。揣而锐之，不可长保。金玉满堂，莫之能守。富贵而骄，自遗其咎。功遂身退，天之道也。

——老子

索罗斯是我见过的最善于认输的人。他丝毫不在乎单笔交易上的盈亏。如果一笔交易并未如预期一样发展，那么他会将希望放在下一笔交易之上。这就好比架子上有许多鞋，选那些适合自己的鞋穿上。如果你足够自信，那么认输离场并不是什么难事。

——斯坦利·德鲁肯米勒（Stanley Druckenmiller）

我很庆幸在 20 多岁的时候就亏了很多钱，那让我在早期就培养起了对市场先生由衷的敬畏，亏钱的痛苦过程迫使我艰难地寻找和建立有用的资金管理工具。交易中最重要的就是风控，任何伟大交易员成功的 90%归因于风控。我是市场中的“机会主义者”，在风险极低同时预期回报极高的前提下，不断尝试，直到这一交易想法被市场证明是错误的。不要执着于现有的仓位，这样才会拥有更宽的视角，作出明智的决策。

——保罗·都铎·琼斯（Paul Tudor Jones）

买卖并不能带来丰厚的利润，只有耐心持仓能够赚到暴利。

——查理·芒格（Charlie Munger）

在交易的早期阶段，我们会花费大量时间和精力去寻找进场点，特别是主观非量化交易者更是如此。在我看来，这是再正常不过的事情了，无可厚非的倾向。毕竟，没有进场点，也就不用考虑出场点问题了，没有进场点也不用思考仓

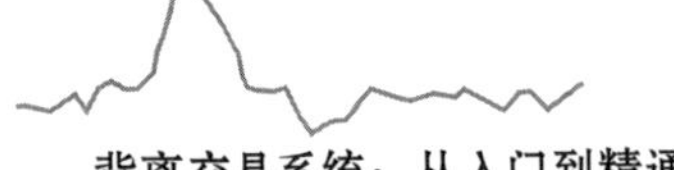

位配置和管理了。我与现在主流的观点存在差别，我认为进场点是出场点的基础，只有进场点选择得好，才能为出场点创造更有利的条件。

但是，我并没有否认出场点才是“终点”，不过进场点是“起点”。就社会现实而言，绝大多数人都无法超越“起点效应”，这是许多纪录片描述的客观现象。

就金融市场而言，绝大多数人也无法超越“进场点效应”。如果你是高频交易或者日内超短线交易，那么与趋势跟踪交易者在起点上的选择就会有很大的不同，这就是我们面临的“进场点效应”。

我有些朋友也会通过一些渠道直接或者间接地参与A股市场，其中有一位特别出众，他的风格是所谓的“打板加主线点火”。有好几回，圈内人一起聚餐的时候，谈到进场和出场孰轻孰重时，他反复强调进场更重要一些，毕竟他是短线出身，自然更加重视进场了。不过，他在离场上也是干净利落，毫不拖泥带水的。

回到我的交易系统上，这套背离策略的核心在于进场点的选择。当市场出现高效的背离信号时，交易者进场建仓，这是非常重要的一步，是“宏大建筑的地基”，是“奠基仪式”。但是，要真正实现“宏大”，还需要“封顶”，这就是交易中的离场。

在前面的部分章节中，比如“布林带背离”当中，我们介绍了一些专门的离场思路，这是大家可以马上结合特殊背离去使用的。现在，我们需要对离场进行补充性的介绍。当然，这些都是我个人的手法和心法，并不是大而全的理论构建。起点再好，没到终点也等于零。开仓的浮盈是“一枕黄粱”，平仓才能“梦想成真”。

我参与交易教学较少，绝大部分时间都与交易实践有关，因此在介绍交易策略上往往都是从个人经验出发，或许会显得狭隘，但确实是我心得体会之言。能成一家之言最好，但是要避免落入门户之见的窠臼。

关于离场，我先说一些看似零碎，但确实是干货的个人经验。我将这八条经验逐一列出，以资参考。

第一，**建仓在“萌芽”，平仓在“热论”**。

第二，利用斐波那契扩展点位作为离场目标。斐波那契扩展点位在艾略特波浪理论以及加特利形态理论当中都有详细的阐释和演绎，可以查看相关的文献材料。

第三，均线反向交叉时离场。

第四，当趋势线被收盘价跌破时离场。

第五，高潮时离场。如何定义高潮？大幅运动后出现高波动率 K 线（宽幅 ATR）、顺向跳空、天量、大幅背离，等等。

第六，在市场情绪最恐慌时寻找空头离场点，在市场情绪最乐观时寻找多头离场点。

第七，在任何情况下都应该加上跟进止损点，这是底线。一个简单的止损就可以将你的交易绩效大幅提高，Kathryn M. Kaminski 和罗闻全（Andrew W. Lo）在 2008 年 5 月发表一篇论文《何时止损规则有效》（*When Do Stop-Loss Rules Stop Losses*）。

这篇论文的研究对象并不是外汇市场，而是研究了 1950 年 1 月至 2004 年 12 月、长达 54 年的美股市场数据。但是，从中得出的数据对于外汇交易也有重要的实际意义。

这篇论文中采用的止损规则是浮动亏损超过 10%的时候离场，卖出股票。这个简单的止损规则，显著地限制了整体损失，产生了更高的回报率。深入分析数据还发现在测试的 54 年，止损分布相对均匀，意味着止损不仅仅是由少数大幅市场下跌触发的。

10%止损属于固定比例止损，更为科学的止损是跟进止损。跟进止损其实是在动态地优化风险报酬率，满足了“截短亏损，让利润奔跑”的黄金法则。跟进止损既解决了亏损情况下的离场，也解决了盈利情况下的离场。

罗闻全（Andrew W. Lo）生于中国香港，1990 年 30 岁时获得麻省理工金融学终身教职，成为麻省理工最年轻的华人终身教授。研究领域包括金融理论、金融信息技术、风险管理、投资组合管理、对冲基金和金融计量经济学，提出了均值—方差—流动性分析框架。他综合利用神经科学、进化论和计量经济学等方法，提出了一个全新的金融市场理论，揭示出投资者如何才能作出正确的金融决定。开创了“生物金融学”，还是对冲基金 Alpha Simplex Group 的创始合伙人。他有三本专著可以看看，中文版的名字为《技术分析简史——市场预测方法的前世今生》《对冲基金：一个分析的视角》《适应性市场》。

这篇论文对 5%~55% 的跟进止损幅度进行了分析和对比，数据来源是 1998 年 1 月到 2009 年 4 月的 OMX 30 指数成份股价格。

Bergsveinn Snorrason 和 Garib Yusupov 在 2009 年的时候发表了一篇重点研究跟进止损的论文《止损规则与买入并持有规则的绩效对比》(*Performance of stop-loss rules vs. buy and hold strategy*)。该论文花了极大的篇幅对固定止损规则和跟进止损规则的绩效进行了比较和分析，结果表明**使用追踪止损策略可以更好地控制损失和提高回报率**。

当交易者面对亏损的恐惧和盈利的希望时，更多地受到恐惧情绪的影响，这一点完全符合前景理论中“损失引起的情绪要比等量的收益引起的情绪更为强烈”的假设。

第八，离场不要受到心理倾向的干扰。当然，这非常难做到，因为当账户资金大幅缩水的时候，几乎没有交易者还能保持情绪稳定并采取最有效的理性行动。亏损的情况下，人都会心旌摇曳。

在外汇和股指交易的早年学徒阶段，我受到了斯蒂文·伯恩斯（Steve Burns）的提携指点，受益良多。因此，本书最后部分我想谈一下他对自己三十多年交易经验的总结以及我个人的一点看法。1991~2021 年，伯恩斯在股票和外汇市场已经整整参与了 30 多年交易，他将自己的六十五条经验写了下来，以飨来者。

第一条为“A trend can go farther and longer than I ever expect”，大意是“趋势会比我预期的幅度更大，持续时间更长”。为什么趋势持续的时间往往会超过大众的预期？有一句流传甚广的话是这样说的：“多头不死，空头不止”，其实可以部分解释背后的原因。

“超预期”往往是因为预期不一致，存分歧，趋势倾向于延续；“不及预期”往往是因为预期高度一致，趋势容易反转，容易出现背离。这套原理不仅在外汇市场用处大，在股票市场无论是美股还是 A 股都大有用武之地。

下跌趋势中，如果看多的人仍旧不少，意味着市场仍旧处于分歧之中，分歧则趋势继续。大众预期存在分歧，则趋势继续；大众分歧高度一致，则趋势反转或者停止。

背离为什么往往与趋势反转携手出现呢？**背离与空头陷阱或者多头陷阱关系密切，假突破往往导致了高度一致的预期**，预期市场将继续此前的趋势，该上车的人都已经上车了，后继乏力，推车的人少了。

第二条为“The best traders are open-minded and flexi-

ble in their trades”，大意是“最优秀的交易者对待交易持开放心态，更具灵活性”。

“海龟交易法”讲破位进场，“海龟汤交易法”讲败位进场，前者顺着突破方向建仓，后者利用假突破建仓。能不能将两者结合起来使用呢？这就需要相当程度的开放度和灵活性。

背离交易者喜欢寻找顶部和底部，这与趋势跟踪交易者有很大的思路差别。我在这点上也纠结了很久，毕竟趋势跟踪是主流，是绝大多数赢家的思路，我选择走了一条少有人走的路，如何兼顾特立独行与和光同尘呢？背离交易法看似有悖于主流思路，但我们要从实践出发，不要让先入为主的偏见限制了我们。

第三条为“For most traders less trades is better than more trades，focus only on the best setups and oppertunities”，大意为“就绝大多数交易者而言，最好的做法是少交易，仅仅专注于最好的机会”。

厚积而薄发，先做加法，后做减法。为什么这么多策略当中，我对背离交易如此钟爱？并非我只研究了这类方法，而是因为在大量学习和实践之后，它脱颖而出。所谓“由博返约”，前提还是一个“广采博收”。

外汇顺势跟踪策略我也做过许多研究和尝试，但总感觉缺点明显，因为外汇波动的反复性较强。这就好比一个大箱体，当价格来到边缘时，我感觉胜算率和风险报酬率要显著高许多，但是如果价格处于箱体之中，方向感就不强，胜算率就不高，风险报酬率也逊色许多。因此，我选择背离交易在极端高点或者低点进入，这就是我开放对待市面上所有现存方法之后的灵活选择。

第四条为“Be opened minded to the potential of new opportunities，inspecting carefully”，大意为“对潜在的新机会持开放心态，保持关注”。

新消息往往导致区间突破或者趋势转折，背离是一种趋势转折，其发生既可能与新消息出现有关，也可能与消息兑现耗尽有关。新闻重于旧闻，新闻与预期的比较是一个关键点。新闻不及预期，叠加背离，你会怎么操作？新闻超过预期，叠加背离，你会怎么操作？背离是形，由形入神才是根本。

第五条为“Price action is the only truth in the financial market”，大意为“价格波动是金融市场唯一事实”。我们做交易，无论是投机，还是投资，盈亏取决于离场点与进场点之间的价差。

价值投资也要离场才能套现，套现就要以报价买卖，无论是大宗交易，还是

二级市场莫不如此，即买卖双方直接磋商，最后盈亏也是按照成交价格来计算的。**没有成交量的价值是无法兑现的**。所以，我认为**价值投资的实现也是基于价格波动和成交量的，否则就无法实现“投资”**。

对于背离交易而言，也可以分析价值。无论是大宗商品的估值，还是外汇和股票的估值，都有一些具体方法。将背离与估值结合起来，在外汇市场也有一些尝试，这个大家可以去研究和实践。外汇估值可以从购买力平价或者利率平价入手，也可以从国际收支去入手，这方面的分析需要一定的经济学基础。对于大多数而言，可能觉得这太麻烦，因此直接从汇率背离信号入手，叠加基本面过滤可能是更加便利的做法。

第六条为“Never add more capital to a trade that is already losing money，that is trend fighting with more size and hope”，大意为“绝不要在已经亏损的头寸上加码，那是逆势而为的莽撞”。在外汇市场中，我们更倾向于采取短线交易，特别是叠加杠杆之后。不带杠杆的交易可以做价值投资，但是一旦交易有了杠杆之后，仓位管理的重要性就特别突出了。

短线交易特别注重动量因子，而非估值因子。哪怕是背离交易，看似捕捉顶底转折点，其实估值的权重并不高，通常情况下是不会考虑的，特别是在外汇市场上。**背离交易捕捉的是“动量衰竭点”**。

动量可以有许多表征方法，比如时序强弱或者横截面强弱等，其实“浮动盈亏”本身也是动量的一种表征方法。有浮盈，而且在扩大，意味着动量加速，可以继续持仓，甚至加码。但如果进场后头寸浮亏，而且亏损在加大，则意味着顺向动量衰竭了，这个时候加码就是完全忽略了动量的作用。

在外汇短线投机中，背离交易与趋势跟踪交易都要特别重视动量，而浮动盈利是动量的一个直观指标，是否加码与动量的变化密切相关，这就是要点。

第七条为“Never enter a trade unless you know where you are getting out with a stop loss，trailing stop，or profit target”，大意为“除非你知道止损点、跟进止损点或者利润目标，否则绝不要进场”。行情分析涉及风险报酬率和胜算率解构，其实就是收益期望值或者概率分布的分析。收益预期与潜在进出场点密切相关，因此分析必然建立在潜在进出场点上。关键的支撑阻力点，如布林带上下轨线等，往往是构建潜在进出场点的基准。

外汇背离交易在构筑进出场点方面有一些特别的优势，如风险报酬率相对较高，因为初始止损点比较容易设置，反转之后行情幅度较大，等等。

第八条为“I prefer end to day stops over hard set stops in the market”，大意为“在金融市场的交易中，我更偏好根据收盘价进行止损，而非当盘中价格触及预设止损单离场”。

除非有重大数据公布，否则尽量根据 K 线收盘价是否突破止损线决定是否止损。伦敦的一些做市商可以查看平台的订单薄，因此经常出现假突破的情况，如 1 小时 K 线盘中突破关键点位，但是 1 小时 K 线的收盘价却未有效突破，这就是故意触发止损挂单的做法。

在关键点位进行“诱导”“试探”是许多金融市场当中大投机者惯用的手法，无论是美股还是 A 股市场当中都有此类伎俩。

第九条为“Volume in the market is like votes being cast at different price levels”，大意为“金融市场中的成交量就好比是对不同价格水平的投票量”。外汇市场中的成交量得到的关注较少，正因为如此我们就更应该关注它。

很早之前，芝加哥期货市场的场内交易者就通过所谓的成交量分布寻找日内交易的关键点位，他们的观点是**成交量分布越少的价位则阻力越小**。不过，在外汇市场中我却存在不同的看法。

在此前的章节当中，我介绍了成交量背离，其实也就是**汇率走势中如果成交量缩小，则意味着动量不足**，趋势不在萎缩成交量这边。

除成交量外，还有挂单分布也应该引起注意，以及持仓分布。许多平台都提供了持仓分布，这可以看成是一个反向指标，因为这些平台上的交易者大多属于“渡边太太”一类的散户投机客。

第十条为“Breakouts usually retest back to old resistance that will be new support”，大意为“价格突破往往会

回测此前的关键水平，被突破并回测的旧阻力因此转换成了新支撑”。支撑和阻力之间会相互转换，这就是市场的“变易之道”。因为突破是必然的，固守是相对的。外汇市场中的区间波动占据了更大的比例，但这个区间也是一段时间之内的波动，拉长时间框架来看，汇率其实是在不断突破关键点位的。

汇率突破关键点位后是否回测既取决于基本面，也取决于技术面。**对于背离交易者而言，汇率突破关键点位失败才是属于自己的交易机会**。更进一步讲，背离交易者等待的是突破后回测表明支撑未能转化成阻力或者阻力未能转换成支撑。

激进的趋势跟踪交易者突破而作，这就是魏老师定义的“破位进场”；稳健的趋势跟踪交易者等待回测成功进场，可以看成是“见位进场”；我们这类背离交易者则会等待回测失败进场，这就是“败位进场”。

我刚开始进入外汇市场的时候，一直秉持“破位进场”，后来又尝试“见位进场”，但是经常被市场戏耍，心态越来越坏。最终，我走上了背离交易这条路，心态好了很多，亏损幅度一来就限制到很小，但是盈利幅度很大。“败位交易”确实让我一来就处于某种优势结构中，胜算率较高，更重要的是风险报酬率更高。

背离交易建立在支撑/阻力相互转换失败的关键点，这种转换失败也是动量衰竭的表征之一，而且能够从成交量看出端倪，因此可以与前述要点结合理解。

第十一条为“A time stop out of a trade not going anywhere can free up capital to trade on better setups”，大意为“设定时间止损可以释放资本来建立更好的头寸”。进场后，标的走势波澜不惊，怎么办?

不平仓可能会造成不小的机会成本，平仓后也许行情就走出来了。其实，如果是短线交易的话，还是需要从动量周期的角度去理解。价格的运动模式存在周期效应，如果现在处于单边走势中，短期内延续概率较大，因此越是持仓时间短的交易越应该在遭遇震荡市时尽早离场。

时间止损这个手段对于持超短线和短线交易的意义很大，对于价值投资者而言意义就很小了。A 股市场上有打板的交易者，他们非常注重时间止损这个原则，**在窗口期内未能出现预期中的强势就必须尽快离场**，因为“低于预期很危险”。

背离交易做的也是基于“预期”展开的，破位是预期，败位是低于预期，那么就需要反向操作了。

第十二条为“The best trades work right from the start”，大意为“最好的交易头寸往往从一开始就表现不错”。一开始就出现浮盈，并且幅度不断扩大的头寸意味着刚好“骑在了动量上”。与趋势为友是一个非常宽泛的原则，就短线交易而言“与动量同行”更具体，更具操作性。

“超预期”是 A 股超短线交易者的核心概念之一，我虽然没有直接参与 A 股，但是与这个圈子当中的人也有不少接触。这一理念与背离交易关系也非常大。当技术面和心理面背离时，要么是超预期，要么是低于预期，这就是交易机会。

如何做到与动量同行呢？从成交量上看是否背离，从浮动盈亏上看是否扩大，从支撑阻力点位上看突破回测情况，从横截面动量看品种的强弱排序，从震荡指标看时序强弱，等等。当然，这些都是同步指标。但是，它们都有不可小觑的效果，因为动量具有延续性，短期内延续的概率大，长期内反转的概率大。

第十三条为“Some of the best trading systems are simple, it is the trader's psychology that creates the biggest edge”，大意为“一些最优秀的交易系统是简洁的，而交易者的心理状态缔造了最大的优势”。

短线交易，无论是外汇，还是股票，都需要讲求效率。这就好比格斗，一个情况有两个动作就足够了，如果备选动作超过了三个以上，那么反应效率就会下降，而且平时摊到每个动作上的训练时间就减少了。

外汇短线交易中，由简入繁是第一个阶段的必经之路，但如果你一直停留在增加要素和指标的做法中，说明你一直在第一个阶段。如果我们真的要想盈利，就必须来到第二个阶段，这就是化繁为简。我的化繁为简就是最终选择了背离交易这种模式，放弃了通常的趋势跟踪做法，以及许许多多的其他各种“花招”。

背离这套东西，我个人非常推崇，很适合刚刚踏入金融交易的新手们作为基础来研习。无论你是做外汇，还是做股票，期货，都可以建立一个基本背离交易框架，然后完善提高。

第一个阶段也许要持续很长时间，但是为了盈利，你必须努力走向第二阶段。某些人的天性会导致其走不出“贪多”的陷阱，永远都在寻找“最完美的指标和策略”，

最终一事无成。如何克服这一陷阱呢？**利用绩效统计进行跟踪，在此基础上定期取舍要素和指标**。

第十四条为“You only need a few technical indicators and price action to trade, more indicators can add confusion”，大意为“你仅仅需要少数技术指标和价格形态，更多的指标只能添乱”。

无论我们处在交易的什么阶段，都需要在利用与探索之间保持平衡——利用已知有效的东西，同时探索新的可能。在这个过程中，我们要去掉那些无效、低效的东西，更为重要的是将有限的资源投入到最有效的东西上。

指标的数量与交易绩效之间存在倒 U 形关系，因此可以将两者的关系划分为两个阶段：第一阶段两者是正相关关系，指标数量增加可以提升交易绩效，但是边际绩效会逐渐降低；第二阶段两者是负相关关系，指标数量增加会导致边际绩效下降。

在形成一个初步有效的交易系统阶段，探索相对利用而言的比例更大，这个时候仓位偏小为主，能想到的指标都应该试验一遍。当交易者已经有一个基本有效的系统之后，利用相对探索的比例更大，这个时候就可以上正常的仓位了，替换和叠加指标的频率都大大降低了。

指标的数量一旦超过某个临界点就会导致绩效下降，这就是我们要精简指标的最大理由。多少指标是合适的呢？可以采用**边际变量法，每段时间只叠加一个新的指标，查看其绩效变化**。如果每段时间叠加的指标太多，就会导致我们无法区分影响因子的来源。

第十五条为“Fundamentals do not equal technical price action, emotions and beliefs drive most price trends”，大意为“基本面不等同于技术面的价格运动，绝大多数价格趋势都是情绪和信念驱动的”。

“三面合一”是交易分析的王道，哪“三面”呢？基本面、心理面和技术面。

基本面通过交易者影响了技术面，因此在技术面和基本面之间存在一个“编译器”，或者说一个“变异系数”。要从基本面推导技术面的变化，绝不是一个简单的机械过程，高手都会叠加一个共识预期和市场情绪的分析。

在本书介绍的背离交易中，我们更多地关注了技术面的因子，不过这是一个“起点配置”，你需要在此基础上叠加基本面和心理面的有效因子。当然，宁缺毋滥，我一般习惯于叠加**“非技术面背离因子”**。

什么是“非技术面背离因子”呢？背离交易者如果发现利好不涨，甚至下跌，或者是利空不跌，甚至上涨，这就是第一类非技术面背离因子；如果市场一致看好，财经媒体和论坛上的舆情都非常乐观，但是价格/汇率不涨，甚至下跌，又或者是市场一致看空，财经媒体和论坛上的舆情都非常悲观，但是价格/汇率不跌，甚至上涨，这就是第二类非技术面背离因子。

单看基本面“不作数”，单看技术面也“不作数”，将基本面和技术面结合起来看，才“作数”。

如果技术面背离出现的同时又具备“非技术面背离因子”，那么趋势反转的概率就非常大了。

情绪可以直接观察，如通过媒体舆情来分析，这个有人力浏览的方法，也可以通过爬虫和情绪分析算法来解决，还可以通过直接观察多空仓位的方法。当然，还可以通过观察市场对消息的反应来间接获得，这就是“非技术面背离因子”的作用。

第十六条为“The economy and the financial market are two very different things”，大意为“经济和金融市场存在非常大的差异，并不一致”。外汇市场的走势与宏观经济变化存在关系，这种关系并不是简单的一一对应关系，两者的系数关系变化主要取决于情绪和资金的放大器效应。

更为重要的是两者有不同层级的对应关系：经济的大趋势对应外汇市场的大趋势；经济的中趋势对应外汇市场

的中趋势；经济的事件和数据对应外汇市场的日常波动。

因此，日线上的背离交易要看大趋势和中趋势，小时图上的背离交易者则要看中趋势和日常波动，5分钟走势图上的背离交易者则要看日常波动为主了。

什么时间框架上交易，就要比照这个层级相应的基本面变化，兼顾一下更上一层级即可。

第十七条为“Trade smaller during losing streaks and bigger during winning streaks”，大意为“亏损的头寸要减仓，盈利的头寸要加仓”。背离交易的基本原则还是顺应趋势，不过是倾向于在趋势开始阶段介入而已，这样的话初始止损的幅度就很容易控制，直接效果就是提高了风险调整后的报酬率。

对于背离交易而言，收盘创新高意味着空头头寸要止损，这是初始止损；收盘创新低意味着多头头寸要止损，这也是初始止损。顺着行情顺向发展，你还需要跟进止损，让盈亏比/风险报酬率朝着有利于自己的方向动态调整，这就是“占据主动”或者“先立于不败之地”。

头寸可以在市场反向运动的时候，分批出场，这就是减仓。对于背离交易而言，如果头寸足够大，则可以在反向突破止损后分批出场，但是出场点之间的间隔不能太大。

背离进场后，如果市场顺向发展的话，则是利用复利原理的好时机。**要想暴利，就要利用复利原理**。第一个是持续将资金投入到新的机会中获利，这就是多个机会的复利叠加；第二个是持续将资金投入到同一个发展机会中获利，这就是单个机会的复利叠加，也就是浮盈后加码的操作。

趋势投机的复利孳息是通过浮盈后加仓实现的；价值投资的复利孳息是通过成长企业自身再投资实现的。

背离交易进场后，有了浮盈，如果是日线级别的操作，那么就应该适时加码。如果是日内操作，则加码一般风险增大，因为日内反杀的概率较大。

第十八条为"Self destruction starts when a trader refuses to accept being wrong about a trade"，大意为"当一个交易者在错误头寸上拒不认错时，自我毁灭之路就开启了"。**人生不认错，那就是亏一生，交易不认错，那就只要爆仓终局了**。

许多产业界的大佬，都是**反复试探，错了及时止损，对了复制扩**张，在这种思路下建立了庞大的帝国。这与许多人设想的完全不一样，大多数人都认为成功是计划出来的，其实是试探出来的。

将"截短亏损，让利润奔腾"其实就是现在所谓的"精益创业"（Lean Startup）。

第十九条为"The bigger the position size，the louder your emotions will be"，大意为"**持有的仓位越重，则情绪波动就越强**"。仓位会影响情绪，进而影响决策。简单粗暴来讲，**仓位影响决策。在策略的探索阶段，在不影响测试效果的情况下尽量最轻**。在策略的利用阶段，遵循凯利公式的基本原理进行仓位管理，可以平衡风险的情况下最大化收益。当然，我从不是机械地计算仓位，而是借助于长期经验来判断。

仓位被决策限定，决策也被仓位干扰。决策和仓位是相互影响，双方反馈的。

背离交易抓的是引爆点和临界点，**在泾渭分明的临界点上我们心理上的优势要强一些**，仓位的影响被部分抵消了。情况越是胶着，则情绪越容易受到仓位的影响，而背离交易抓的是显著临界点，**交易机会要少很多，给了交易者更多空仓放松的机会**。

第二十条为"Self confidence comes over time as you prove your system is valid and that you are disciplined in following it"，大意为"自信伴随着你的系统持续得到市场证明而增强，从而也增加你恪守策略的纪律性"。盲目的自信经不起风吹雨打，经不起挫折和干扰，外强中干。在前期阶段，盲目自信会导致漠视经验和轻视练习，迷信天赋和高估能力。在连续挫折之后，则会导致深深的自我

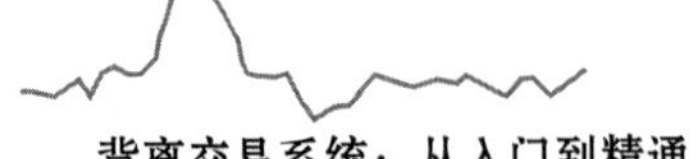

怀疑。

盲目自信是温室里面的花朵，未经淬炼的东西也不具有实际价值。一开始就对自己的策略和能力抱有不切实际的估计，极大阻碍了进步。交易的纪律与交易的绩效是相辅相成的。哪怕“大奖章”这种大神级别的全自动交易系统在遭遇重创时也会被西蒙斯暂停，这不正说明铁的纪律在面对绩效大崩溃时毫无制约力吗?

纪律和信心都源于策略的持续优异表现，这个“持续”是需要时间累积的，累积越长则信心越强，纪律也越严明。

你能不能坚持背离交易的纪律，对自己的策略有没有信心，这些都不是凭空产生的，也不能强行“摁上去”，需要策略自己来证明和累积。

第二十一条为“Focus on just making one good trade at a time”，大意为“专注于一次做好一笔交易”。外汇上的操作还是以直盘为主，这是我个人的习惯。交叉盘波动较大，但是点差也高，因为流动性要差许多。为什么一开始要限制开仓的品种数量呢？这也是逼迫自己提高分析能力。如果一来就允许自己同时介入多个品种，甚至每个品种都同时持仓，只会降低分析和决策的质量要求，对于磨练和提高自己是有害的。

当你要求自己选择短期内波动最大的品种时，则相当于有一个明确的绩效要求或者说 KPI 考核。每次只做一笔交易，则必然要求尽量选择最好的一笔交易来进行。

最大限度提高决策质量，这是一次一笔交易带来的好处之一。第二个好处是可以规避周期性出现的震荡行情。单边行情往往一次进场就能抓住，而震荡行情就进场次数越多，止损越多。因此，降低操作频率可以减少在震荡行情阶段的止损次数，保存实力。

背离交易其实在这方面有先天的优势。首先，背离信号出现的频率较低，特别是在日线上，一段时间往往只有一个交易信号出现。其次，背离追求趋势起点的高胜算和高回报率机会，有助于提高交易绩效。

第二十二条为“Breaking your own trading rules can be expensive”，大意为“违背自己交易规则的代价是高昂的”。策略距离量化越远，则检验和迭代起来就困难。没有规矩，无以成方圆，没有规则的交易也无法被证伪和提高。在本书中，我清晰地描述了与背离直接或者间接相关的各种交易规则，你可以在此基础

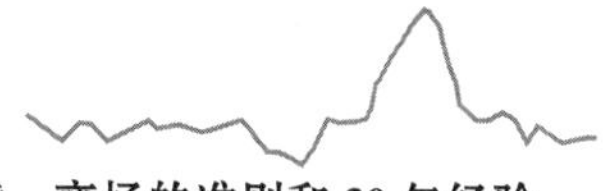

上建立起自己的背离交易系统或者将背离作为过滤信号加入到自己既有的系统中。

有了规则，就可以进行科学的检验了，但前提是你不能在检验过程中不断变换自己的规则，否则你得到的检验结论就是片面的。无法科学地检验自己的交易系统，这对于交易者而言是最危险的。**违背交易规则带来的亏损是直接和眼前的损失，长远来讲就是找不到盈利之道，这才是真正的大损失**。

这错路是短期的损失，找不到正确的路才是长期的损失。

背离的定义是背离交易策略的基础，你所有的交易规则都是以这个定义为前提的，是采用标准动量背离的定义，还是布林带背离的定义，这是你需要在制定策略规则的时候考虑的首要问题。

规则最好是能够用语言文字或者程序代码写下来，写得出来，没有灰白地带，程序或者第三人可以听令而行，毫无疑问，这才是有效的规则。

第二十三条为“Taking the positions in the market which are located in the path of least resistance during the majority of the time”，大意为“持有多数时候位于最小阻力路径的头寸”。什么是最小路径？基本面分析者有一套说法，技术面分析者有另一套说法。作为背离交易者，我们应该怎么去定义和预判最小路径呢？

背离的着眼点是动量衰竭，动量衰竭说明这个方向上的阻力在增加。市场就两个方向，要么上涨，要么下跌，摇摆不定的震荡走势其实就是在这两个方向上的迅速变化而已。阴阳就是零和一，就是现在计算机科学二进制的根基，但是阴阳之变不可胜数。

阻力最小路径是一个饱含“哲学意味”的模糊词汇，许多所谓的高手都谈过这个问题，但如何量化，如何落地，如何有可操作性却很少有人说透。这块东西，要么就是懂的人不愿意说，不懂的人张口胡说，越讲越迷糊。听得头头是道，临盘却无从下手。

在上涨方向的动量衰竭了，顶背离出现了，说明这个方向上的阻力在逐步变大，那么向上就不是阻力最小路径了。在下跌方向的动量衰竭了，底背离出现了，说明这个

方向上的阻力在逐步变大，那么向下就不是阻力最小路径了。

背离时从动量大小的角度去定义阻力最小路径的，这是我个人的看法。如果你要分析外汇的基本面，**从基本面角度如何定义阻力最小路径呢？我习惯于从利差预期去分析**。在 RISK-ON 的市场当中，利差扩大的货币对，其阻力最小方向是上涨；在 RISK-OFF 的市场当中，利差扩大的货币对的阻力最小方向是下跌。利差和风向偏好两者综合起来就可以看出阻力最小方向是向上还是向下，这个方法不仅我在用，而且《顺势而为：外汇交易中的道氏理论》一书的思路，其实也基本是这样。

现在简单梳理一下上面的思路：**从基本面看阻力最小路径，就是看利差预期和风向偏好；从技术面看阻力最小路径，就是看动量衰竭**，比如从 MACD 柱线变化可以看出动量变化。

那么能不能从市场情绪或者心理层面去分析和预判阻力最小路径呢？

魏老师的总结很好——**“行情在分歧中延续，在一致中结束”**。怎么理解呢？我个人经验是如果市场上涨，舆情或者持仓并没有显著的一边倒地看多，有继续看多的，有保持怀疑而空仓的，有坚决做空的，这种情况下继续上涨就是阻力最小路径。如果市场下跌，舆情或者持仓没有显著一边倒地看空，有继续看空的，有谨慎的，有坚决做多的，这种情况下继续下跌就是阻力最小路径。

分歧则延续，一致则回调或者反转。

什么叫一致呢？上涨中，整个市场都洋溢在乐观上涨的普遍情绪，这就是一致了，顶背离就可能出现了，市场阻力最小路径可能就是下跌了。下跌中，整个市场都沉浸在极度悲观的普遍情绪，这就是一致了，底背离可能出现了，市场阻力最小路径可能就是上涨了。

如何从三个层面去剖析阻力最小路径，思路我已经清清楚楚、明明白白地教给大家了，我这里不讲模棱两可的话，都是可以落地运用的。

第二十四条为“The faster you admit you were wrong about a trade, the smaller the loss will be”，大意为**“认错越快，损失越小”**。不愿意认错，不代表你没有错。不能因为不愿犯错，而不愿认错。犯错是损失，认错就是降低损失。

认错速度和反思效率决定成长速度！

犯错了但不认错，就意味着损失会不断扩大。有些人说做实业不像做金融交易，但其实道理都是一致的。如何试探，如何认错，如何加码，做生意，做人，做金融，都是一个道路和成功套路。

硅谷流传了一套很好的创业心法和流程，简称为“精益创业”，里面的精髓在于利用“轻仓”（最小可行产品）进行试探，有问题就改进和止损，有效果就复制和推广，这就是加码嘛！

生物进化其实也是这个路数，或者说“算法”。变异就是试探嘛，复制就是加码嘛！对不对？所以，无论你是做实业，还是做金融，只要你是一个生命体，那么都要按照这个原则和策略才能做到适者生存，优胜劣汰的。现在讲“进化算法”，其实核心就是这些。

第二十五条为“You must limit your total risk exposure of positions at any one time”，大意为“在任何时候你都需要限制你的总风险暴露水平”。有些人说金融高杠杆，分分秒秒爆仓，其实实业又何尝不是如此。现金流是实业的生命线，许多大企业也许在一场债权人的挤兑当中就破产了，昨天还市值上千亿元，今天就可能因为某个事件导致现金流出问题而濒临破产。

外汇交易加不加杠杆，这个涉及风险暴露水平。仓位决定心态，仓位影响决策，这是一个客观影响主观的过程。而总风险暴露水平则是主观影响客观的过程。你在决策的时候没有限制和管理好总风险，风险敞口太大，那么市场稍微波动一点，你就爆仓了，这就是决策不当导致账户爆掉了，这就是主观影响了客观。

背离交易的频率较低，选择的进场点也是风险报酬率较高的，只要限制好总头寸水平，那么风控是比较好做的。所以，对于背离交易而言，确定一个可以接受的最高头寸水平就能把总敞口控制好，把总体风险控制好。

第二十六条为“Trading are more like a beauty contest in the short term and a cash flow contest in the medium run”，大意为“短期内交易是一场审美竞赛，中期内是一场资金流比赛”。藏风聚气，讲的是风水，讲的是人气。外汇市场有事件驱动，有题材催化剂，都是聚集人气的因子而已。在短期内，人气决定了涨跌幅度，但是资金持续流入程度决定了中期的走势。

三根 K 线改变三观，讲的就是人气的不稳定性，因此**人气这个东西可以从分歧和一致角度去解读，但是不可能靠这个去预判大的波段和趋势**。

我小时候父亲会讲一些传统的东西，如《增广贤文》当中的“易涨易落山溪水，一反一复小人心”，其实就是讲人心容易变化，不稳定，一有风吹草动就会翻天覆地的变化。因此，市场舆情容易走极端，而你身在其中就容易被这个氛围牵着走，很被动，很危险。

物极必反，天道来复，背离体现了一种阴阳往复的哲学思维。背离交易不仅有具体的可操作性方法，也有扎实深厚的哲学基础。

背离交易其实非常反人心、反人性，这也是它胜算率和风险报酬率较为理性的一个因素。**审美好到极致了、差到极致了，资金流入或者留出到了一个拐点了，这个时候背离就出现了**。

第二十七条为“Moving averages are my favorite technical indicator because they quantify trends”，大意为“移动平均线是我偏好的技术指标，因为它们量化了趋势”。存在单边趋势的时候，交易者就很容易做到顺势而为，这个时候移动平均线就非常好用。但是如果市况处于震荡走势，则移动平均线就不好用了，这个时候震荡指标反而比较好用。

单边走势中，无论是见位进场还是破位进场，胜算率和风险报酬率都高。但是在震荡走势中，破位交易就是最为忌讳的事情。但问题在于你如何预判市场将要出现单边走势，还是震荡走势呢?

对这个问题的理解有多深，能多大程度上应对这一问题，这就决定了你的功力和道行有多高。

震荡走势要避免加码，单边走势要尽量加码。单边走势加码就是暴利，震荡走势加码就是自杀。

在震荡市也可以用平均线，准确来讲是乖离率。价格距离均线越远，则回调可能性越大。**可以计算乖离率的震荡指标，这样就可以判断出乖离率的反转临界点。这个临界点可以用来增强背离信号的有效性。**

背离交易中怎么用均线呢?第一，用价格与均线的乖离率来过滤背离进场信号；第二，利用均线来管理头寸，无论是跟进止损，还是顺势加码都可以利用它。

如何利用均线顺势加码呢?我通常会将均线与震荡指标结合起来。**顶背离进场做空后，价格在均线之下，每逢震荡指标在高位死叉，就加码做空；底背离进场做多之后，价格在均线之上，每逢震荡指标在低位金叉，则加码做多。**

第二十八条为“A chart patterns best use is to quantify entries and exits in the direction of the momentum”，大意为“图形模式最佳的用处是在动量方向上量化进场点和出场点”。纯粹基本面交易，要加杠杆就存在很大风险，风险难以量化，也就难以风控。

技术背离涉及价格图形和指标两个方面，图形提供了准确的进场点和出场点，这就使风险管理变得相对较为清晰明确。

背离进场后，初始止损可以很好地管理判断失误后的风险。如果头寸逐步盈利，那么跟进止损就需要设定起来，这时图形也能作为很好的离场点设定标准。

第二十九条为“A candlestick pattern just gives better odds of one thing happening over another”，大意为“K线模式仅仅是给出了概率优势”。K线体现了局

部的多空博弈信息，美国股市上的大部分资金都是不看 K 线的，这是一个现实。在外汇市场上，无论是现货保证金交易，还是期货交易，都不能不关注价格线，比如美国棒线和日本 K 线（蜡烛线）。

K 线在实际操作中究竟有多大的价值呢？这个要看你将 K 线置于什么样的位置了。K 线体现了一个动态博弈的轨迹，四个关键价位浓缩了整个博弈过程。

就经验而言，越大时间框架上的 K 线，其预判价值越大，比如日线以上的 K 线。关键点位附近的 K 线，预判价值也很大，比如历史高点或者低点附近的 K 线。

那么，就背离交易而言，K 线的意义在哪里呢？通常而言，流星线等看跌 K 线可以增加顶背离信号的胜算率，蜻蜓点水等看涨 K 线可以增加底背离信号的胜算率。

K 线是珠子，那么用什么“线索”可以穿起这些珠子呢？有人说是“市场逻辑”，有人说是“主力资金”，有人说是“周期”，有人说是“形态结构”……众说纷纭，但**我个人用的是“背离结构”这条线索将所有珠子串联起来，纲举目张，不再迷惘**。

如果你想要基于背离构建整个交易系统，那么就应该用背离来统领一切信息。**高效的背离有什么样的 K 线形态，有什么样的消息面背景，有什么样的指标特征，有什么样的市场氛围和舆情，这些都是你需要搞清楚的。同时，你也要搞清楚失败的背离有什么样的 K 线形态，有什么样的消息面背景，有什么样的指标特征，有什么样的市场氛围和舆情**。

布林带顶背离往往与什么样的 K 线形态一起出现？布林带底背离与什么样的 K 线组合一同出现的频率最高？

第三十条为“Many times a bull market will be lead by the financial sector going higher”，大意为“大多数时候，（股票市场）的牛市将由金融板块引领”。股市有龙头股、龙头板块，中美股市概没能外。外汇市场也有类似的结

在外汇市场中，欧元兑美元往往引领大势。

构，大多数情况下欧元兑美元的汇率走向引领整个市场，但是当重大事件发生时，比如安倍经济学作为题材驱动 2021 年的汇市时，这个时候领头羊就会发生变化。

擒贼先擒王，一段时间之内，外汇市场有一个最主要的矛盾或者说核心逻辑。这个逻辑在什么汇率上，那么这个汇率就是龙头，就是王者，统领一切。这个龙头既是收益最大化的来源，也是此波行情的风向标，它如果呈现颓势，则整个行情就会面临退潮，除非有新的旗帜树起来，否则市场就会进入惨淡期，缺乏波动，自然也就机会匮乏了，加码操作适得其反。

退潮期往往又与背离关系密切，当然一波行情的起点也与背离关系密切，因此我们要关注核心逻辑的“破与立”。背离往往出现在“破”与“立”这两个关键点上，当然这是日线上的关键点，而非日内的技术性小背离。

第三十一条为“The market doesn't know you exist or care about your opinion”，大意为“金融市场并不知道你的存在，也不关心你的意见”。

自恋主义者在金融市场是要吃大亏的。摔大跟头往往都是因为以自我为中心。

在家里你是孩子，大人们围着你转；在组织当中，你是领导，大家围着你转；在婚姻关系当中，你是强势一方，配偶围着你转。交易者很容易将这种主导和控制感带到金融市场中来，这就使“顺势而为”异常困难，风险放大了，利润缩小了，后果要么难看，要么悲惨。

亏损到了临界点，就要及时止损，而不是等到让市场来照顾你，关心你的感受和利益得失。市场是由一群“自利”的人构成的，他们会关心你的利益得失吗？所以，要承担起自己的责任，“在金融市场中要长大成人”，放下“孩子气”。

市场既不会因为你亏损而回头，也不会因为你盈利而反转，它是在运动时朝着多数人亏损的方向前进的。你能

够选择的就是与绝大多数人的一致预期保持距离，他们往往都是具有“孩子气”的人。

“背离”既是一种技术，也是一种“哲学”。什么哲学？关于市场和人性的哲学！你要与人的天性相背离，你要与大多数失败者相背离，你要与阻力最大路径相背离。

背离又是为了什么呢？为了与少数成功者相向而行，与市场阻力最小路径保持一致。背离中有不背离，这就是阴中之阳，水火既济。背离上契易经的阴阳思想，下合黑格尔的辩证法，贯穿人类几千年的文化精髓，这就是我的交易哲学。

放下我执，与市场动量相合，这就是背离交易的根本态度。

分析师再重要也没有进场和出场重要。

第三十二条为“Opinions and predictions are worth nothing. A system with an edge is priceless”，大意为“观点和预测本身毫无价值，一个具有竞争优势的系统才是无价之宝”。

背离交易有没有观点？有没有预测？当然有！

背离交易具有较高的效率是因为它能够给出预判吗？当然不是！

背离交易的价值不是来源于它具有观点和预判，而是因为它具有优势。

任何一个成年人都能够提出自己的观点和预判，但是为什么人生成就却千差万别呢？关键不在于你的观点有多么炫酷，而在于你的竞争优势有多强！

交易者与分析师的差别很大程度上在于后者是“解释性人才”，交易者需要的竞争优势，而非提出独特的观点。如果一个观点被证明不具有实际的竞争优势，那么就应该放弃它或者完善它。背离能够带来竞争优势，我们就应该利用它，如果没有竞争优势，就应该放弃或者改进它。

我们要的竞争优势，在外汇交易中什么能够增加你战胜其他参与者的优势，什么只是增加“谈资”而已？这是每一个外汇交易者都要扪心自问的重点。

竞争理论能够增加你的竞争优势，那就是好理论！竞争策略能够增加你的竞争优势，那就是好策略！除此之外，都是毫无用处的东西，这就是市场进化论的价值取向，我们只有坚持这样的价值观和衡量标准，才能迅速脱颖而出，立于不败之地。

第三十三条为“There are seasonal patterns to the market，understand them”，大意为“金融市场存在季节性模式，交易者要掌握它们”。外汇市场当中也存在显著的时间节律，日内走势的高低点频繁出现在某些特定的时间段，在《外汇短线交易的 24 堂精品课》《外汇狙击手》《外汇交易圣经》等专题中我们都有详细的展开。在年内的月份上，也存在鲜明的季节性规律，比如日元的季节性特征就比较显著。我们可以将季节性等时间节律与背离信号结合起来分析，在关键时点上出现了背离，那么就能进一步增强背离信号的有效性。

可以参考的外汇时间节律专题有：《外汇短线交易的 24 堂精品课》第二十二课“短线交易者不可忽视的大前提：外汇的日内周期性”；《外汇交易圣经》第四章第五节“技术分析之时间分析”和第五章第六节“英镑择时交易法”；《外汇狙击手》第十七章“第 N 张短线皇牌寻找出场点的另类方法”。

第三十四条为“Extremely high short interest on a curreny or a stock can be bullish”，大意为“某只货币或者股票上的做空头寸极大值往往是看涨信号”。Oanda 和 FX-CM 等交易商都提供了客户的外汇持仓情况，国内的金十数据也提供了各大交易平台持仓数据，这些都是可以利用起来观察持仓极大值的工具。打开金十数据进入下列网址：https：//datacenter.jin10.com/reportType/dc_ssi_trends 可以看到如下页面（见图 9-1），但多头持仓或者空头持仓大于 75%或者小于 25%时，可以定义为“头寸极端值”，这个时候如果出现背离信号，则反转可能性就非常大了。当然，你可以放宽到 70%或者 30%，抑或收紧到 80%或者

20%。如何设定阈值需要一些统计经验和分析艺术作为基础。

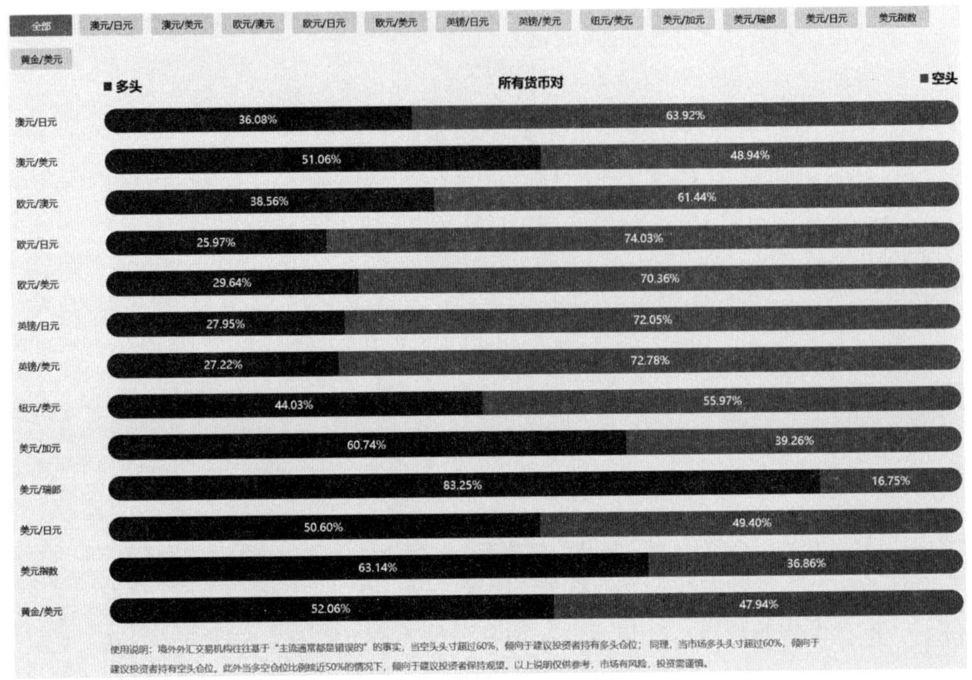

图 9-1　外汇持仓多空对比

也可以通过 Dailyfx 获得散户的持仓情况，进入下列网址：https：//www.dailyfx.com/sentiment 可以看到如下页面（见图 9-2）。

Dailyfx 提供的上述“客户情绪报告”（Client Sentiment Report）直接提供多空预判（见图 9-3），Bullish 是看多，Bearish 是看空，Mixed 是不明确，可以作为一个过滤指标加入到背离交易中。

除零售外汇经纪商提供的现货和 CFD（差价合约）数据外，还可以利用 CFTC 提供的外汇期货持仓数据，也就是 COT 数据来观察周线和日线级别上的极端头寸，从而结合技术背离进行买卖。打开金十数据进入下列网址：https：//datacenter.jin10.com/reportType/dc_cftc_nc_report 可以看到如下页面（见图 9-4），所谓“非商业持仓”是以对冲基金为主的投机性机构持仓。交易者首先可以尝试寻找持仓高点与汇率高点的关系，以此设定一个阈值，作为汇率潜在反转的观察窗口，然后结合背离信号进行观察。

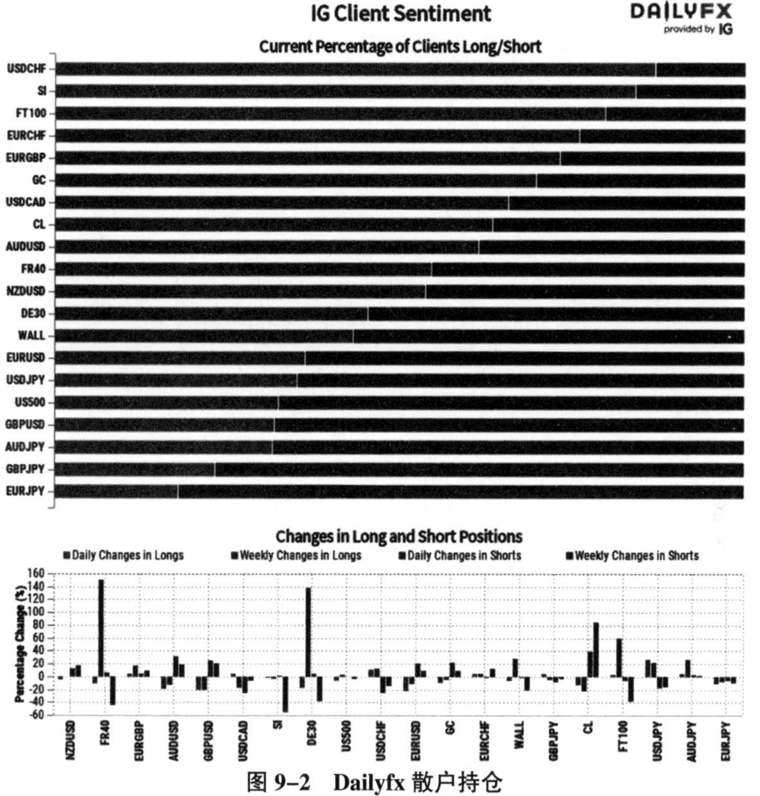

图 9–2　Dailyfx 散户持仓

Show Change in Position　Daily　Weekly

SYMBOL	SIGNAL	NET LONG	NET SHORT	CHANGE IN LONGS	CHANGE IN SHORTS	CHANGE IN OI
EUR/USD	BULLISH	35%	65%	-20%	18%	0%
EUR/CHF	MIXED	75%	25%	4%	-2%	2%
NZD/USD	BULLISH	53%	47%	-2%	12%	4%
AUD/JPY	BEARISH	32%	68%	6%	2%	3%
EUR/GBP	MIXED	73%	27%	4%	6%	5%
EUR/JPY	BEARISH	19%	81%	-7%	-8%	-8%
USD/CHF	BEARISH	85%	15%	12%	-18%	6%
GBP/JPY	BEARISH	23%	77%	9%	-7%	-4%
USD/CAD	MIXED	67%	33%	0%	-23%	-10%
GBP/USD	BULLISH	32%	68%	-20%	23%	5%
AUD/USD	BULLISH	61%	39%	-19%	27%	-6%
USD/JPY	BEARISH	36%	64%	28%	-16%	-5%
OIL - US CRUDE	BULLISH	62%	38%	-14%	53%	2%
SILVER	MIXED	84%	16%	-1%	2%	-1%

图 9–3　“客户情绪报告”（Client Sentiment Report）

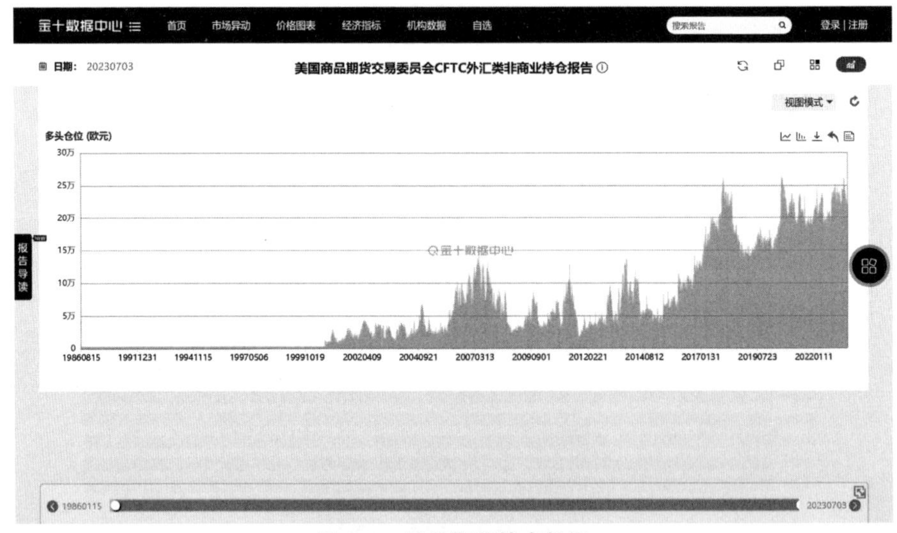

图 9-4　外汇期货持仓数据

第三十五条为“You must have a quantified system with an edge if you hope to be profitable over the long term”，大意为“如果你想要长期盈利，就必须拥有一个具有优势的量化交易系统”。

量化的优势在于可以高效而精准地定位问题所在，找出决定性变量，比如主成分分析（Principal Component Analysis）等。量化提高了可操作性、可迭代性和可复制性。为什么“盘感”的可操作性不强？因为“盘感”没有被量化，因此很难被他人复制，甚至本人在某些情况下也会因为紧张等情绪感染而“遗忘盘感”。因为没有量化，所以也不太容易进行有针对性的迭代升级。因为不能确切地掌握交易策略或者系统各个部分的效力，就无法进行删减和修改。

主成分分析通过正交变换将一组可能存在相关性的变量转换为一组线性不相关的变量，转换后的这组变量叫主成分。例如，美国的统计学家斯通（stone）在1947年关于国民经济的研究。他曾利用美国1929~1938年各年的数据，得到了17个反映国民收入与支出的变量要素，如雇主补贴、消费资料和生产资料、纯公共支出、净增库存、股息、利息外贸平衡等。在进行主成分分析后，能够在97.4%的精度水平上，用三新变量（总收入、总收入变化率和经济增长趋势）就取代了原来的17个变量。

背离交易整体上是一种倾向于量化的策略，不过要想真正达到量化策略的标准，还有很多工作要做。如果仅仅是简单地采纳技术指标来考察背离，则量化工作更多的是在策略绩效回测和优化上。倘若要引入本手册提到过的非

技术因素，比如市场情绪、持仓对比、数据和事件驱动、国债收益率曲线、联邦基金利率、美联储点阵图、截面强弱、波动率、相关性，等等，则量化工作就会变得更加复杂，因此这里面涉及许多另类数据（Alternative Data）。

背离交易属于不太主流的策略，但却容易量化，因此效力要比“烂大街”的那些技术指标信号有效一些。但是，如果想要真正在市场中持续盈利，甚至超越绝大多数交易者的绩效水平，则需要有所创新。上面提到的“另类数据”是算法交易和量化交易的重要创新路径之一，除此之外还有量化算法本身的创新，以及策略构思的创新。

背离交易是外汇策略中的子门类，把握住这个策略深入其中，这样你能更快地成长。如何深入？如何将“深入”变得具有可操作性？大家可以将背离交易“量化”。外汇交易的量化之路足够长，以至于你要花费十几年来钻研，本书并非量化交易的专著，因此建议阅读一些相关书籍，将它们与本书介绍的背离交易建议和策略有机结合起来。

这里推荐三本相关书籍：*Python for Algorithmic Trading*：*From Idea to Cloud Deployment*（见图 9-5）、*Getting Started with Forex Trading Using Python*：*Begin-*

图 9-5　*Python for Algorithmic Trading*：*From Idea to Cloud Deployment*（December 22，2020，Yves Hilpisch）

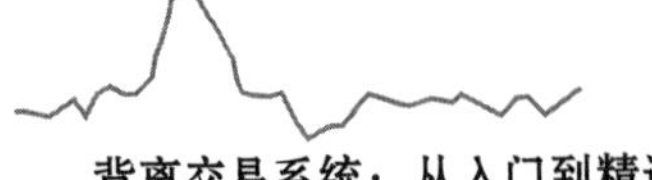

ner's guide to the currency market and development of trading algorithms（见图 9-6）以及 *Mastering Financial Pattern Recognition*：*Finding & Back-Testing Candlestick Patterns with Python*（见图 9-7）。

图 9-6　*Getting Started with Forex Trading Using Python*：*Beginner's guide to the currency market and development of trading algorithms*（March 17，2023，Alex Krishtop）

图 9-7　*Mastering Financial Pattern Recognition*：*Finding & Back-Testing Candlestick Patterns with Python*（November 22，2022，Sofien Kaabar）

金融市场走的是预期！

第一本书和第三本书虽然没有在书名中提到外汇，但书中大部分的例子都与外汇市场有关。在写作本书的过程中，这三本书还没有中文版，所以就没有列出中文名，想要在外汇背离量化和算法交易方面深入下去的读者可以把这三本书找来看看，打下一个基础。

第三十六条为“The market is always pricing in the future not the present”，大意为“**金融市场总是通过价格贴现未来，而非现在**”。行情是按照预期来走的，然后再随着预期的修正而修正。为什么背离会出现？因为市场缺乏新的驱动因素或者是驱动因素已经被完全兑现了，以至于出现了“利多不涨”或者“利空不跌”的现象。从价格的时序动量角度来讲，这就是动量衰竭的特征。

当近期的信息和预期被市场价格完全贴现的时候，事件驱动完全兑现，也就是价格动量衰竭的时候，这个时候就容易出现背离。因此，背离是动量因子的一种特殊状态，也是驱动因子的一种特殊状态。

进一步来讲，背离不仅能够通过动量与价格的背离来把握，也可以通过价格对事件和预期的吸收程度来把握。后面这个“把握”其实也非常具有可操作性。将事件和数据与汇率放在一起来看就可以提升可操作性：当利多的事件和数据出来后，价格冲高后拐头向下，甚至直接向下，这就是基本面与技术面的顶背离；当利空的事件和数据出来后，价格探底回升，甚至直接上涨，这就是基本面与技术面的底背离。当然，**基本面和技术面的背离绝大多数时候都会体现为技术面上的反转信号，在相当多的情况下也与纯技术面的背离一同出现**。

“事件驱动”是比较学术的说法，我们可以通俗地称之为“题材”。

事件驱动的性质与价格走势的结构特征关系密切。一次性利多的事件驱动往往导致价格冲高回落；一系列利多的最后一个利多兑现后通常会导致价格拐头向下；一系列

利空的第一个利空出现后价格基本都会开启下跌趋势。上述三种情况下，顶背离会在日线或者日线以下时间级别出现。

一次性利空的事件驱动往往导致价格探底回升；一系列利空的最后一个利空兑现后通常会导致价格拐头向上；一系列利多的第一个利多出现后价格基本都会开启上涨趋势。上述三种情况下，底背离会在日线或者日线以上时间级别出现。

加息周期的结束往往以央行“暂停”的口吻开启。市场的预期体现在收益率曲线的变化上，特别是收益率曲线倒置意味着衰退即将来临，市场这个时候往往又是较强的降息预期。

哪些类型的事件驱动容易成系列的出现呢？**加息周期或者降息周期是最为重要的系列型事件驱动**。加息周期的开启和结束，降息周期的开启和结束，是周线级别背离出现的重要时间窗口。

背离体现了一种市场反转预期，这个预期到底是什么呢？可以通过结合事件来分析。Forexfactory 提供了一个现成的工具，这网站将事件和数据自动标注在汇率走势图下方，这样你就可以直观地看出来事件驱动与汇率波动之间的直接关系了。

首先进入网址 https：//www.forexfactory.com/，首页里面有许多栏目（见图 9-8）。

我们需要查看的是汇率走势图与数据新闻界面，因此点击首页顶部的栏目“Market”（市场），或者直接点击栏目下方的主要货币对图标，比如“EUR/USD”（欧元兑美元）。

点击“EUR/USD”，然后进入欧元兑美元的专属页面（见图 9-9）。其中有新闻和基本面分析，我们关注的是“Chart for EUR/USD”，右上角有放大建“Expand”和设置图标（齿轮），单击“Expand”后，图表放大了（见图 9-10）。左上方可以选择时间框架——“1M”（1 分钟走势图）、5M（5 分钟走势图）、1H（1 小时走势图）、4H（4

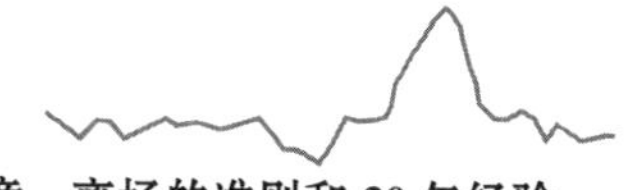

小时走势图）、D（日线走势图）以及 M（月线走势图）。

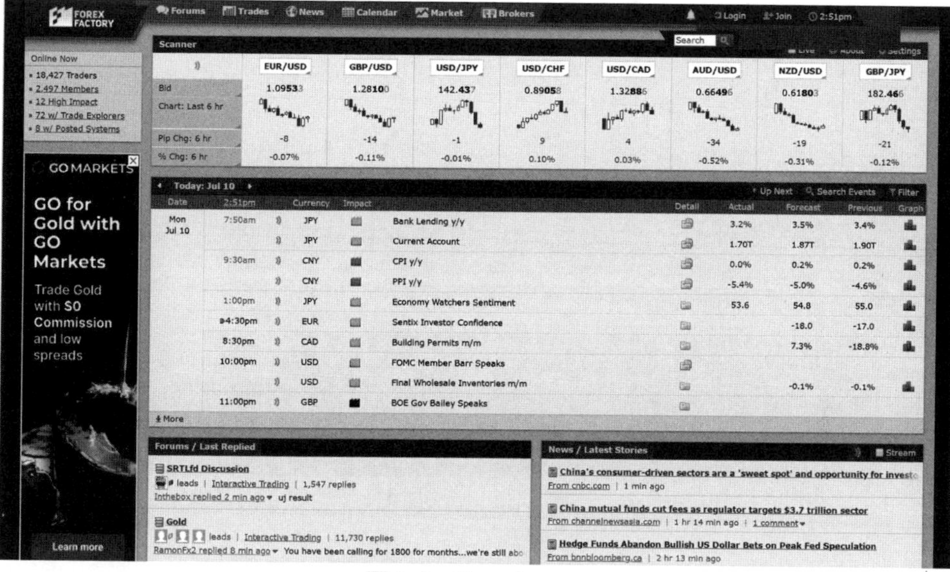

图 9–8　Forexfactory

图 9–9　欧元兑美元的专属页面

图 9–10　放大图表

图 9–11 右上方有一个“Indicators”，点击后出现一些可以添加和删除的指标和选项：“Moving Average”（移动平均线）、MACD、“Breaking News”（突发新闻）、“Sessions”（交易时区）、“Calendar Events”（日历事件）、“Clear All”（清除一切）等。“Breaking News”（突发新闻）和“Calendar Events”（日历事件）是我们要叠加到走势图下方的项目，因为它们与事件驱动有关。可以通过叠加 MACD 来查看部分背离情况，但最好还是在专门的图表软件上查看技术背离。

图 9–11　添加和删除的指标和选项

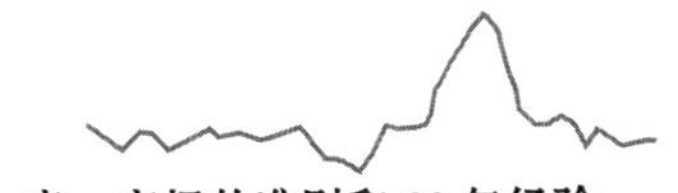

我们来看一些 Forexfactory 图表具体的运用。

图 9–12 显示了 2023 年 7 月 10 日的澳元兑美元 5 分钟走势，汇率长时间在高位横盘整理，并且试图冲高。但是在 9：35 的时候，因为中国 CPI 数据不及预期，导致澳元兑美元的汇率快速下跌，形成一个向下 N 字结构后继续下跌。这就是一个比较简单的基本面和技术面结合案例。

中国是澳大利亚的重要出口对象，中国经济的情况会直接影响澳大利亚出口，进而影响澳大利亚的经济增长，所以中国紧缩的时候，澳元汇率会走低。

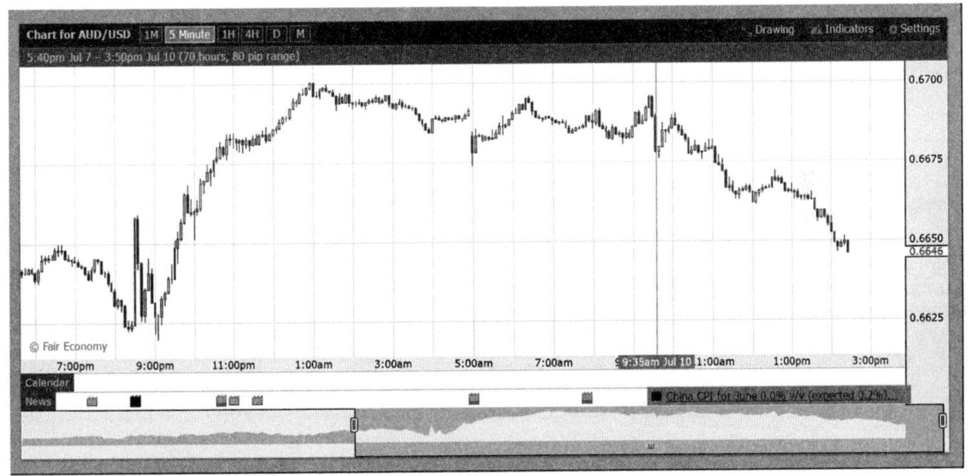

图 9–12 澳元兑美元 5 分钟走势与事件驱动

再来看一个稍微复杂一些的案例，欧元兑美元 5 分钟走势（见图 9–13），在这个例子当中我们叠加了 MACD，以便将汇率与 MACD 之间的动量背离与基本面事件驱动结合起来。

第二个顶部形成时，出现了两则新闻，我们可以点击它们查看（见图 9–14）。第一则新闻是英国房价下跌（见图 9–15），这则新闻利多欧元兑英镑汇率，但利空英镑兑美元汇率，对于欧元兑美元汇率稍微利空，所以汇率此前小幅下跌，这是走了一个预期。题材性质上属于一次性利空。

图 9–13 欧元兑美元 5 分钟走势

图 9–14 第二个顶部形成时出现了两则新闻

第二则新闻是美国 2023 年 5 月工业产值环比下跌 0.2%（见图 9–16），这对于欧元是利多，欧元兑美元冲高，但是很快回落，形成顶背离。

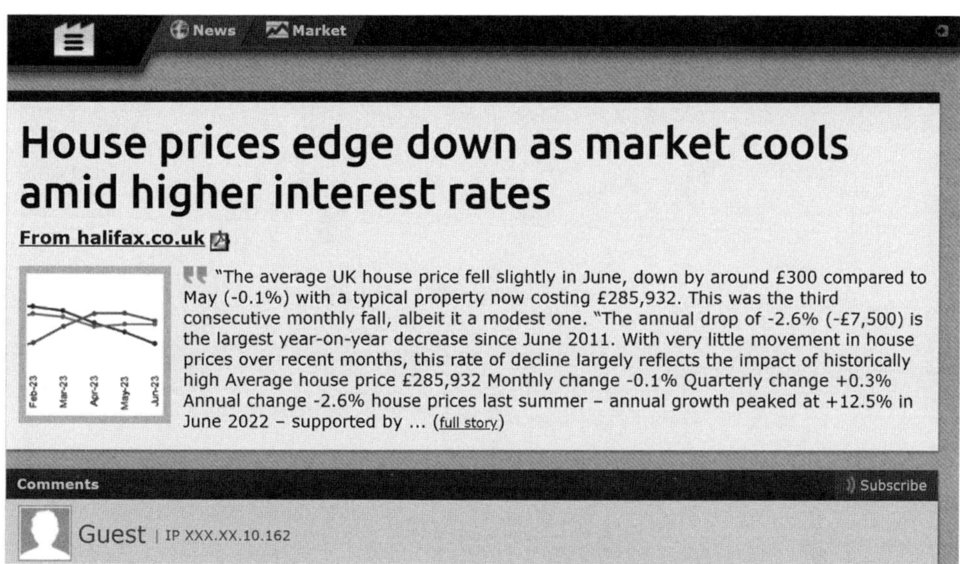
News
Market

House prices edge down as market cools amid higher interest rates

From halifax.co.uk

"The average UK house price fell slightly in June, down by around £300 compared to May (-0.1%) with a typical property now costing £285,932. This was the third consecutive monthly fall, albeit it a modest one. "The annual drop of -2.6% (-£7,500) is the largest year-on-year decrease since June 2011. With very little movement in house prices over recent months, this rate of decline largely reflects the impact of historically high Average house price £285,932 Monthly change -0.1% Quarterly change +0.3% Annual change -2.6% house prices last summer – annual growth peaked at +12.5% in June 2022 – supported by ... (full story)

Comments
Subscribe
Guest | IP XXX.XX.10.162

图 9–15　新闻一：利率上升导致英国房价下跌

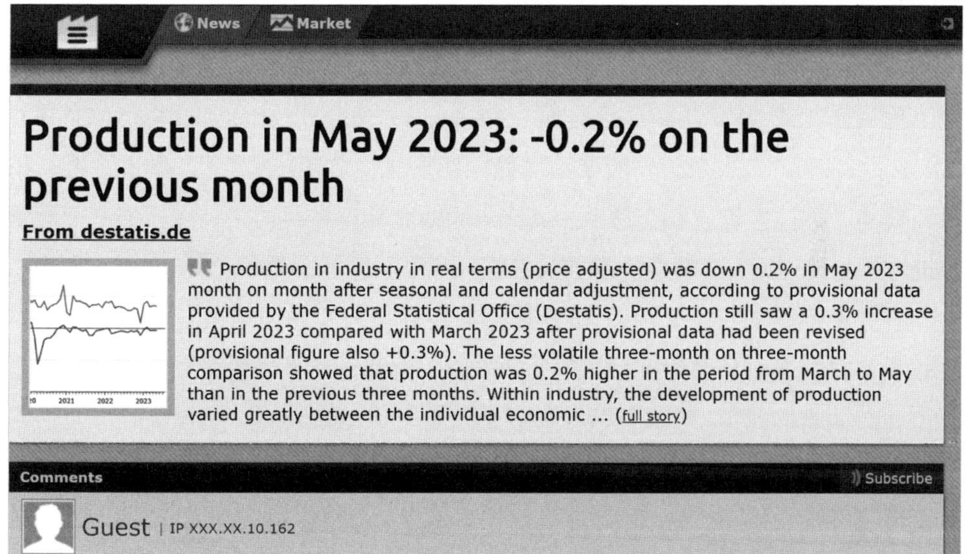
News
Market

Production in May 2023: -0.2% on the previous month

From destatis.de

Production in industry in real terms (price adjusted) was down 0.2% in May 2023 month on month after seasonal and calendar adjustment, according to provisional data provided by the Federal Statistical Office (Destatis). Production still saw a 0.3% increase in April 2023 compared with March 2023 after provisional data had been revised (provisional figure also +0.3%). The less volatile three-month on three-month comparison showed that production was 0.2% higher in the period from March to May than in the previous three months. Within industry, the development of production varied greatly between the individual economic ... (full story)

Comments
Subscribe
Guest | IP XXX.XX.10.162

图 9–16　新闻二：美国 2023 年 5 月工业产值环比下跌 0.2%

欧元兑美元在 5 分钟走势上形成了顶背离，价格高点 B 高于 A，MACD 动量高点 D 低于 C（见图 9–17）。附近出现了利多消息，汇率却冲高回落，形成顶背离，这是利多兑现的典型特征吧？这个时候交易者应该怎么操作呢？

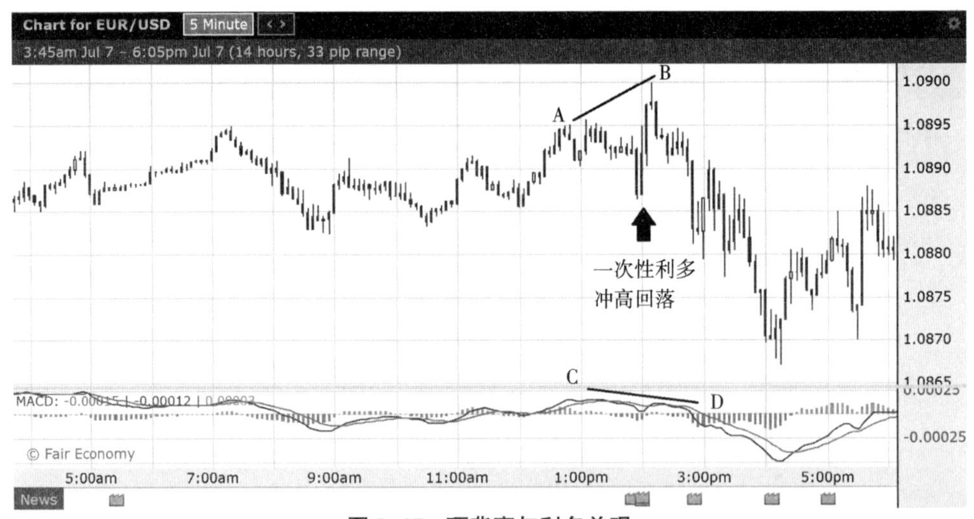

图 9-17　顶背离与利多兑现

上面我们详细地展示了如何将基本面的事件驱动分析引入到背离分析中。大家可以举一反三，在自己的背离交易策略中加入诸如事件驱动这类因子，并在实践中检验和完善。

第三十七条为“Short selling is a much more difficult game than going long in the stock market”，大意为“股票市场做空还要比做多困难得多”。本书主要介绍外汇交易，但许多理念和交易手法其实与股票交易存在共同之处，比如截面动量和时序动量的运用、事件驱动和题材性质，等等。但是，两者之间也有许多差异。

在外汇市场做空，无论是 CFD 还是期货都比较容易。但是，股票市场做空不仅受到管制，而且融券也存在门槛和限制。因此，本条经验法则中提到了股票做空比较困难的现实。

在外汇市场中，就拿背离交易策略来讲，顶背离和底背离出现的频率和有效性其实差不多，并不存在顶背离操作难度高于底背离的情况（见图 9-18 和图 9-19）。

当然，对于习惯做多和买入的交易者而言，刚刚进入外汇市场还是存在不适应的，不过这是非常短暂的阶段，无须采取任何特别的措施来处理。

外汇市场交易的是两种货币之间的相对强弱，因此底部和顶部特征并无显著的不同（见图 9-20）。

图 9-18　澳元兑美元 4 小时走势中的顶背离

资料来源：博易大师，DINA。

图 9-19　澳元兑美元 4 小时走势中的底背离

资料来源：博易大师，DINA。

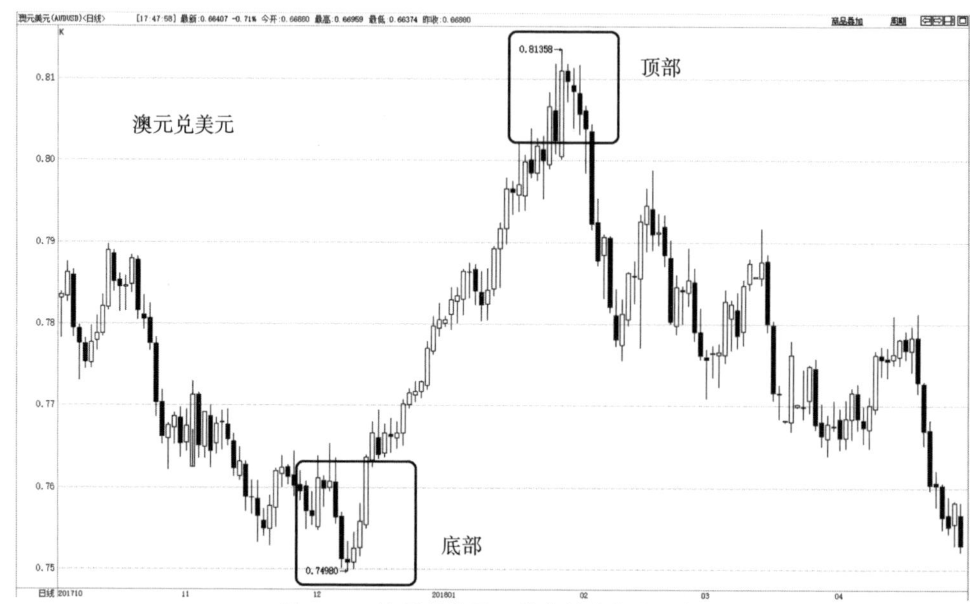

图 9-20　澳元兑美元日线走势底部和顶部

资料来源：博易大师，DINA。

商品期货虽然也是多空皆可交易，但是底部和顶部特征却存在显著的差异，底部震荡的概率要远远高于顶部，底部驻留的时间往往显著长于顶部，所以有“尖顶宽底”的普遍现象（见图 9-21 和图 9-22）。

第三十八条为“Downtrends are much more volatile than uptrends”，大意为“下跌趋势比上涨趋势的波动率大得多”。这条经验其实更加适合商品期货市场或者股票市场。就外汇市场而言，下跌趋势与上涨趋势往往是对称的，存在所谓的**“对称性原理”**。

背离是不是打破了“对称性”？

具体来讲就是如果此前走势是上涨的，那么接下来的下跌走势则具有镜像关系：下跌过程中比较流畅的波段，或者说发散的波段往往对应着上涨过程中比较流畅的波段或者说发散的波段；下跌过程中比较曲折的波段或者说收敛的波段往往对应着上涨过程中比较曲折的波段或者说收敛的波段。如果此前的走势是下跌的，那么接下来的上涨

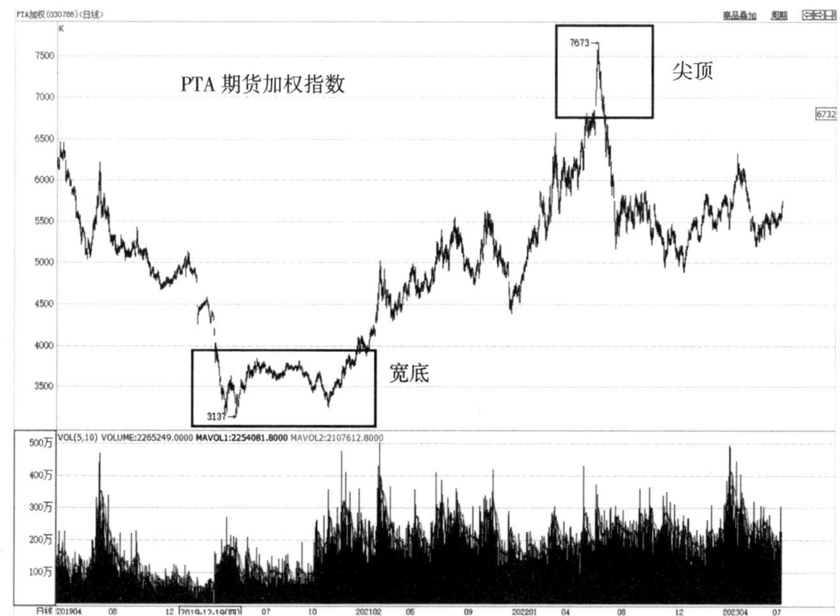

图 9–21 PTA 期货走势中的“尖顶宽底”现象

资料来源：博易大师，DINA。

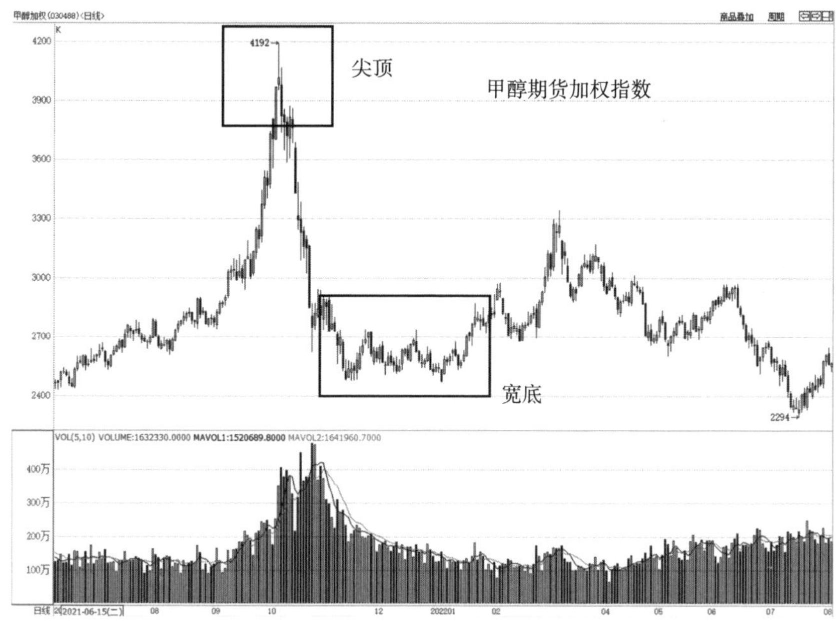

图 9–22 甲醇期货走势中的“尖顶宽底”现象

资料来源：博易大师，DINA。

走势也倾向于存在镜像关系。

我们来看一个具体的实例。欧元兑美元 60 分钟的一段走势见图 9-23。A 区的下跌波段的波动率较高，对应的上涨波段也是较高的波动率，皆处于发散状态。B 区的下跌波段处于震荡状态，对应的下跌波段也处于震荡状态，波动率降低了。C 区的上涨波段，波动率很高，相应的下跌波段，其波动率也非常高。D 区的上涨起始波段是震荡收敛的，而相应的下跌结束波段也是震荡收敛的。

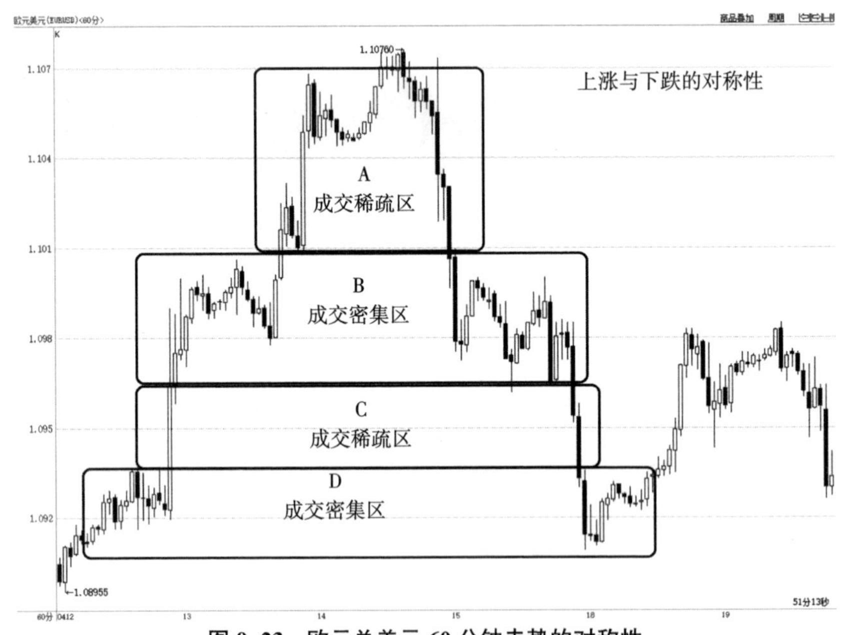

图 9-23 欧元兑美元 60 分钟走势的对称性

资料来源：博易大师，DINA。

波动率是有效头寸管理的重要参数。

第三十九条为 “Volatility can lead to a lot of false signals, you must manage for this”，大意为 “价格波动会导致许多虚假信号，交易者必须管理好这些”。价格波动是一种表象，本质是什么呢？价格波动是一种结果，引发价格波动的原因是什么呢？

技术分析借助于统计可以变得更加接近科学，但这仅

是相关性的研究。要让技术分析成为准科学，甚至科学，就必须利用“因果推断”(Causal Inference)。

价格波动与技术形态，还有技术信号的关系密切，前者是技术分析的基础之一。技术信号还是噪声，这个是纯技术分析者需要面临的问题。讲得深一点就是“信噪比”问题。信噪比（Signal-to-noise Ratio，SNR），指的是系统中信号与噪声的比。

基于价格波动的各种预测，其效率如何，则可以通过信息系数（Information Coefficient）来评价。什么是信息系数（Information Coefficient)？信息系数是用来评价预测质量的一个数字，它描述了预期和实际之间的差异。换言之，IC 代表的是预测值和实现值之间的相关性，通常用于评价预测能力。

背离作为一种技术预测，其效率如何呢？首先关于背离的量化就存在许多不同的标准，而且纯粹的背离信号并不比扔硬币高明多少，因此**复合型的背离信号才是我们需要努力的方向**。在本书中，提到了许多复合型背离信号，限于篇幅无法全面地量化对比，相关的工作可能需要我和魏老师在《外汇算法交易的 24 堂精品课》当中去展开和演示。

第四十条为“Short sellers have to overcome the effort of CEOs，dip buyers，congress，the president，and the Federal Reserve to keep the stock market prices up”，大意为“股票做空交易者需要克服和对抗 CEO 们、抄底买家、国会、总统和美联储维持股市上升势头的努力”。

谁是你的对手盘？格局有利于你的对手盘，还是有利于你？对手盘是非理性的吗？无论是在股票交易、商品交易还是外汇交易中，对手盘思维都是一个非常关键的分析决策思路。

关于“因果推断”可以参考如下书籍:《大侦探经济学：现代经济学中因果推断革命》《基本有用的计量经济学》《因果推断实用计量方法》《为什么：关于因果关系的新科学》《因果推理：基础与学习算法》《统计因果推理入门》《基本无害的计量经济学：实证研究者指南》。

如何在外汇市场判断对手盘的非理性程度呢？Dailyfx 和金十数据提供的散户持仓多空比例是一个很好的衡量指标。

在背离信号出现的时候，你如何分析你的对手盘呢？如何分析你的格局呢？对手盘可以从 Dailyfx 等提供的情绪指数（散户持仓）和 COT 等具体路径入手，比如当欧元兑美元出现顶背离时，情绪指数显示此刻做多欧元兑美元的比例高达 85%，这意味着顶背离有效的可能性很高，因为散户们基本上一致看多了，这就是对手盘的极端非理性了。当然，日线上的顶背离还可以结合外汇期货市场极端值来看。**持仓极端值就是一种对手盘非理性的典型标志。**

如何判断格局有利于你还是有利于你的对手盘呢？在外汇市场中，格局与两个关键要素有关：利差预期和风险偏好。在小何的《顺势而为：外汇交易中的道氏理论》第六课当中有两个章节详细阐述了这一问题，它们分别是“利率和风险偏好驱动”和“象限分析法：外汇市场的四种主题行情”。

利差预期与央行的持续加息或者降息动向有关，风险偏好则可以通过 VIX 和信用利差等指标跟踪。假如美联储宣称“暂停加息”，那么很可能加息周期结束，则美元相对非美货币的利差预期可能就会走跌，在这种情况下美元兑欧元日线走势上出现了顶背离，你觉得格局对多头对手盘有利还是对空头对手盘有利呢？

背离的出现总是处在具体的交易群体和格局之中，如何洞悉交易群体的非理性程度？如何搞清楚格局性质？上面我们已经给出了非常清晰的解答。

背离就是一个现象，如何搞清楚这个现象的本质？这就需要结合其中的玩家和所处的格局了。股票市场上流行“缠论”十几年了，其中也谈到背离信号，其实**绝大多数人都没有搞清楚：这是现象还是规律？如果是现象，那么就不能当作规律来用！**

总之，背离是一个提醒信号、一个“症候”，可以作为我们分析决策的入手点，但却不是落脚点。

第四十一条为“Most big moves start with a strong momentum signal”，大意为**“绝大多数大行情都以一个强劲的动量信号作为开始”**。

要搞清楚什么是动量信号，首先需要搞清楚什么是“动量”。动量分为时序动量和截面动量两大类。我们通常所谓的动量指标，比如 MACD、RSI、MTM、KD、SKD 和 KDJ 等都属于时序动量。截面动量则通常是将若干标的根据一段时间内涨跌幅进行排序。

动量衡量了涨速，动量指标最初就是为了标度动量变化为创制出来的。大行情启动的时候确实会发出显著的动量信号，比如金叉、死叉、超买和超卖等。但是，我们这里更强调另一种动量信号——“背离”。

背离意味着动量衰竭，反转大行情可能来临。顶背离表明继续上涨的动量出现了显著的减弱现象（见图 9-24），叠加其他因子可能出现大幅下跌行情；底背离表明继续下跌的动量出现了显著的减弱现象（见图 9-25），叠加其他因子可能出现大幅上涨行情。

图 9-24　顶背离意味着向上动量衰竭（英镑兑美元 60 分钟案例）

资料来源：博易大师，DINA。

图 9-25 底背离意味着向下动量衰竭（英镑兑美元 60 分钟案例）

资料来源：博易大师，DINA。

成功的交易是少数人采纳的交易，多数人亏损，少数人盈利是金融市场的常态，因此顺着人性交易往往会亏损。从这个角度出发，思考一下为什么背离交易是反人性的呢？

第四十二条为“Many times, the most difficult trade to take is the right trade”，大意为“大多数时候，正确的交易是最难采纳的交易”。**分歧和一致，是我们分析对手盘的一对关键范畴**。分歧的时候，我们容易受到市场舆情和大众心理的影响，面对行情的发展犹豫不决，因为这个时候市场上参与者的意见非常对立，并不统一。**在分歧阶段，是否进场成了我们最难采取的行动，特别是主观判断类交易**。

显著的背离很少在分歧阶段出现，因为这是趋势延续阶段。背离往往在一致阶段出现。什么是一致？市场上绝大多数参与者的观点趋同。**大众极度恐慌和悲观的时候是底部的一致；大众极度亢奋和乐观的时候是顶部的一致**。在恐慌的时候，我们很难采纳进场做多的正确行动；在亢奋的时候，我们很难采纳进场做空的正确行动。与大多数人保持一致是我们惯有的倾向，这是进化的结果，只不过现在已经不太适合现代社会了，特别是金融市场了。从众是一种本能、快速反应模式，节约了我们的精力和资源，但在金融市场上却会引发最坏的后果。

当大众恐慌的时候，下跌动量衰竭，出现了底背离，这其实是买入/做多的绝佳机会，不过对于交易者的心理确实是重大的挑战；当大众亢奋的时候，上涨动量衰竭，出现了顶背离，这其实是卖出/做空的绝佳机会，但是交易者却很难抗拒做多/买入的诱惑。

分歧主导时，市场往往处于趋势延续阶段；一致主导时，市场往往处于趋势反转阶段。因此，当背离信号出现在共识高度一致、群体情绪极端的时候，我们就应该果断抓住机会。

总之，在分歧的时候，我们因为狐疑而犹豫不决；在一致的时候，我们因为恐惧和贪婪而错失良机。背离提供了一个潜在机会的明确信号，但是我们的从众情绪却很可能失之交臂。

第四十三条为“Other traders are better used as examples on how to trade not copying their trades”，大意为“**最好将其他交易者作为反向指标**”。让大多数人亏钱，是市场得以存在的前提，因为这是一个零和游戏。如何让大多数人亏钱呢？利用人的天性！

正因为绝大多数人按照天性行为，而市场利用了这种天性造成大多数人亏损，因此绝大多数交易者都是很好的反向指标。

背离信号在什么时候最有效呢？在绝大多数参与者一致看涨的时候，顶背离出现了，这种背离信号是最有效的；在绝大多数一致看跌的时候，底背离出现了，这种背离信号是最有效的。

怎么量化“一致”？参考《外汇交易三部曲》中篇“外汇心理分析的精髓：承上启下的关键”。

主观交易者，也就是非量化交易者的极端情绪往往也可以作为很好的反向指标。当然，这个缺乏一定的客观性和可量化性，最好能够对大众的情绪变化和共识预期有一定的量化跟踪手段。

阿马蒂亚·森1933年出生于印度孟加拉湾，其外祖父是研究中世纪印度文学的权威，和泰戈尔是至交，阿马蒂亚这个名字就是泰戈尔亲自起的，意为“不朽”。1959年在英国剑桥大学获得博士学位，其后先后在印度、英国和美国任教。1998因为在福利经济学上的贡献获得诺贝尔经济学奖，并到英国剑桥大学三一学院任院长。他曾为联合国开发计划署写过人类发展报告，当过联合国前秘书长加利的经济顾问。

中医讲求“四诊合参”，魏征的“兼听则明”，查理·芒格推崇“格栅思维”，其实都在强调同一个真理。信息来源的多样性、非线性和独特性，绝大多数时候比数据的处理更为重要。诺贝尔经济学奖获得者阿马蒂亚·森（Amartya Sen）有一段流传甚广的话：“**考察一个人的判断力，主要考察他的信息渠道和信息来源的多样性**……有无数的可怜人，长期活在单一的信息里，而且是一种完全被扭曲，颠倒的信息，这是导致他们愚昧且自信的最大原因。原谅他们吧，因为他们的确不知道真相。”

在外汇交易当中，或者更具体一些，在背离交易中，我们也要努力增加信息来源的多样性和非共线性。如何做到这一点呢？大的方向上，我们需要同时从驱动分析、心理分析和行为分析同时入手。

驱动分析就是基本面，包括经济数据和驱动事件。

心理分析涉及共识预期和题材生命力等。共识预期除利用散户头寸比例和COT极端值外，还可以利用词向量相关算法对相关交易论坛的帖子进行快速分析。

行为分析主要就是动量与汇率之间的背离关系了，当然还可以叠加斐波那契点位分析，等等。加特利波浪理论与艾略特波浪理论可以增强背离分析的效果，因为这是另一个维度的信息。

第四十四条为“The best trades are many times difficult to enter”，大意为“最佳的交易往往很难建仓”。为什么最佳的交易很难建仓呢？我个人的经验是这里面有两层障碍：第一层障碍是心理层面的，**高效的交易策略和机会往往都是反人性的**；第二层障碍是市场流动性方面的，行情引爆点往往不容易建仓，滑动价差可能会很大。

人性决定了大众的风向和道路，而这就是阻力最大的路径。曾国藩有一句非常出名的话：“君子欲成大器，久**利之事勿为，众争之地勿往。**”

什么是众争之地？人性驱赶，众人从之。**众争之地就是阻力最大的路径**。

什么是众争之地呢？你可以利用 Python 的爬虫技术来获取大众舆情，进而利用相应的自然语言处理算法进行情绪分析。也可以利用现成的散户持仓比率来分析，这个可以方便地从许多经纪商平台获得。

背离交易如何才能获得更高的胜算率呢？反人性！

如何做到反人性呢？在大众一致恐慌或者高亢的时候，反其道行之，走阻力最小的路径。

我们此前提到了“分歧与一致”，提到了阻力最小路径。那么如何将两者有机结合起来呢？分歧的时候，行情在持续发展，但是市场上却充满了彼此对立的言论，主观交易者此时犹豫不决，看着行情发展却不敢进场。行情在发展，舆情却分析，那么市场运动的方向就是阻力最小方向。

但如果行情发展的时候，舆情一致看涨或者看跌，情绪高度亢奋或者恐慌，那么这就是一致的阶段了，这个时候阻力最小路径就与市场运动的方向相反了。

简言之，**分歧阶段，阻力最小路径与市场运动方向相同；一致阶段，阻力最小路径与市场运动方向相反**。分歧阶段，人性以犹豫不决为主；一致阶段，人性以极度乐观或者悲观为主。背离最好处在一致阶段，所以**背离交易大体上仍旧是反人性的操作**。

第四十五条为“Taking a stop loss is more difficult for new traders than holding a losing trade”，大意为“对于新

无论是截短亏损，还是让利润奔跑，都是反人性的，因此做起来很困难。

手而言，执行止损比继续持有一个亏损的头寸更困难”。

兑现亏损，就是认输。认输对于人性而言是一个很大的挫折，即便事实上的亏损并不多。继续持有还未兑现的亏损头寸对于个人而言，相对比较容易接受，因为还未认输。

如何认输是一门我们的社会不太会教授的精深学问。无论是商场、战场还是情场，以最小的机会成本及时认输都是一项收益极高的技术。

背离交易的进场点具有优秀的盈亏比，止损点比较好设置，止损幅度相当于预期的盈利幅度小了很多。比较而言，背离交易的止损操作在心理上更容易接受，困难程度相对较小。

第四十六条为“The best traders do all their research when the market is closed，so entering or exiting when the market is open is automatic”，大意为“优秀的交易者会在收盘后进行全部的研究，而在开盘后按照计划进出”。

没有反馈，就没有进步的源泉；没有复盘，就没有实质的进步。复盘是对反馈的复盘，在此基础上制订交易计划，并定期对策略本身进行完善。

复盘的要点是什么呢？

第一，**最大的闪光点是什么？**策略中的哪部分带来了最大的收益率呢？这部分是不是可以加强推广呢，占据最大的权重？

第二，**最大的障碍点是什么？**策略中的哪部分带来了最大的亏损呢？是不是可以去除掉？或者进一步完善呢？如何破解最大的障碍点是交易取得进步的最关键步骤。有些障碍点可能要几年才能跨过。

就背离交易而言，什么问题容易成为最大的障碍点呢？

就我个人的体会而言，首先**如何找到重大反转是第一性的**。

背离可能是假信号，也可能出现在小型调整中，这些情况下的操作很容易招致亏损，胜算率不高，盈亏比也很低。重大反转开始时出现的背离可以为我们带来优秀的盈亏比和极高的胜算率，特别是这种情况下的盈亏比。

如何预判重大反转？下面给出的这几点是我多年利用背离进行外汇、商品和股指交易时的经验总结，也是本书的最大精髓之一，能够看到这里，消化这几个要点，那么你获得的收益将是本书价格的几十万倍。

可以用来预判重大反转点的指标有这些：

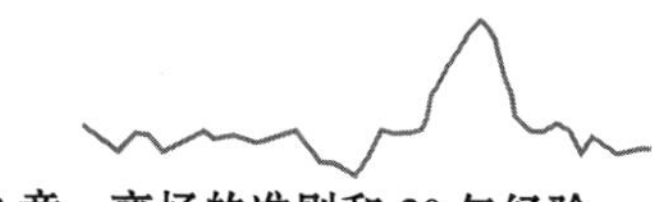

第一，斐波那契关键点位。其实，不管是艾略特波浪理论，还是加特力波浪理论，核心都是斐波那契点位和比率。

保罗·都铎·琼斯在发迹后搞了一个纪录片，透露了自己的操作思路，一个核心支柱就是利用艾略特波浪理论寻找重大转折点。后来，他又想尽办法从市面上回收这些纪录片，并且与电视台达成了禁播协议。

琼斯现在仍然高居福布斯富豪榜前列，在非洲拥有一些高端的度假村，其中一家多年来一直是豪华度假村评选的全球冠军。所以，我们不要小瞧某些技术分析体系，还是有可取之处的。

第二，持仓极端值。这个主要查看 COT 报告，特别是四年内的最大值往往与重大反转点密切相关。

第三，天量和地量，特别是天量。

第四，国债收益率曲线倒置，这往往意味着避险情绪会飙升，商品期货和外汇都可能因此获得所谓的“危机阿尔法”。

什么是国债收益率曲线倒置？在哪里可以查看到实时的国债收益率曲线呢？

可以进入到下面这个网址：http：//www.worldgovernmentbonds.com/，打开后，其主页右侧有一列栏目（见图 9–26），第一个项目“Inverted Yield Curves”（倒置的收益率曲线），点击进入。

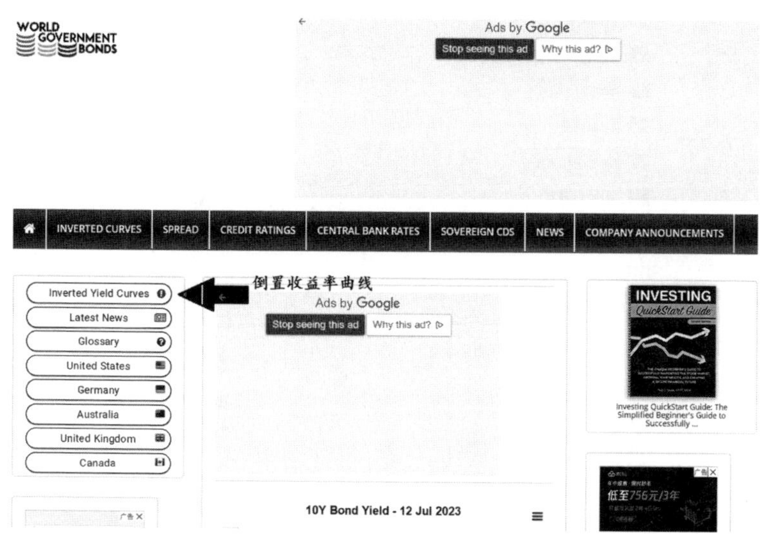

图 9–26　查询倒置收益率曲线

进入“Inverted Yield Curves”这个栏目后，可以看到一个列表，横栏依次是“Totally Inverted”（完全倒置）、“Partially Inverted”（部分倒置）和“Minimally Inverted”（轻微倒置），抬头是“Yeild Curves”（收益率曲线）。竖栏是“S&P Rating”（标普评级），依次为“A To AAA”“B To BBB”等（见图 9-27）。

S&P Rating	Yield Curves		
	Totally Inverted	Partially Inverted	Minimally Inverted
A to AAA	Chile Iceland Qatar Czech Republic Canada Sweden United States United Kingdom Germany New Zealand Denmark Israel Finland Norway Singapore France Ireland Hong Kong，China Switzerland Austria Netherlands Australia Belgium Slovakia	South Korea Spain Poland	Slovenia
B to BBB	Kazakhstan Hungary Mexico Colombia Egypt Croatia Cyprus		Indonesia Brazil Serbia Turkey

图 9-27　倒置收益率曲线国别或地区

点击美国“United States”，查看美国的国债收益率情况（见图 9–28），现在是 2023 年 7 月 12 日，可以看到美国国债收益率处于完全倒置状态。这意味着严重衰退要来临，“危机阿尔法”的大机会出现了。可以在美国股指期货上面寻找顶背离，在美元指数上寻找底背离。

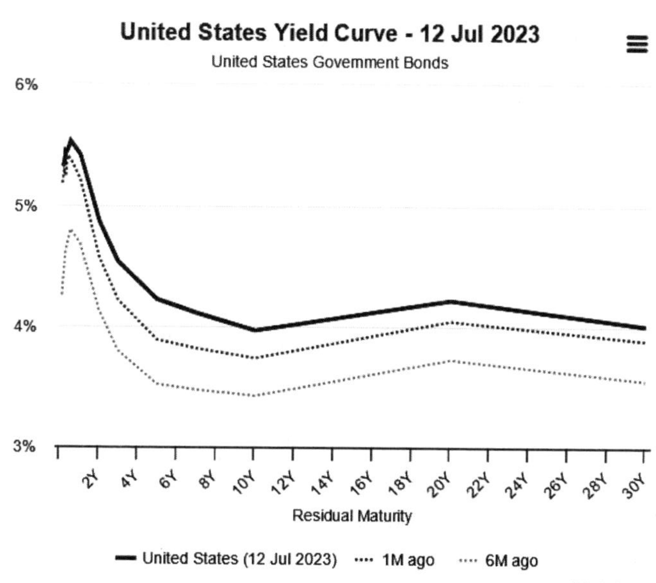

Residual Maturity	Yield			ZC Price			Last Change
	Last	Chg 1M	Chg 6M	Last	Chg 1M	Chg 6M	
1 month	**5.319%**	+13.9 bp	+106.6 bp				12 Jul
2 months	**5.332%**	+5.9 bp	*n.a.*				10 Jul
3 months	**5.452%**	+21.0 bp	+84.5 bp				11 Jul
4 months	**5.448%**	+4.3 bp	*n.a.*				10 Jul
6 months	**5.529%**	+15.2 bp	+73.1 bp				12 Jul
1 year	**5.417%**	+20.2 bp	+73.2 bp	**94.86**	-0.19 %	-0.69 %	12 Jul
2 years	**4.871%**	+30.0 bp	+74.1 bp	**90.93**	-0.57 %	-1.40 %	12 Jul
3 years	**4.531%**	+31.8 bp	+73.4 bp	**87.55**	-0.92 %	-2.09 %	12 Jul
5 years	**4.222%**	+33.4 bp	+70.0 bp	**81.32**	-1.60 %	-3.32 %	12 Jul
7 years	**4.109%**	+29.2 bp	+63.4 bp	**75.44**	-1.94 %	-4.18 %	12 Jul
10 years	**3.966%**	+22.8 bp	+53.9 bp	**67.78**	-2.17 %	-5.06 %	12 Jul
20 years	**4.215%**	+17.2 bp	+49.0 bp	**43.79**	-3.25 %	-9.00 %	12 Jul
30 years	**4.007%**	+12.2 bp	+45.3 bp	**30.77**	-3.45 %	-12.26 %	12 Jul

Last Update: 12 Jul 2023 5:15 GMT+0

图 9–28　美国国债收益率曲线（基于 2023 年 7 月 12 日的比较）

想一想，为什么危机出现的时候，美元为什么会上涨？避险交易追逐的是什么？仅仅是低利率资产吗？追逐流动性才是避险交易的本质，这也能解释为什么在危机出现的前期，黄金为什么会下跌，为什么会遭到抛售？黄金不是避险资产吗？为什么在衰退早期和危机恐慌阶段也会跟随其他资产一起下跌？次贷危机的时候就出现了这种状态。

为了获得流动性，一切资产都会被抛售，这就是美元在危机时期上涨的根本驱动力。

流动性状况与央行的政策有关，也与银行等金融机构的资产负债表有关。**如果能够将流动性分析纳入背离交易中，那么你就获得了一个更强大的力量加持**。

澳大利亚元对美元是重要的货币对，我们可以再来看看澳大利亚的国债收益率曲线（见图 9–29），其倒置情况要轻微一些，这可能与当下（2023 年 7 月）中国经济存在较强的刺激预期有关。毕竟，澳大利亚的经济与其对中国的出口密切相关。

关于国债收益率曲线的深入讲解和运用指南，参考《天下大势：宏观经济预测和大类资产配置的 24 堂精品课》一书。

国债收益率曲线不仅体现了增长和通胀的关系，也体现了信贷供给和需求的关系，或者说流动性情况。**如何将国债收益率曲线与背离交易结合起来**，这是一个巨大的功课，需要我们一起来努力。

第五，乖离率的阶段性高点。乖离率可以做时序比较，也可以做横截面比较。一段时间内的最大乖离率出现了，这个时候有背离，这种背离的胜算率和回报率就特别高。也可以做横截面比较，比如几十种汇率之间的比较，如果在乖离率最大的汇率上出现了背离，那么这种背离的胜算率和回报率就特别高。

第六，货币政策转向，这个就涉及了中央银行追踪，特别是对美联储的追踪。货币转向，加息阶段开启和结

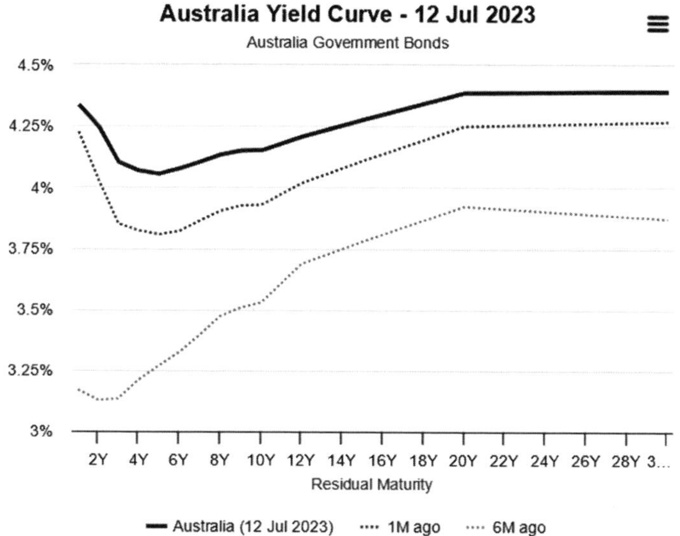

Residual Maturity	Yield			ZC Price			Last Change
	Last	Chg 1M	Chg 6M	Last	Chg 1M	Chg 6M	
1 year	**4.334%**	+11.0 bp	+116.5 bp	**95.85**	-0.10 %	-1.11 %	12 Jul
2 years	**4.245%**	+21.9 bp	+111.8 bp	**92.02**	-0.42 %	-2.14 %	12 Jul
3 years	**4.102%**	+25.2 bp	+96.9 bp	**88.64**	-0.73 %	-2.76 %	12 Jul
4 years	**4.067%**	+24.6 bp	+85.8 bp	**85.26**	-0.94 %	-3.26 %	12 Jul
5 years	**4.054%**	+24.9 bp	+78.6 bp	**81.98**	-1.19 %	-3.72 %	12 Jul
6 years	**4.076%**	+25.7 bp	+75.1 bp	**78.69**	-1.47 %	-4.25 %	12 Jul
7 years	**4.103%**	+24.0 bp	+70.8 bp	**75.47**	-1.60 %	-4.66 %	12 Jul
8 years	**4.132%**	+22.9 bp	+66.0 bp	**72.33**	-1.75 %	-4.97 %	12 Jul
9 years	**4.149%**	+22.4 bp	+64.2 bp	**69.36**	-1.92 %	-5.41 %	12 Jul
10 years	**4.150%**	+22.2 bp	+62.2 bp	**66.59**	-2.12 %	-5.81 %	12 Jul
12 years	**4.206%**	+18.9 bp	+52.0 bp	**60.99**	-2.17 %	-5.84 %	12 Jul
15 years	**4.275%**	+16.7 bp	+49.8 bp	**53.37**	-2.38 %	-6.92 %	12 Jul
20 years	**4.386%**	+13.7 bp	+46.4 bp	**42.38**	-2.60 %	-8.53 %	12 Jul
30 years	**4.392%**	+12.4 bp	+52.2 bp	**27.54**	-3.50 %	-13.96 %	12 Jul

Last Update: 12 Jul 2023 5:15 GMT+0

图 9-29　澳大利亚国债收益率曲线（基于 2023 年 7 月 12 日的比较）

束，又或是降息阶段金的开启和结束，这时日线和周线上的背离是巨大的盈利机会。因此，外汇交易者乃至商品和金融期货交易者，要特别关注美联储（FED）、欧洲央行（EEB）以及中国人民银行的利率政策变化。**不要与美联储为敌，因为美联储的政策方向就是阻力最小路径。**

第七，重大利好不涨，重大利空不跌。

第八，一致看空，一致看多，市场共识高度一致。

> 你还能想到在本书之外的其他指标吗？还存在其他更为有效的预判重大转折的指标吗？

如果背离出现时有上述的八个指标的部分佐证，那么你就很容易抓到重大转折。在背离交易中，你会遇到的最大障碍点，我已经毫无保留地帮你解决了绝大部分，此后的问题都是小菜一碟了。

背离交易的第一大障碍在于如何预判重大转折，现在你已经有了一份清晰的问题解决指南。

第四十七条为“A good trader must have a positive mindset”，大意为“一个优秀的交易者必须具备积极心态”。

> 是想象力和意志力带我们走向了更高层次的成功，信心往往是成功后的果实。我们不能指望有了信心才去行动，而是因为行动，我们才有可能成功，最终才有了信心。越是伟大的工程，也是巨大的成就，在开始的时候越是命运多舛，越是信心不足，这个时候只能靠意志力坚持，靠想象力独辟蹊径。

积极的心态为什么对交易者非常重要呢？

第一，最大障碍点的确定和克服需要很长时间，在这种情况下交易者需要以积极的心态坚持到问题彻底解决那一刻。

第二，交易是一个充满失败和亏损的行当，挫折不可避免，认输是必备的部分，这就使交易者必须积极乐观地对待这一切。

第三，不确定性是交易的本质特征，不确定性带来了风险，接纳风险和管理风险是一个需要理性和耐性的过程，而这一过程需要积极心态。

具体来讲，**背离交易当中，试错是一个必要的部分**，不是任何背离信号都能带来盈利。亏损认输是一个必要的部分，而这要求你积极应对。

那么，我们如何保持一个积极心态呢？

> 强迫症，追求完美的倾向使一个人在构建交易策略优势的路上异常艰辛，不过如果当事人能够觉悟到这一点，并且逐渐克服，那么他的成就可能远远大于那些自身障碍较少的交易者。伟大总是从战胜一般人无法越过的障碍开始的。

首先，从认知的角度来说，我们要认识到，**交易是一个寻找期望值优势的游戏**。我们不可能在所有交易中盈利，亏损必然出现，我们需要降低亏损的平均幅度，提升盈利的平均幅度，降低亏损的概率，提高盈利的概率。

其次，坚持有规律的体育锻炼，运动可以帮我们保持身心的坚韧度和愉悦度。

再次，可以进行有规律的按摩和 EFT（Emotion Freedom Techiques）。什么是 EFT，可以参考《外汇短线交易的 24 堂精品课》第三课“外汇无压力交易心法：追求有效果的做法和观念”和第四课“外汇交易的心理控制术：潜意识沟通策略”。

最后，强大的意志力，不达目的誓不罢休，很多时候这条才是关键。**信心往往是成功的滞后指标，意志力和想象力才是实力和成功的领先指标**。

第四十八条为“Hard work is only rewarded in trading when it is the right type of effort”，大意为“只有正确的努力，才能在交易中有所收获”。

什么是正确的努力？正确指的是“方向上的正确”。在正确方向上的努力就是正确的努力。

现在问题变成了“什么是正确的努力方向呢？”

就交易而言，如何构建并且提供策略在盈利期望值上的优势，这才是正确的努力方向。

大多数人的交易盈利期望值都是负的，他们的信念是亏损的根源，他们的人性是亏损的根源，他们的行为是亏损的根源，我们要做的就是**反其道行之**。

在相反的方向上去努力。

反者道之动也！

《道德经》其实讲的不仅是宇宙和人生的大问题，交易的问题也讲了，这个就在于能不能与你的经验形成共鸣了。

交易要做到“几于道”，怎么入手呢？

上善若水，水善利万物而不争，**处众人之所恶，故几于道**。

反人性就是“处众人之所恶”，这与曾国藩那句“众

夫兵形象水，水之行避高而趋下，兵之形避实而击虚；水因地而制流，兵因敌而制胜。故兵无常势，水无常形。能因敌变化而取胜者，谓之神。——《孙子兵法·虚实篇》

争之地勿往”其实是一个意思的两面表达。

水有大智慧啊，因地制流，走阻力最小路径。不管是《孙子兵法》还是《道德经》都极力地推崇“水的智慧”，因为水“处众人之所恶”“避实击虚”，**反人性，走阻力最小路径**，这不就是交易大道之理吗？

第四十九条为“Trading will teach you about yourself”，大意为“交易会引导你了解自我”。

什么是自我，除了刻在基因里的那些东西之外，小时候的养育环境和亲子关系决定了你的内核。你的童年，或者说“**内在的小孩**”就是一个生存和防御策略，你习得的东西在童年的家庭模式中可能是最有效的，但是放到社会上，放到金融市场上却很有可能成为最大的障碍。

在交易之路上跋涉，最终走向成功，**很大程度上需要克服你童年形成的大部分僵化模式，它们连同基因一起成了你在交易之路上需要跨过去或者绕过去的最大障碍**。

当然，写入人类基因池里面的那些模式也是你自我的一部分，它们是人类的集体潜意识。它们代表着人类亿万年进化得到的某些生存和繁殖策略，甚至从单细胞生物就开始在塑造和构建这些模式了。

这些镌刻在基因和潜意识里面的东西影响着我们每一个个体，它们曾经帮助我们的祖先在恶劣的自然环境和生存竞争中存活下来。但是，**今天面对金融市场这类随机强化的环境，人类此前强化学习沉淀下来的集体智慧，现在变成了绊脚石。**

交易之路，曲折漫长。为什么曲折？为什么漫长？

根源在于我们对自我的了解和超越需要一个曲折而漫长的过程。

我们在自己与成功幸福之间建立起一堵高墙，这堵墙就是祖先和童年建造的，跨过它，你就完成了此生最大的功课。

无论你想要在交易上取得成功，还是在人生上获得幸福，这都是必然的功课，或许你有意无意设定了这一切。

交易的持续失败，其实就是在不停提醒你一个需要完成的人生功课。醒来，就意味着你觉悟了这个最大的障碍和功课，超越近在咫尺。

2014 年末，我在埃及亚历山大港一家小酒店住着，傍晚灯光昏暗，万物寂

静，偶然间读到了下面这首小诗：

如果爱不能唤醒你
那么生命就用痛苦唤醒你
如果痛苦不能唤醒你
那么生命就用更大的痛苦唤醒你
如果更大的痛苦不能唤醒你
那么生命就用失去唤醒你
如果失去不能唤醒你
那么生命就用更大的失去唤醒你
包括生命本身
生命会用生命的方式
在无限的时间和空间里
无止境地来唤醒你
生命会用生命的体验
在无尽的生死和轮回里
不停息地来唤醒你
直到你醒来

直到今天我仍然没有查到这首诗歌的可靠来源，不知道是不是伟大的波斯诗人鲁米写的。

我们尝试从生命中“醒来”，与尝试从金融市场中“醒来”其本质是一样的。

市场也在用它的方式尝试让我们“醒来”，从市场的催眠中苏醒过来，这个过程就是你觉悟本性，发现自我的征途。

为什么我们不快乐，为什么我们不成功，为什么我们不幸福？根源在于我们没有“觉醒”，之所以没有醒来，根源在于我们没有认识和发现自我。

自我是一切功课的起点，也是一切功课的终点。交易之路的起点在于自我，交易之路的终点也归于自我。

背离是回归均值的现象，觉醒是认识自我的行为，背离就是觉醒，觉醒就是背离后的回归。所以，**背离就是禅机**。

第五十条为“All traders are eventually humbled”，大意为“所有交易者最终

都会变得谦卑”。为什么我们需要谦卑？从功利主义的角度来看，谦卑可以让我们更认真地对待市场给予的反馈。

市场无非涨跌，但涨跌的组合不可胜数。分析师在面对市场的时候往往显得过于自信，交易者吃过许多市场的苦头，因此在面对市场的时候更为谦卑。

为什么强调交易行为的可证伪性？因为我们的认知能力具有很大的局限性，同时市场具有很大的不确定性。谦卑可以帮我们更好地管理认知的局限性和市场的不确定性。

自大和过度自信让我们无法认清这种局限性和不确定性。在外汇交易中，没有任何一种交易信号能够完全克服认知的局限性和市场波动的不确定性，只能在交易信号之外寻找应对办法。

这种应对办法就是谦卑，承认我们的认知具有不完备性，因此需要可证伪性和止损，因此需要承认我们的能力圈存在边界，因此需要在能力圈之内进行决策和行动。

同时，谦卑也促使我们承认市场波动的不确定性。当市场的某种统计特征和规律逐渐被广泛认知之后，随着“认知渗透率”的提高，这种统计特征和规律将逐渐减弱，甚至消失。市场的自我适应和进化会逐渐消灭确定性，增强不确定性。只有这样才能建立一个淘汰机制，保证资源能够维持分配，因为资源是稀缺的，**金融市场在保证自身存在的前提下需要对稀缺的资金进行分配**，这意味着大多数玩家都是输家。这种残酷的现实要求我们在面对市场的时候需要保持谦卑，因为我们在大多数时候其实都处于劣势位置，需要在正确的方向上不断努力才能争取到并维持优势位置。

相对而言，为什么背离有效性要高一些，因为在背离上的共识预期还不太高。同时，背离在走势中出现时，往往是市场舆情高度一致的时候，这个时候提供反向操作的背离往往能够成功。

在底部大众恐慌，纷纷做空或者卖出时，谁又在做多或者买入？在顶部大众亢奋，争先做多或者买入时，谁又在做空或者卖出？谦卑的人在大众非理性的时候，往往保持理性，这是一种对规律和规则谦卑的态度。这种谦卑的态度也是背离交易能够获得高胜算率和盈亏比的关键之一。

第五十一条为“Let trades come to you, don't chase a trade”，大意为“等待交

易，而非追逐交易”。良好的交易机会是等来的，不是勉强为之。

按照魏老师的分类，常用的高效进场类型主要是三种：第一种是破位；第二种是见位；第三种是败位。整体而言，破位更多的是追逐类型的进场点，而见位和败位则整体上属于等待类型的进场点。在外汇市场当中，破位进场时的点差往往要大于平时，同时滑点也比平时更大。在重大数据公布时，如非农数据，破位进场的风险很高，容易遭遇激烈的反复波动，多空通杀的情况比较多。

破位进场的机会往往是在价格快速运动的时候出现的。当价格突破某一关键点位的时候，破位交易机会就出现了。突破往往伴随着基本面的数据公布或者重大事件，因此存在显著的成交滑点，买卖价差和比较大。

阻力线可以是向下切斜的，也可以是水平的。阻力线可以根据前期显著的高低点或者斐波那契点位，又或者是根据趋势线或者价格形态来确定。

通常而言，破位做多是在价格向上突破阻力线的时候进场（见图9-30）。A点是一个前期显著高点，存在强大

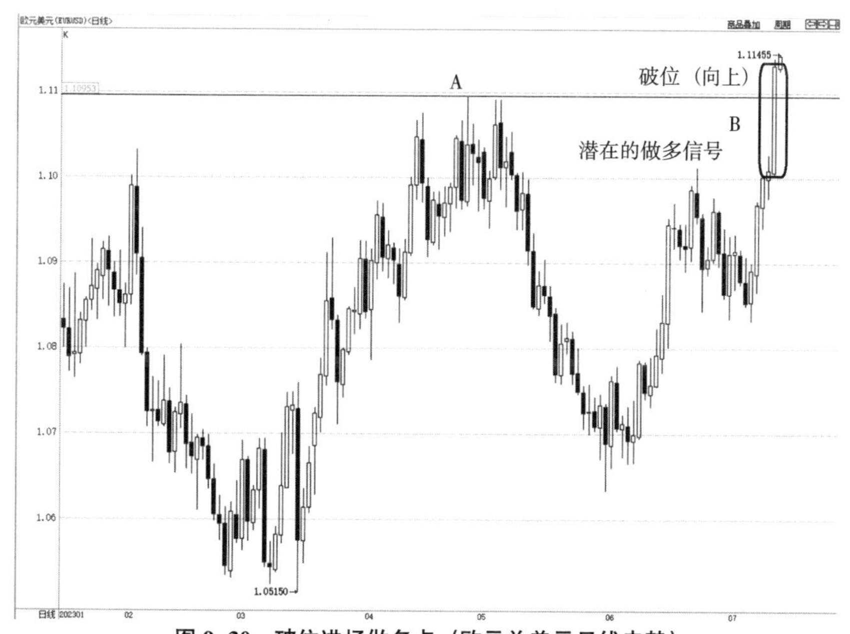

图9-30 破位进场做多点（欧元兑美元日线走势）

资料来源：博易大师，DINA。

的阻力，是一条明显的水平阻力线。在 B 点处，欧元兑美元向上突破，这就是一个典型的破位做多进场点。实际情况可能没有这种简单，因为存在假突破。**假突破是破位进场的最大障碍点**，你觉得可以从哪些角度入手解决这一问题。

破位进场做空则是当价格向下突破支撑线的时候进场（见图 9–31）。A 点是一个前期显著的低点，存在强大的支撑，以 A 点为坐标形成一条水平支撑线。在 B 点处，英镑兑美元向下突破，这就是一个典型的破位进场做空点。

图 9–31　破位进场做空点（英镑兑美元日线走势）

资料来源：博易大师，DINA。

整体而言，破位进场都是在追逐市场的运动。什么情况下，破位能够取得较高的胜率呢？技术上有各种过滤手段，比如通过更高时间框架的趋势来过滤，比如设定突破的幅度要求等。这些手段都是局限于现象层面，能不能从本质入手呢？**大家可以尝试从“分歧”的角度去过滤突破的有效性，通过突破所处市场环境的舆情和共识来区分真假突破**。

除背离外，见位交易是我比较喜欢的进场方式，而且有时候大趋势中的中继调整也会同时以背离和见位的形式出现。见位进场让交易者更加“气定神闲”，因为见位进场时，波动率下降了，成交滑点较少，买卖价差也较小。

见位的“位”怎么确定呢？第一是根据斐波那契分割点位确定，可以进一步叠加上 K 线形态过滤；第二是根据震荡指标来确定，如果想要进一步提高胜算率和风险报酬率则可以在震荡指标的基础上加上移动平均线。

我们先来看见位进场做空的实例（见图 9–32）。澳元兑美元 AB 段显著下跌，幅度较大，B 点处汇率回升。如果我们预判趋势向下，那么就可以寻找见位进场做空的机会。预判趋势向下可以通过哪些方法呢？第一，趋势线；第二，移动平均线，参数通常在 60 以上；第三，更大时间层级上的趋势指标，比如周线的 13 期移动平均线向下。

图 9–32　见位进场做空点（澳元兑美元日线走势）

资料来源：博易大师，DINA。

当汇率从 B 点回升时，我们“等待”见位进场做空的机会，这就是潜在的 C 点。我们这里从两个维度来确定 C 点：第一是斐波那契回撤点位；第二是震荡指标 KD 出现高位死叉，最好是超买死叉。

澳元兑美元日线反弹到 AB 的 0.5 回撤水平附近，震荡指标 KD 出现了超买死叉，也就是 KD 在 80 水平以上死叉，这就是一个显著的见位做空进场信号，也就是潜在的 C 点确定了。C 点就是见位做空的进场信号。

见位进场点，除利用斐波那契点位和震荡指标之外，你还可以动用哪些指标手段来确认？K线形态可以吗？散户持仓比率可以吗？数据公布和事件驱动这类催化剂可以吗？题材性质可以吗？成交量可以吗？

见位做多也是差不多的标准，来看一个实例，美元兑加元。图9-33是美元兑加元的日线走势，汇率从A点大幅上升到B点，在B点出现了回落。如果交易者预判趋势仍旧向上，那么就可以等待潜在的C点，这是调整结束的点位，也就是我们见位进场做多的点位。

图9-33 见位进场做多点（美元兑加元日线走势）

资料来源：博易大师，DINA。

当汇率回落到斐波那契回撤水平0.618附近时出现下影线很长的K线形态，与前后K线组成了早晨之星形态，这是一个止跌反转信号。相应的KD震荡指标也处于低位金叉，尽管没有处于超卖区域。潜在的C点就确定了，见位进场做多信号出现了。

见位进场的命门在于"顺势"。交易者刚开始从事见位交易的时候，往往眼中只有"点位"，却没有趋势。魏老师强调"势位态"三要素相结合，"点位"是最容易入手的，但只有"点位"容易只见树木不见森林。

如何做到“顺势”，也就是所谓的阻力最小路径？我在本书中也提出了许多独特的方法，比如通过感知当前市场舆情处于“分歧”还是“一致”来判断阻力最小方向。一些技术手段也是可以的，比如移动平均线，不过这个通常滞后的，遇到震荡市场就完全没有办法了。

我们要讲的重点还是与背离相关的败位进场。**背离其实在大多数时候都是败位的领先指标**，因为背离通常在前，而败位紧接在后。背离交易者拿了先手，而败位交易者紧随其后。败位交易与所谓的“海龟汤交易策略”本质上是一样的。

背离是动量衰竭的征兆，在突破后如果动量减弱，那么就存在趋势反转的可能性了。一旦趋势开始反转，就会跌回不久前才突破的阻力线，这就是突破失败的特征，也就是我们定义的“败位”。当然，这里是做空的败位，还有做多的败位。败位与“多空陷阱”在绝大多数语境下是同一个意思。

我们先来讲顶背离与败位的关系，结合实际例子来看。图 9-34 是美元兑日元的日线走势，汇率涨到 A 后进入横向整理模式，其间有一个局部高点。此后，汇率在 E 点向上突破这个局部高点，这就是我们前面提到的破位，具体来讲是向上突破。

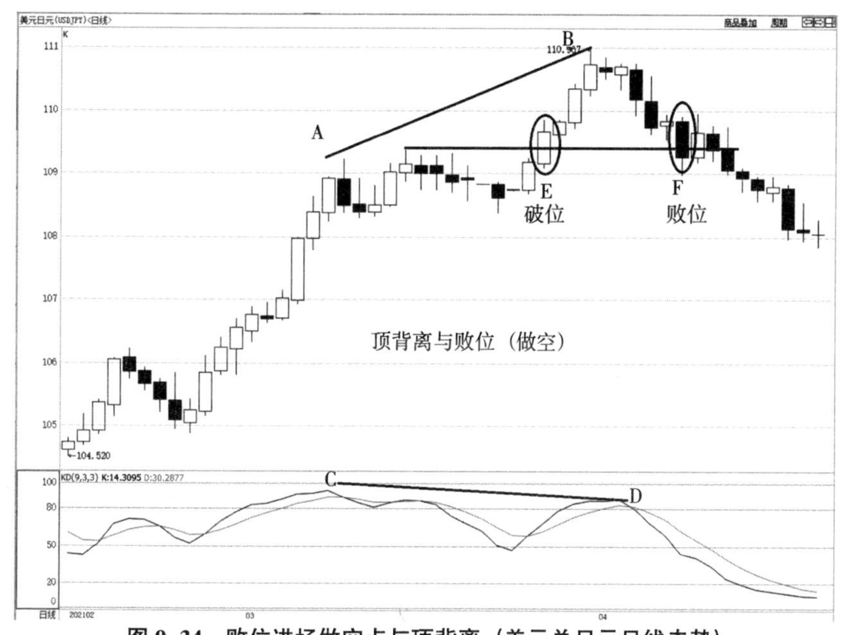

图 9-34 败位进场做空点与顶背离（美元兑日元日线走势）

资料来源：博易大师，DINA。

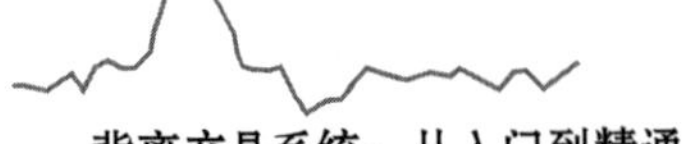

向上突破后形成高点 B 点，这个时候价格还维持在高位。汇率走势的 AB 段与震荡指标 KD 的 CD 段形成顶背离：B 点高于 A 点，但是相应的 D 点却低于 C 点。E 点向上突破后，出现了顶背离，向上的动能衰竭。对于纯粹的背离交易者而言，这就是一个进场做空的机会，初始止损点设置在 B 点上方不远处。

对于败位交易者而言呢？他们会继续等待，等待美元兑日元跌破此前的阻力线，也就是现在的支撑线。在 F 点处，汇价出现了预期中的“败位”。所谓的“多头陷阱”就是在 E 点突破，又在 F 点确认突破失败，在重大利多数据或者事件发生后，出现这种走势往往都是进场做空的好时机。什么是“利多不涨”？这就是典型的一种表现。

海龟交易法（Turtle Trading Method）倾向于在 E 点处做多，而海龟汤交易法（Turtle Soup Trading Methond）则倾向于在 F 点处做多。**两者其实是相辅相成的，但几乎没有人将这两种看似对立的交易策略调和起来**。两者的桥梁是什么，背离似乎是这个桥梁，但还有许多其他情况。你可以将破位与败位结合起来，但是败位更多地需要在重要点位去定义，否则假信号也不少。在上面美元兑日元这个例子当中，我们采纳了日线的框架。首先是破位，其次是顶背离，最后是败位，这种时间序列给了我们某种操作路线图。如果将顶背离与破位做多，以及败位做空结合起来，这是一个我目前致力的研习方向。

我们接着来看美元兑日元的例子，图 9-35 也是日线走势，我们将在其中看到底背离与败位的关系。美元兑日元跌到 A 点后出现了反弹，然后跌到 B 点，次日就回升。汇价的 AB 段与震荡指标 KD 的 CD 段形成了显著的底背离：B 点低于 A 点，相应的 D 点高于 C 点。在 B 点处汇价先是向下跌破了 A 点形成的支撑线，次日却又快速升到了此水平线之上，这就是破位和败位的快速转换，这种败位反而特别有效，这是一种胜算率和盈亏比特别高的交易结构，典型的“多头陷阱”。虚晃一枪，打了止损单之后，快速回升，让多头猝不及防，浮动亏损快速扩大，等到回过神来时，只能割肉，这就推动了汇价进一步反弹。

在这个例子当中，破位（做空）、底背离与败位（做多）之间的攻防转换是非常快的，不像上面败位做空的那个例子。破位还是在败位之前出现，但是背离却基本上与两者重叠。

图 9-35　败位进场做空点与底背离（美元兑日元日线走势）

资料来源：博易大师，DINA。

通过对破位、见位、败位与背离的比较和分析，我们可以更好地管理自己的进场点。当然，其中还有许多值得我们进一步挖掘的地方，这当然要结合来自实践的大数据来进行了。

第五十二条为“A good trading process can help you get lucky”，大意为“良好的交易流程有助于你走好运”。

在这本书中，我和魏老师对背离涉及的所有领域都进行了或多或少的着墨，但所有的这些东西都要回归到交易流程上。无论你是想将布林带加入到背离交易策略中，还是想将事件驱动囊括进来，又或是将加特利形态叠加上去，抑或是利用 K 线形态来优化背离顶部的确认……所有这一切都要落脚到如何安排它们在整个交易流程中的定位。

是将它们作为过滤信号，还是触发信号？

是将它们作为仓位头寸管理参数，还是作为是否进出场的充分条件？

这些工具都可以作为事件触发的信号发生器，但是与我们的整个交易理念有什么关系呢？

它们可以捕捉到最本质、最重要的因果关系吗？如果我们不能找到最重要的

因果链条，那么再多复杂的数据挖掘和算法创新也是南辕北辙。

有些人为什么一直有好的运气？

为什么有些人一直都很“背时”？

就格局而论，你恰好处在“被剥削”的阶层；

就风口而言，你恰好处在“逆风”的方向；

就对手而言，你更加非理性；

就潮汐而言，你经常踏错节律；

……

根本而言，你缺乏一个好的流程来捕捉最本质的东西，要么在细枝末节的次要问题上纠缠，要么“东一榔头，西一棒槌”，毫无章法，没有流程，因而也无法高效迭代出一套好的系统了。

背离是一种禅机，一种哲学。背离提供了觉醒的机会，也提供了盈利的机会，这是一种生活哲学，也是一种交易哲学。你可以用“众争之地勿往”或者“反着道之动”来定性，也可以用斐波那契点位或者螺旋历法来定量，但根本还是落地到操作上，这就需要流程的完善和迭代了。

成功不是因为天赋，也不是因为运气，而是因为一套能够围绕一个有效核心不断迭代的流程。

格局不变，你可以跃升到更有利的位置；

风口不定，你可以站到最有利的方向；

潮汐往复，你可以调整自己踏准节奏；

对手狡黠，你可以等待他们犯错的时机；

那么，你如何做到这一切，灵机一动是不行的，不稳定的……

你需要一套可以迭代升级的流程……

背离就是这个有效核心，那么流程迭代就操之于你手了。

第五十三条为“You must survive losing streaks”，大意为“你必须在连续失利中保存实力”。交易者的实力主要体现为本金和策略，足够的本金和长期有效的策略是交易者的制胜法宝，连续亏损不仅会减少本金，而且会影响交易者对策略的信心，进而导致放弃或者执行变形。

中国历史上有个司马懿，日本历史上有个德川家康。

我们要向他们学习，学习什么？

先考虑活下去，这是最大的筹码，有了这个筹码，你才可以继续在“牌桌”上继续玩下去。只有能够继续玩下去，你才能伺机获得最终的胜利。

失败一次，不要紧；

失败两次，不要紧；

失败三次，也不要紧；

……

最要紧的是你能否继续玩下去，洞悉规律，了解对手，等待对手在极端非理性情况下给你的机会。

背离是一种耐心的斗争哲学。

耐心等待对手处于极端非理性的机会，给予致命一击。

所以，从事背离交易的外汇交易者，我们奉行的哲学与司马懿，与德川家康，与保罗·都铎·琼斯，与他们所奉行的哲学和策略，并无二致。

等待是因为“英雄不吃眼前亏”，我们要等待一个胜算率和风险报酬率足够高的机会，这不是一个普通的机会，而是一个重大的机会，实现本垒打的机会。

等待是因为当前我们处于劣势，对手是理性的，犯错率很高，成本很高，收益很低。等待是为了保存实力，保存本金，可以尝试，可以接受接连的小失误，但是不能在战略上犯错误，因为那往往是致命的。

在背离交易者来看，破位交易者太鲁莽冲动，不顾形势，一位进攻；见位交易者太缺乏胆量，为了占点小便宜，而看不清大势；败位交易者太自负，不知道时势造英雄，而非英雄造时势。

第五十四条为“Markets usually take time to make a top or a bottom before reversing”，大意为“市场常常在趋势反转之前往往会花费一些时间构筑顶部或者底部”。

顶背离和底背离其实就是市场在趋势反转前的减速行为。

这一点比较符合外汇市场的特征，重要的顶部或者底部往往会持续进行三天的震荡。在《外汇狙击手》当中，我们提到了“三日横盘反转模式”（第十二章），大家可以对照来了解上面这句话的实际含义。

就本书所提到的背离模式而言，其实也是在趋势反转之前进行了一个“刹车”动作。

一段趋势的启动和终止比持续需要花费更大的能量，相应的时间也就更长。上涨趋势的结束与顶背离关系密切，下跌趋势的开始也与顶背离关系密切；下跌趋势的结束与底背离关系密切，上涨趋势的开始与底背离关系密切。

第五十五条为“All stocks go through cycles of accumulation，distribution，and range trading”，大意为“所有的股票都会经历周期循环，从吸筹到派发，以及贯穿其中的区间整理”。

这里专门提到了股票的涨跌周期阶段特征。背离也经常出现在股票涨跌周期的特定阶段。比如在吸筹阶段，经常出现底背离，因此“缠论”的第一个买点与底背离关系密切。

为什么吸筹阶段与底背离关系密切呢？

底背离的第二个底部往往是一次下杀的诱空行为，或者说“空头陷阱”。经过前面漫长的下跌，然后这么一次出乎意料的破位，彻底击溃了“死多头”的心理防线，缴械投降，交出筹码。

因此，**底背离从博弈心理的角度来讲，具有天然的吸筹功能**。

我们以前讲 N 字结构，N 字结构其实提高了上升过程中的平均持仓成本。通过震荡，让一部分持筹者出去，另一部分持币者进来，这样整体的持仓成本就提高了，浮盈巨大的筹码就少了，股价进一步上升的潜在抛压就减轻了。

为什么烂板出妖股？为什么换手板和回封板能够出黑马股或者大牛股？为什么一字板风险巨大，追高容易被闷杀？道理其实是一样的。**充分换手才能走得远，涨得高**。

如果说底背离或者空头陷阱提供了底部吸筹的机会，N 字结构提供了中途洗筹的机会，那么顶背离就提供了顶部派发的机会。

顶背离扭转上升趋势之前，有一次向上的破位，这次破位似乎跟此前的向上 N 字结构一样。此前许多谨慎的交易者可能在向上 N 字结构的时候，非常犹豫，几次向上突破都没跟进。到了顶背离这个阶段，再度向上突破，经过前几次似乎就养成了一个直线预期，这次也能成功。在市场一致亢奋和乐观的氛围中，大众就会跟进突破，而且成交量应该很大，突破幅度也很大，这就给了聪明大资金派发的良机。

顶背离的向上突破就是一次“多头陷阱”，利用此前养成的惯性思维，套住后知后觉的大众，然后败位回落，彻底绞杀这批资金。

底背离为什么能够吸筹成功？

N字结构为什么能够洗筹成功？

顶背离为什么能够派筹成功？

命门在于情绪！

底背离的时候，大众往往处“一致”悲观或者恐慌的共识预期中，所以在情绪崩溃中卖出是他们的共同行为。

N字结构的时候，大众的预期是“分歧”的，没有共识，行情在发展，但是大众是怀疑和犹豫的，看着行情上涨、回调、上涨、回调、上涨……但就是不敢跟进。

顶背离的时候，大众基本处于“一致”乐观或者亢奋的共识预期中，所以在从众的虚假安全感中买入是他们的共同行为。

底背离和顶背离与“一致”的大众预期相关，N字结构与“分歧”的大众预期相关。行情在分歧中发展，在一致时结束（见图9-36）。

许多交易策略和哲学的贩卖者，都在高谈阔论“恐惧”和“贪婪”，对于如何落地，如何实际运用这些东西却毫无着墨。其实，恐惧出现在恰当的时机就是谨慎，贪婪出现在恰当的时机就是勇敢。

我们谈论“截短亏损，让利润奔腾”，如果恐惧出现在亏损扩大时，那么恐惧可以帮助交易者截短亏损，这就

不要以为只有A股的投机客们才会津津乐道于“一致”和“分歧”，这就狭隘，这就孤陋寡闻了。其实，价值投资大师们才是把玩这对范畴的高手。约翰·邓普顿（John Templeton）有一段精辟之言：“牛市在悲观中诞生，在怀疑中成长，在乐观中成熟，在兴奋中死亡。最悲观的时候正是买入的最佳时机，最乐观的时刻正是卖出的最佳时机。”简言之，大众一致悲观的时候，恰好是做多的良机；大众一致乐观的时候，恰好是做空的良机。如何量化“一致”和“分歧”，在外汇交易方面我们已经提供了许多可资借鉴和落地的工具。

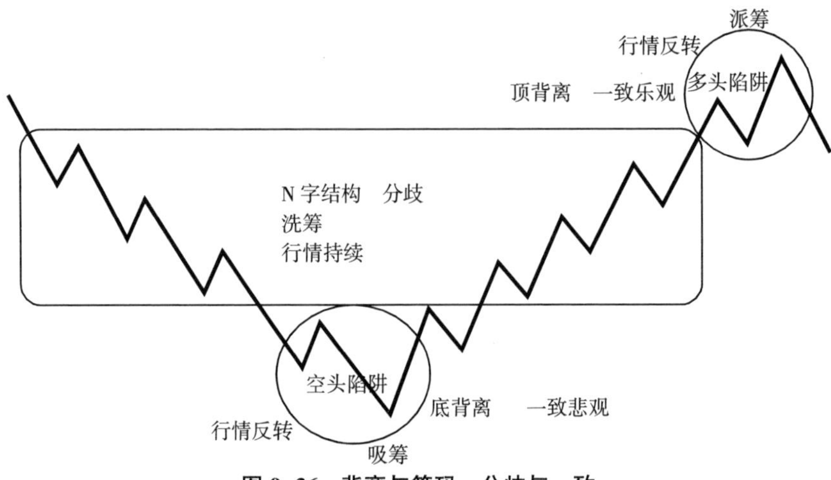

图 9-36　背离与筹码，分歧与一致

是“当机”的“恐惧”，是“好的恐惧”，或者说谨慎。但是，如果恐惧出现在盈利奔跑时，那么恐惧就会阻碍利润的生长，最终降低盈亏比，这就是“坏的恐惧”。

同样，如果贪婪出现在利润奔跑时，那么贪婪可以帮助我们扩大盈利，提升盈亏比，或者说赔率，这就是“当机”的“贪婪”，是“好的贪婪”，或者说勇敢。但是，如果贪婪出现在亏损亏大时，这时候还抱着幻想，幻想行情反转，转败为胜，那么就是不合时宜了，甚至是极端危险的，这就阻碍了“截短亏损”，这就是“坏的贪婪”。

为什么要在大众恐惧的时候贪婪呢？

为什么要在大众贪婪的时候恐惧呢？

其实就是在大众“高度一致”的时候，反其道行之。这个时候就要做市场的反转了，做价值投资的均值回归策略，做题材投机的背离交易策略。

那么，什么时候要跟进市场呢？什么时候要和光同尘呢？

当大众“分歧和争辩”的时候，你要跟随市场的方向！

不分条件，不顾环境，不看对手，一味逆向操作，也是傻瓜。

我们是“选择性逆向”，当大众高度一致的时候，选择与市场运行相反的方向操作；当大众怀疑犹豫，众说纷纭的时候，选择与市场同向而行。

作为背离交易者，我们更多的是在寻找“大众高度一致”带来的反转交易机

会，但是我们也要明白不是什么情况下都去进行逆向操作的。

这本背离交易的指导手册，在什么情况下运用是有效的？这个前提弄不清楚，就是没有“悟道”，技术的效力取决于你是不是用在了恰当的环境下，条件弄不清楚，你就只是“沉迷于术”而已。

“朝闻道，夕可富”，我们提出的这个“背离交易之道”，你理解没有？“终生不明道，至死尤未能”，如果只是执着于具体的技术，那么到死也不知道为什么别人可以做到，自己却不能。

第五十六条为“Conviction on a trade can lead to big wins or big losses，it is neutral as a benefit to a trader”，大意为“坚持一个头寸会导致大赚，或者大亏，对交易者的利益而言，坚持行为本身是中性的”。

坚持是一把“双刃剑”，正如杠杆一样，关键在于知道什么时候该坚持，什么时候该放手。“让利润奔跑”是坚持，“截断亏损”是放手。对于趋势交易者而言，有浮盈就应该坚持，亏损幅度超出合理幅度就应该放手。

背离交易者严格来讲也是趋势交易者，只不过做的不是“跟随趋势”而是“趋势开头”。进行背离交易的过程中，初始止损点是比较好设置的。

对于顶背离而言，第二个高点之上一些往往是设置空头头寸初始止损的位置（见图9-37）；对于底背离而言，第二个低点之下一些往往是设置多头头寸初始止损的位置（见图9-38）。

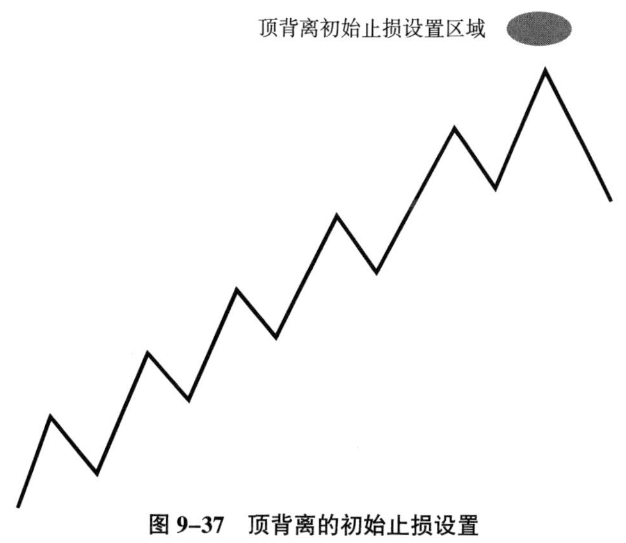

图9-37 顶背离的初始止损设置

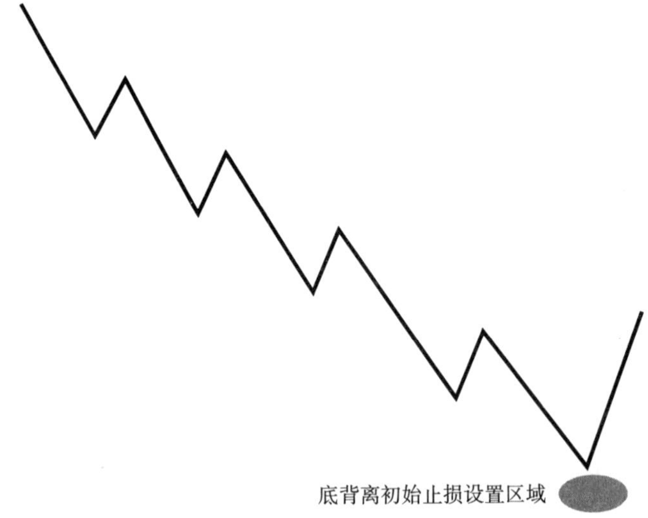

图 9-38　底背离的初始止损设置

第五十七条为“Trend following makes money，trend fighting loses money”，大意为“顺势而为挣钱，逆势而动亏钱”。

“顺势而为”的要点有两个：第一是“势”如何预判或者确认？第二是“顺”“为”如何做到？如何具体实际操作？

第一个要点涉及认识，第二个要点涉及操作，一个是知，另一个是行，最后结合起来就是知行合一。

“势”如何预判和甄别呢？有四个维度来预判甄别：

第一个维度是驱动面，或者说逻辑面、基本面。就外汇交易而言，你怎么从驱动面判断趋势呢？什么因子是决定性的呢？在《顺势而为：外汇交易中的道氏理论》一书中，作者小何提出了从驱动层面入手研判趋势的框架。两种货币的利差加上风险偏好，具体来讲就是利差预期和风险偏好。利差预期往往与两国央行的货币政策周期和动向有关，一个处于升息周期，另一个处于降息周期，这就是非常好操作的货币对，因为这样的格局下趋势是强劲持续的，明确好操作。

风险偏好在通常情况下，我认为是不用特别考虑的，只有在核心国家或者大国出现金融危机或者经济危机的时候，才需要把风险偏好考虑进来。没有重大危机事件连续冲击的时候，只需要考虑利差预期就能够把大势搞清楚。

当然，这里的大势不是宏观经济的大势，不是地缘政治的大势，也不是大类资产配置的大势，而是外汇市场主要货币对的大势。

第二个维度是“利差预期”。“利差预期”讲起来太学究气了，如何落实到具体操作呢？怎样具有可操作性呢？利差不是绝对的利差，不是说十年期国债收益率相对较高的那个货币就是上涨的，十年期国债收益率相对较低的那个货币就是下跌，不是这样看绝对值。当然，也不是看基准利率的绝对高低，不是这样去看。

我们要看利差的趋势，简单来讲就是利率是看涨的，还是看跌的，如果一个国家的货币政策处于加息周期，而另一个国家的货币政策处于观望不动，甚至降息周期，那么前者相对于后者，其汇率就往往处于上升趋势。套息交易对此有推动，但是并非全部。为什么处于加息周期？因为经济增长，这是根本。那么，资金会去追逐经济增长的红利吗？这是肯定的，资金流入，汇率当然有很强的上升动力了。

那么，所以**汇率持续上涨或者下跌，很大程度上都是由利差趋势决定的，而利差的趋势则取决于两国的货币政策周期。从驱动层面研判外汇的趋势，就是看货币政策周期**。这就是真传一句话，关于趋势的基本面因子。

背离交易者怎么用上这句话呢？背离交易者在周线上寻找大机会的时候，就要注意货币政策周期转向问题。是不是“暂停”加息了，是不是“暂停”降息了，是不是“开始”加息了，是不是“开始”降息了，国债收益率曲线有没有异动？这些都是货币政策转向的风向标。**货币政策周期到了新阶段，变了方向，那么背离交易的大机会就来了，这是周线上的机会**。

第三个维度是心理面。那么，心理面如何研判汇率趋势呢？我和魏老师都喜欢强调“分歧”和“一致”。趋势在什么情况下与当前的汇价走势同向呢？分歧的时候，市场有分歧，那么阻力最小路径就是当前的价格方向，方向与趋势是一个东西。

趋势在什么情况下与当前的汇价走势相反呢？共识预期高度一致的时候，大众极端悲观或者乐观的时候，这个时候趋势要转折了，趋势与当前市场方向就不是一个东西了。这个时候，阻力最小路径就与当前的价格方向相反了。

当然，除分歧和一致外，还可以从驱动事件的生命力入手，这个事件的兑现程度是多少，是不是超预期了，等等。兑现得差不多了，没有什么新东西出来了，题材也是老生常谈了，汇率也有点走不动了，涨不上去了，顶背离出现，这

阻力最小路径怎么确定？河流沿着阻力最小路径前进。基本面就是河床，技术面就是河流。阻力有多大，取决于河床。

就是趋势到头的迹象。

第四个维度是技术面。技术面怎么甄别趋势呢？这个往往都只能确认趋势，很难预判趋势。即便像艾略特波浪理论和加特力波浪理论这样的转折预判系统，也只是说提醒一下潜在的反转窗口，要真正从技术上高效预判趋势还是存在很大的难度。诸如移动平均线之类的趋势指标，准确来讲也就是一个趋势跟踪指标，属于滞后指标，经常出错。

在没有趋势的时候，这些所谓的趋势指标其实就是噪声制造者，只会给交易者添乱。

背离是趋势减弱的特征之一，但是趋势在减弱后可以再度增强，也可以步入衰竭继而反转。趋势减弱后是恢复，还是反转，取决于什么？取决于基本面，取决于驱动逻辑变没有变，减弱没有。所以，**趋势是一个现象，逻辑才是根源。**

背离也是一个现象，主导背离的逻辑才是根源。背离提供了一个思考的线索，你能沿着这个线索挖掘到多么深的层面，这就是你作为一个背离交易者的功力体现了。

清单习惯或者说清单思维无论是对于外汇分析，还是交易都非常重要，它可以将交易策略落实到行动，更为重要的是可以帮助你快速迭代升级策略。

第五十八条为“You can build a watch list of stocks or forex pairs based on fundamentals，but you still have to trade the price action on the chart”，大意为“你可以为股票或者货币对建立基本面分析清单，但是你必须基于图表上的价格行为进行交易”。

基本面与趋势以及波动率关系密切，基本面没有显著的变化，就没有显著的价格波动；基本面没有重大的变化，就没有价格的重大变化。当然，在狭义流动性极差的情况下，大资金可以操作某一标的，比如某些成交量极少的“仙股”或者是数字货币。坐庄是一个盈利策略，在这种情况下简单的价格操纵加上一些毫无逻辑的题材就可以

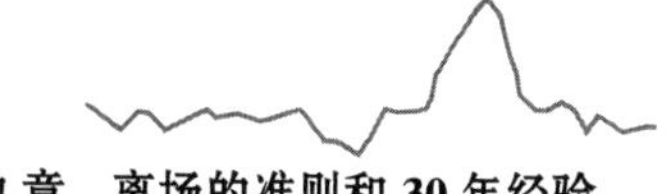

制造较为充分的对手盘。

但是，在某些成交量巨大、玩家众多的资产标的上，基本面逻辑给大资金起了“兜底”的“安全网”作用，即便在金融市场上找不到对手盘来承接，也有场外资金或者一级市场可以承接，大不了最终变卖资产变现。像格雷厄姆这类“隐蔽资产型价值投资者”，持有被严重低估的资产后，如果在二级市场找不到合理的卖出机会，也可以选择直接在固定资产市场变现。

对股票而言，价值起到了“兜底”的“安全网”作用。对于外汇而言，也存在基本面的支持和兜底，这就是购买力平价和套息机会。外汇走势显著受到息差和风险溢价的影响，**如果我们制作外汇分析的基本面清单，就应该将息差因素置于榜首**。

然而，是不是有了完善的基本面清单我们就可以进行交易了呢？基本面清单可以帮助我们把握趋势方向和事件套利机会，但要落实到具体的交易中还需要借助于技术图表的力量。

背离交易是一种典型的基于技术图表的策略。技术图表是基础，在此之上我们可以管理交易的风险，特别是反转类交易的风险。

反转交易的背后是均值回归的思想，突破和见位交易的背后是趋势动量的思想。无论是哪种策略、哪种思想、哪种交易哲学，都需要落实到价格走势上。这样才能降低交易成本，管理交易风险。

价值投资基于均值回归的思想，这个“均值”其实就是“合理的估值”。估值是根据未来收入的贴现计算得来的，有科学的成分，也有艺术和经验的成分，但整体上是可以量化的。

背离交易也基于均值回归的思想，这个“均值”具体是什么呢？是长期移动平均线，还是购买力平价，或者是利率平价、息差套利机会贴现，等等，这些就是可以去研究和探索的领域。当然，作为交易者我们应该与自己的交易实践相结合，而不是纯粹探讨金融资产定价理论。

背离交易蕴含了哲学——“反者道之动”……

背离交易蕴含了军事理论——“一鼓作气，再而衰，三而竭”“避其锐气，击其惰归”……

背离交易蕴含了商业理论——“众争之地勿往”“贱取如珠玉，贵出如粪

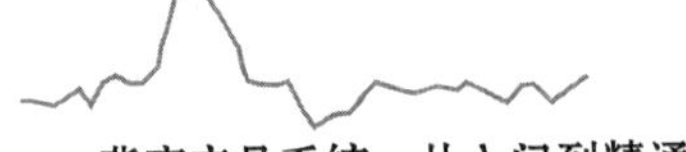

土”……

背离交易蕴含了心理学理论——“在悲观中买入，在乐观中卖出”……

但再多的理论，也要落实到具体的操作，这个就离不开技术图表了。

最常用的技术图表是K线图，那么背离的内部构造与K线图怎么结合起来呢？背离内部有两个局部顶底，这两个顶部容易出现反转K线形态。这两个顶底容易出现异常成交量。股票很容易查看成交量，其实外汇MT4/MT5平台也提供经了成交量，这个是平台自身的成交量，并非全球外汇市场的成交量。外汇期货市场是场内交易，这个成交量是可以参考的。

除K线外，我们在背离交易的时候还可以利用加特利波浪形态与斐波那契点位来观察背离的内部结构和比率关系。

当然，背离的定义离不开动量/震荡指标。

背离可以很好地建立在K线、震荡指标、斐波那契比率和成交量的基础上，这就是我们做背离交易时的坚实基础，在此基础上我们再来谈基本面和心理面。基本面和心理面也才有了可供着手之处。背离是我们的交易基石，离开这一点，再优秀的基本面分析清单也是无本之木。

第五十九条为“Most bottoms in price come with a confluence of other oversold indicators and bullish divergences”，大意为“绝大多数底部都与指标超卖或者底背离一同出现”。

斯蒂文·伯恩斯在这条经验法则当中提到了“底部”“超卖”“底背离”。超卖时的金叉往往意味着底背离基本完成了，底背离往往与底部构筑完成关系密切，不过这是理想状态下的，在较小的时间框架下，底背离的有效性并没有理论上那么显著。

底部绝大多数时候是在超卖的情况下构筑的；

底部在某些时候会以底背离的方式构筑；

底背离后或许还有底背离，然后继续下跌；

……

什么情况下的底背离容易构筑真正的底部？

这个要看市场情绪，是不是高度一致了，是不是都在看跌，而且是都在看大跌？

此外，基本面要关注下，利空是不是兑现了？基本面还能更差吗？市场是不是出现了新的逻辑？

交易者要懂得向自己提问，从提问抓到本质，深入下去，找到大众的盲点，在关键时点给出致命一击。

索罗斯让手下要敢于重仓，这个“敢”字要放在恰当的时间，恰当的地点，面对恰当的对手。**背离交易很强调“当机”，技术上的“机”大家基本上都能看出来，但是真正的“机”，却在技术之外，在基本面上，在心理面上。**

第六十条为“Maximum pessimism is at market bottoms，maximum optimism is at market tops”，大意为“**悲观情绪极点在市场底部出现，乐观情绪极点在市场顶部出现**”。如何度量情绪极端点呢？一致程度是关键。我们反复强调了这一点，可以说这一点能否掌握，关于到你能否大幅提高背离交易的胜率和回报率。

汇率涉及两个货币，因此悲观可能在这个汇率的顶部出现，因为是前一个货币对后一个货币显得悲观，前一个货币相对就乐观到极点了。相同的道理，乐观也可能在这个汇率的底部出现，因为是前一个货币对后一个货币对显得乐观，前一个货币相对就悲观到极点了。

外汇交易比较注意“相对强弱”这个概念的实际运用，因为汇率是两个货币构成的，其涨跌取决于两者的相对强弱。在股票市场中，相对强弱的概念提到较多，时序动量属于自身的相对强弱，截面动量属于横向比较的相对强弱。我们可以迁移这些理解到外汇分析和交易中。

怎么迁移？前面提到的极端悲观点和极端乐观点，主要是基于时序的维度，也就是单独探讨某一货币对，或者特定汇率在时序上的极端悲观和极端乐观点。那么，我们是不是可以进行横向分析了，术语来讲就是进行截面分析。在某一时点上，所有可交易货币对当中，谁最乐观，谁最悲观。这个可以通过截面动量指标来确认，也可以通过乖离率来确认。

一旦确定了截面上的最乐观和最悲观货币对/汇率，我们在交易中如何围绕这一信息构建交易策略呢？就本身提出的核心而言，我们可以围绕截面最强和最弱建立基于背离的交易策略。如果最强的货币对出现了顶背离，那么我们就做空；如果最弱的货币对出现了底背离，那么我们就做多。这是一种均值回归的思想，用横截面动量来具体度量了哪些货币对容易出现均值回归。

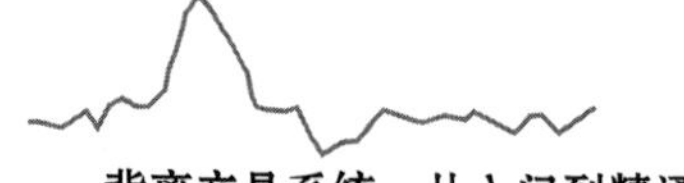

通常而言，在短期内动量延续效应较强，在长期内动量反转效应较强。短期和长期的临界点在哪里呢？股票市场上的动量因子研究表明，在 9 个月以内动量延续效应较强，12 个月以上动量反转效应较强。对于外汇市场而言，这方面的研究非常缺乏，也比较缺乏共识，还需要我们共同努力。

不过，从股票市场的相关研究可以推论到外汇市场上，那就是短期内的乐观和悲观，其延续的可能性较大；长期内的乐观和悲观，其反转的可能性较大。

什么是比较务实一点的方法呢？

第一，我们引入背离特征，这样就可以确认最强者和最弱者是不是到极致了，是不是有动量衰竭的迹象了，是不是要反转了。

第二，我们要关注市场的共识预期、舆情和散户持仓情况。关于共识预期和舆情，可以通过文本情绪分析进行，这就涉及了算法交易的一些内容。傻瓜一点的方法，就是利用各主流平台提供的散户持仓来确定是不是极端乐观或者极端悲观了。

交易这个领域，要突破，要获得超额利润，就要创新。无论我们在数据挖掘和算法运用上有多么努力，其实都只是边际改善。要获得超边际的跃升，就必须寻找另类数据和算法的创新运用，甚至新的算法。什么是超级竞争优势？必然来自于创新。数据类型上可以创新；数据来源上可以创新；数据运用上可以创新；算法上可以创新；算法运用上可以创新；策略上可以创新；策略运用上可以创新……**你在学习这本书的过程中，就要不断进行头脑风暴，绞尽脑汁提出各种问题，设想各种新的可能性，这样你才能在市场中获得超额利润**。

你花费再多时间和精力把已有的东西背得滚瓜烂熟，讲得条理分明，也不如花点精力到创新和想象上。**为什么拿破仑说想象力统治着这个世界，因为只有想象力才能出奇制胜，才能缔造别人没有的竞争优势，才能带来新技术和新的组织形式，才能大幅提升生产力……没有创新，就没有真正进步。创新关乎质变，努力只是量变。努力只能无限接近于过往创新的天花板，却无法突破这一束缚**。

我们在本书中提到了背离的许多新思维、新运用，这些也只是给大家一点启发，暴利来自于创新，因为创新看到了大众看不到的东西，这就是大众的盲点。如何发现大众的盲点？靠观念创新。**如何利用大众的盲点？靠手段创新。人生而为人，是因为我们能够创新**。人类能够凌驾于其他物种之上，是因为我们能够创新。

不创新，毋宁死！这个应该成为我们立志于成为顶尖交易者的座右铭，乃至墓志铭。

说这么多，你觉得还可以从哪些方面确认极端悲观点和极端乐观点？找可能性！！！

第六十一条为“Leverage in trading can cut both ways，use it with caution and good risk management”，大意为“杠杆是一把双刃剑，谨慎使用，配上良好的风险管理措施”。

阿基米德第一个提出了“杠杆”的威力。柔道和巴西柔术非常强调“杠杆”的运用。但问题是，我们知道杠杆的用处，对手也知道杠杆的用处，最终谁能运用杠杆增加自己的优势和对手的劣势，却完全取决于对杠杆的高效利用。

外汇交易中也是同样的道理。你不理性，那么杠杆就加大了你的劣势，放大了对手盘的优势；相反，如果你是理性的，对手盘是非理性的，那么杠杆就增加你的优势，放大了对手的劣势。

非理性的人用了杠杆，那就是加速走向灭亡，因为疯狂。

理性的人用了杠杆，那就是加速走向辉煌，因为明智。

杠杆是个放大的工具，或者说加速器。它可以加速你的成功，也可以加速你的失败。方向是你选择的，这个就是理性还是非理性的问题了，然后杠杆在这个方向上加速。

方向的选择并不是非黑即白，因为这里面涉及期望收益的问题，深入一点也就是收益的概率分布问题。哪些方向，期望收益高，那么你可以仓位重一些；哪些方向，期望收益低，你就应该空仓了，或者反其道行之。况且，**这种期望收益也是动态变化的**，所以有时候你应该加仓，有时候你应该减仓。

杠杆是一种仓位放大措施，增加杠杆，就是加仓，缩小杠杆就是减仓。杠杆和仓位都要根据期望收益变化而变化。

在背离交易中，共线性的数据不应该作为加仓或者加杠杆的指标，因为这种累加是无效的，并不能增加期望收益。不共线性的数据可以作为加仓或者加杠杆的指标，可以叠加，作为期望收益提升的线索。

散户持仓和乖离指标就是不共线性的，相互可以增强指示效果；COT 指标和散户持仓应该是部分共线性的；舆情与震荡指标存在部分共线性关系……大家要在实践中把这些理清楚，才能知道是不是胜率和赔率提高了，是不是期望收益提高了，这样才能决定压上多少筹码，加不加杠杆，加不加仓。这就跟德州扑克一样了，底层逻辑是一样的，不过更复杂，复杂许多，因为期望值的概率分布要几十个数量级都不止。

背离交易要等待最佳击球点，最佳击球点可以以清单的方式理清，然后就是静静地等待，等待它出现。不见兔子不撒鹰。

背离交易是一种“乌龟哲学”，等待最佳的机会，平时空仓就是韬光养晦，看准时机，胜率高，赔率高，才触及，这就是“最佳背离击球点”。**确定了最佳进攻的时机，就要充分利用杠杆了**，这就是最大化自己的优势了。避实击虚，这是找机会，找窗口，找空档。找到了，就必须做到“兵之所加，**如以碫投卵者**”，集中全部力量。

第六十二条为“The big money usually tips their hand for their sentiment by the end of the day”，大意为“大资金通常会在收盘的时候表明自己的情绪”。

收盘价，当然这里指的是一天的收盘价，而不是任意K线的收盘价。A股市场的投机客们经常谈论收盘价的意义以及各种“做收盘价”的主力手法，期货市场上TPO（市场轮廓）理论的实践者也很关心收盘价。在外汇市场上，前一日的收盘价通常称为计算枢纽点系统（Pivots）的基础之一。所有的这一切都表明收盘价在金融市场上具有特殊而重要的意义。

从技术来讲，突破的确认往往取决于收盘价的位置：向上突破成功的定义通常是收盘价在阻力点位之上；向下突破成功的定义通常是收盘价在支撑点位之下。当然，这里的收盘价并不局限于日线，而更多地取决于你的策略采用的时间框架。

在背离交易中，如果你采用的是日线交易，那么**收盘价往往体现为特殊意义的K线形态，而这对于预判背离**

的有效性非常有意义。

在顶背离的结构中，当第二个高点出现流星线的时候，特别是这个流星线的收盘价在第一个高点之下的时候，这种收盘价就具有特别重要的含义了。盘中突破，创了新高，但是收盘没有守住，回到了前一高点之下，这就是“虚晃一枪”，聪明的大资金可能是利用“多头陷阱”了解了多头头寸，甚至乘机开了多头头寸。

顶背离的高点附近出现“特别长的上影线”，能够显著提升其效力；越高的时间层级上出现“长上影线”，则效力也越强。

收盘价表明了“底线”和“底牌”。嘴上看多，身体却很诚实。这个“嘴上”就是盘中的波动，这个“身体”就是收盘价。**无论盘中怎么“表演”，“底牌”最终是要亮出来的**。

在底背离的结构中，当第二个低点出现探水杆的K线形态时，特别是这个探水杆的收盘价在第一个低点之上的情形，这种收盘价就有了非常重要的意义。盘中跌破，创了新低，然而在收盘的时候却没能确认这一突破，守不住，回升到了此前的低点之上，这就是“空头陷阱”，存在诱空之嫌。所谓的“Smart Money”“Big Money”很能就借机平多反手做空了。

底背离的低点附近出现“特别长的下影线”，能够显著提升其效力；同时，越高时间层级上出现“长下影线”，则效力也越强。

顶背离高点附近出现“收盘回落”和“长上影线”与题材性质和事件驱动有什么关系呢?

流星线假突破往往与一次性利多题材或者最后一次利多题材兑现有关。在外汇市场上认真观察一段时间，将汇率走势结合新闻事件和财经数据起来观察，你就会基本掌握什么是一次性利多题材，什么是最后一次利多题材。

“一次性利多题材”和“最后一次利多题材”的区别在于前者没有系列性，与近期的市场主要矛盾没有太大关系。“最后一次利多题材”的典型例子有“最后一次加息”等。

底背离高点附近出现“收盘回升”和“长下影线”与题材性质和事件驱动又有什么关系呢?

探水杆假突破往往与一次性利空题材或者最后一次利空题材兑现有关。对于题材的性质，抽象的解释不如自己亲自去观摩一段时间。**每天在Forexfactory上将汇率与新**

“一次性利空题材”和“最后一次利空题材”的区别在于前者并不成系列，与近期的主要市场焦点没有什么关系，因此无法引起市场的趋势性变化，顶多只是“昙花一现”。

闻数据放在一起看，每次数据出来时，市场怎么反应的，波幅怎么样，市场怎么吸收这些数据的？预期怎么走的？预期修正怎么走的？不及预期的时候，市场怎么走？超预期了，市场又是怎么走的？数据出来之前，汇价停在什么斐波那契点位水平？数据出来之后，汇价又停在了什么斐波那契点位水平？同一个数据出来时，平均波幅是多少？什么数据公布时，当日的平均波幅要超过一周之中其他日子？

驱动面、逻辑是市场价格运行的“河床”，河流是价格，这个价格可以是股价，可以是汇率，也可以是商品合约的价格、期权的价格，这些都是“河流”。**“河流”沿着阻力最小路径前进，某种意义上来讲这个最小阻力路径就是“河床”。换言之，逻辑就表明了最小路径所在。**

河流中的水有时候会改道，会冲破河床，但它最终停留在哪里，也就是“收盘价”在哪里，就表明了阻力最小路径在哪里。

因此，“收盘价”表明了河水在哪里停留，哪里是河水最稳定的状态，这就是阻力最小路径。**“收盘价”是阻力最小路径的指示器。**

第六十三条为“There are no perfect trades only good risk/reward ratios on entry”，大意为“没有完美的交易，只有风险报酬率良好的建仓点”。

什么是“完美的交易”？在门外汉或者新手看来，能“买在最低点，卖在最高点”或者“在最低点做多，在最高点做空”就是“Perfect trading”。

或许初学波浪理论的时候，我们都有这种幻觉。直到直面交易的残酷现实，我们才明白市场不是按照简单的机械运动展开的，这里面存在着“薛定谔的猫”。作为市场的参与者，我们在观察市场，也在影响市场，市场和我们的相互影响是循环往复的，这就使分析市场，根本与分析机械物理运动是两回事。

纯粹的理想主义或者理论工作者是无法在金融市场中持续获利的，因为他们是从“主观意愿”出发的，他们想要让市场来符合他们的设想和期待。“完美交易”就是符合他们“主观意愿”的交易，但是这类交易在现实中肯定是无法实现的，偶尔实现，也不要寄希望于“守株待兔”。

一个成功的交易者，必然从“现实可能性”出发，从多种现实可能的路径中，选择最有利的一条。

背离交易是一条现实可选的路径，你选不选它，关键取决于它是不是实际上

最有利的一条。

初学交易的时候，我们可能会设想一条“完美”的交易之路。在碰壁的过程中，我们逐渐发现了“现实”的交易之路。背离形态容易上手，具有可操作性和可迭代性，更重要的是具有可延展性，能够将一些新的想法和技术融合进去。这是一个现实的交易策略需要具备的一系列特征。

再具体一点剖析“背离交易”的现实有点，那就是**背离提供了一个胜算率和赔率都比较优秀的进场机会**。“赔率优秀”翻译成学术一点的说法就是“风险报酬率良好”。

“风险和收益成正比”是象牙塔里面的陈词滥调，在保罗·都铎·琼斯来看，寻找“低风险，高收益”的机会才是卓越交易者的追求，背离就具有这类机会的潜质。

第六十四条为“Perma bears make money only during downtrends，perma bulls make money only during uptrends，perma pigs blow up their account when they end up on the wrong side of any trend”，大意为“空头（熊）永远只能在下跌趋势中挣钱，多头（牛）永远在上涨趋势中挣钱，而猪则永远因为逆势而爆仓”。

伯恩斯的这条经验法则强调了“势”的重要性。魏老师提出了“势位态”这个技术分析的三要素法则，其中排头的是“势”。

在纯技术派来看，“势”的确认往往是一个“马后炮”式的说辞，一切趋势指标都是“跟屁虫”。没有明显趋势的，按照趋势指标去操作，那就是赔钱的主儿，赔得差不多了，也就没有心气继续下去了，这个时候真的趋势来了，你也死心了。就这样反复地折磨人，**没有趋势的用趋势指标，有趋势的时候不敢用趋势指标**，基本上都踏错市场的节奏，这就交易者们的常态。

直边趋势线和移动平均线，甚至MACD等都是常用的趋势指标。趋势线上不做空，趋势线下不做多，这个跟我们的背离交易的实际操作基本上是相反的。

顶背离大部分是不是在趋势线上出现的？

底背离大部分是不是在趋势线下出现的？

所以，**我们背离交易者的根本思想与主流的这些说法是相悖的。这是我们的优势还是劣势**？

但仔细一看，顶背离虽然在上升趋势线之上，但内部往往却存在跌破支撑线的现象；底背离虽然在下降趋势线之下，但内部往往却存在升破阻力线的现象。这就是“符合又不符合，不符合又符合”的矛盾对立统一之理。

背离的“势”不是靠这些通常的技术来度量的，更多的是通过情绪和共识来度量的，也就是“高度一致”是否出现了。这就是我个人的心髓所在，托付给大家，发扬光大。

八八六十四，数中有术，术中有数。阴阳燮理，机在其中。机不可设，设则不中。

第六十五条为“Trade like a casino，not a gambler”，大意为“像赌场一样交易，而非像赌徒一样”。拥有概率和期望值优势的是赌场，而处于劣势一边的是赌徒。

赌场的优势是什么？那些就是期望值的优势！为什么赌场有这么一个优势呢？这个优势的来源是什么？本质是什么？

赌场优势的来源在于基于概率论设定了一系列规则，而这些规则是有利于赌场的。这些规则并非一开始就完全定好的，而是根据玩家的能力和认识，逐步完善的。比如21点就存在漏洞，因为一旦玩家能够算牌，就可以根据概率分布的变化来决定下注的。为了避免玩家算牌，全球的赌场就采取了新的措施，让玩家无法算牌。

阅读到这里，你对背离交易的方方面面也应该有了更多的视角和维度，这些新的视角和维度在很大程度上决定了你能不能开发出一个具有竞争优势的交易策略。我们的进化和跃升总是伴随着“变异”和“创新”，交易的成功更是如此。希望你能够牢记核心，迭代升级，勇往直前，必将胜利！

我们往往在万念俱灰，人生看不到出路的时候可能出现大逆转，但前提是你绝不能放弃。但是，仅仅坚持还不够，你必须持续在解决“最大障碍点”上努力。

附录一　推荐进一步阅读材料

1. Ariely Dan, *Predictably Irrational*

2. Galbraith John Kenneth, *A Short History of Financial Euphoria*

3. Fox Justin, *The Myth of the Rational Market*

4. Wesley R.Gray, Jack R.Vogel, *Quantitative Momentum*

5. Barbara Star, *Hidden Divergence*

6. Vaughan Kilpatrick, *Divergence Cheat Sheet*

7. Raul Canessa C., *Estrategia de Trading Forex de la Triple Divergencia*

8. Marcus Vinicius Araujo Martinsa, Carlos Alberto Rodrigues, *Uma Estratégia de Investimento Baseada na Divergência do Indicador MACD*

附录二　MT4/MT5 的背离指标代码

```
//----input parameters
extern string   separator1 = "*** OSMA Settings ***";
extern int      fastEMA = 12;
extern int      slowEMA = 26;
extern int      signal = 9;
extern string separator2 = "*** Indicator Settings";
extern double positiveSensitivity = 0.0001;
extern double negativeSensitivity = -0.0001;
extern double historyBarsCount = 0;
extern booldraw divergenceLines = true;
//----buffers
double upOsMA [];
double downOsMA [];
double bullishDivergence [];
double bearishDivergence [];
double OsMA [];
double MACD [];
double Signal [];
static int chartBarsCount;
//+------------------------------------------------------------------+
//| Custom indicator initialization function                         |
```

```
//+------------------------------------------------------------------+
int init ()
  {
//---- indicators
   IndicatorBuffers(7);
//----
   SetIndexStyle (0, DRAW_HISTOGRAM, STYLE_SOLID, 2);
   SetIndexBuffer (0, upOsMA);
   SetIndexStyle (1, DRAW_HISTOGRAM, STYLE_SOLID, 2);
   SetIndexBuffer (1, downOsMA);
   SetIndexStyle (2, DRAW_ARROW);
   SetIndexBuffer (2, bullishDivergence);
   SetIndexArrow (2, 233);
   SetIndexStyle (3, DRAW_ARROW);
   SetIndexBuffer (3, bearishDivergence);
   SetIndexArrow (3, 234);
   SetIndexStyle (4, DRAW_NONE);
   SetIndexBuffer (4, OsMA);
// additional buffers
   SetIndexBuffer (5, MACD);
   SetIndexBuffer (6, Signal);
//----
   SetIndexDrawBegin (0, signal);
   SetIndexDrawBegin (1, signal);
//----
   IndicatorDigits (MarketInfo (Symbol (), MODE_DIGITS) + 2);
   IndicatorShortName ("FX5_Divergence ("+ fastEMA+", "+slowEMA+",
   "+signal+")");
//----
```

```
    if (historyBarsCount<=0 || historyBarsCount>Bars) chart
      BarsCount=Bars;
    else
      chartBarsCount=historyBarsCount;
//----
    return(0);
    }
//+------------------------------------------------------------------+
//| Custom indicator deinitialization function                       |
//+------------------------------------------------------------------+
int deinit ()
   {
   for (int i = ObjectsTotal () - 1; i>=0; i--)
     {
        string label = ObjectName(i);
        if (StringSubstr (label, 0, 14) != "DivergenceLine")
           continue;
        ObjectDelete (label);
      }
    return(0);
  }
//+------------------------------------------------------------------+
//| Custom indicator iteration function                              |
//+------------------------------------------------------------------+
int start ()
    {
  int countedBars=IndicatorCounted ();
  if (countedBars<0)
     countedBars=0;
```

```
//----
  CalculateOsMA (countedBars);
  CalculateDivergence (countedBars);
//----
  return (0);
  }
//+------------------------------------------------------------------+
// |                                                                  |
//+------------------------------------------------------------------+
void CalculateDivergence (int countedBars)
  {
   double arrowSeparation=1/MathPow (10, MarketInfo (Symbol (),
                                MODE_DIGITS) +2) *50;
//----
   for (int i=chartBarsCount-countedBars; i>=0; i--)
    {
      bearishDivergence[i]=EMPTY_VALUE;
      bullishDivergence[i]=EMPTY_VALUE;
      //----
      int firstPeakOrTroughShift=GetFirstPeakOrTrough(i);
      double firstPeakOrTroughOsMA = OsMA [firstPeakOrTroughShift];
      if (firstPeakOrTroughOsMA>0)
      {
         int peak_0=GetIndicatorLastPeak(i);
         int trough_0=GetIndicatorLastTrough (peak_0);
         int peak_1=GetIndicatorLastPeak (trough_0);
         int trough_1=GetIndicatorLastTrough (peak_1);
    }
  else
```

```
    {
      trough_0=GetIndicatorLastTrough(i);
      peak_0=GetIndicatorLastPeak (trough_0);
      trough_1=GetIndicatorLastTrough (peak_0);
      peak_1=GetIndicatorLastPeak (trough_1);
    }
//----
if (peak_0==-1||peak_1==-1||trough_0==-1||
    trough_1==-1)
    continue;
//----
    double indicatorLastPeak=OsMA [peak_0];
    double indicatorThePeakBefore=OsMA [peak_1];
    double indicatorLastTrough=OsMA [trough_0];
    double indicatorTheTroughBefore=OsMA [trough_1];
/*
    int pricePeak_0=GetPriceLastPeak (peak_0);
    int pricePeak_1=GetPriceLastPeak (peak_1);
    int priceTrough_0=GetPriceLastTrough (trough_0);
    int priceTrough_1=GetPriceLastTrough (trough_1);
*/
    int pricePeak_0=peak_0;
    int pricePeak_1=peak_1;
    int priceTrough_0=trough_0;
    int priceTrough_1=trough_1;
    //----
    double priceLastPeak=High [pricePeak_0];
    double priceThePeakBefore=High [pricePeak_1];
    double priceLastTrough=Low [priceTrough_0];
```

```
double priceTheTroughBefore = Low [priceTrough_1];
// Bearish divergence condition
if ((priceLastPeak > priceThePeakBefore &&
     indicatorLastPeak < indicatorThePeakBefore) ||
    (priceLastPeak < priceThePeakBefore &&
     indicatorLastPeak > indicatorThePeakBefore))
{
 bearishDivergence [peak_0] = upOsMA [peak_0] + arrowSeparation;
 if (drawDivergenceLines)
   {
     PriceDrawLine (Time [pricePeak_0], Time [pricePeak_1],
                    priceLastPeak, priceThePeakBefore, Red);
     IndicatorDrawLine (Time [peak_0], Time [peak_1], indicatorLastPeak,
                        indicatorThePeakBefore, Red);
   }
  continue;
  }
 //Bullish divergence condition
 if ((priceLastTrough < priceTheTroughBefore &&
      indicatorLastTrough > indicatorTheTroughBefore) ||
     (priceLastTrough > priceTheTroughBefore &&
      indicatorLastTrough < indicatorTheTroughBefore))
    {
     bullishDivergence [trough_0] = downOsMA [trough_0] - arrowSeparation;
     if (drawDivergenceLines)
       {
         PriceDrawLine (Time [priceTrough_0], Time [priceTrough_1],
                        priceLastTrough, priceTheTroughBefore, Green);
         IndicatorDrawLine (Time [trough_0], Time [trough_1],
```

```
                        indicatorLastTrough, indicatorTheTroughBefore, Green);
            }
           continue;
         }
       }
    }
//+------------------------------------------------------------------+
//|                                                                  |
//+------------------------------------------------------------------+
void CalculateOsMA (int countedBars)
  {
    for (int i=Bars-countedBars; i>= 0; i--)
      {
        MACD[i]=iMA (NULL,0,fastEMA,0,MODE_EMA,PRICE_CLOSE,i) -
                iMA (NULL,0,slowEMA,0,MODE_EMA,PRICE_CLOSE,i);
      }
    for (i=Bars-countedBars; i>= 0; i--)
     {
        Signal[i]=iMAOnArray (MACD, Bars, signal, 0, MODE_SMA, i);
        OsMA[i]=MACD[i]-Signal[i];
        //----
        if (OsMA[i]>0)
          {
            upOsMA[i]=OsMA[i];
            downOsMA[i]=0;
          }
         else
            if (OsMA[i]<0)
              {
```

```
                downOsMA[i]=OsMA[i];
                upOsMA[i]=0;
              }
            else
              {
                upOsMA[i]=0;
                downOsMA[i]=0;
              }
        }
    }
//+------------------------------------------------------------------+
//|                                                                  |
//+------------------------------------------------------------------+
int GetPositiveRegionStart (int index)
  {
    int regionStart;
    for (int i=index+1; i<Bars; i++)
      {
    if (OsMA[i]>=OsMA [i-1] && OsMA[i]>=OsMA [i+1] &&
        OsMA[i]>=OsMA [i+2] && OsMA[i]>positiveSensitivity)
        return(i);
      }
    return (-1);
  }
//+------------------------------------------------------------------+
//|                                                                  |
//+------------------------------------------------------------------+
int GetNegativeRegionStart (int index)
  {
```

```
    for (int i=index+1; i<Bars; i++)
     {
       if (OsMA[i]<=OsMA [i-1] && OsMA[i]<=OsMA [i+1] &&
          OsMA[i]<=OsMA [i+2] && OsMA[i]<negativeSensitivity)
          return(i);
     }
   return (-1);
  }
//+------------------------------------------------------------------+
//|                                                                  |
//+------------------------------------------------------------------+
int GetFirstPeakOrTrough (int index)
  {
    for (int i=index+1; i<Bars; i++)
     {
       if ((OsMA[i]>=OsMA [i-1] && OsMA[i]>=OsMA [i+1] &&
           OsMA[i]>=OsMA [i+2] && OsMA[i]>positiveSensitivity) ||
          (OsMA[i]<=OsMA [i-1] && OsMA[i]<=OsMA [i+1] &&
           OsMA[i]<=OsMA [i+2] && OsMA[i]<negativeSensitivity))
           return(i);
     }
   return (-1);
  }
//+------------------------------------------------------------------+
//|                                                                  |
//+------------------------------------------------------------------+
int GetIndicatorLastPeak (int index)
  {
   int regionStart=GetPositiveRegionStart (index);
```

```
    if (regionStart==-1)
        return (-1);
//----
   int peakShift=0;
   double peakValue=0;
//----
   for (int i=regionStart; i<Bars; i++)
     {
       if (OsMA[i]>peakValue && OsMA[i]>=OsMA [i-1] &&
       OsMA[i]>=OsMA [i+1] && OsMA[i]>=OsMA [i+2] &&
       OsMA[i]>positiveSensitivity)
        {
          peakValue = OsMA[i];
          peakShift = i;
        }
       if (OsMA[i]<0)
         break;
     }
    return (peakShift);
  }
//+------------------------------------------------------------------+
//|                                                                  |
//+------------------------------------------------------------------+
int GetIndicatorLastTrough (int index)
   {
   int regionStart=GetNegativeRegionStart (index);
   if (regionStart==-1)
        return (-1);
//----
```

```
  int troughShift=0;
  double troughValue=0;
//----
  for (int i=regionStart; i<Bars; i++)
    {
      if (OsMA[i]<troughValue && OsMA[i]<=OsMA [i-1] &&
         OsMA[i]<=OsMA [i+1] && OsMA[i]<=OsMA [i+2] &&
         OsMA[i]<negativeSensitivity)
        {
          troughValue=OsMA[i];
          troughShift=i;
        }
      if (OsMA[i]>0)
        break;
    }
  return (troughShift);
 }
//+------------------------------------------------------------------+
//|                                                                  |
//+------------------------------------------------------------------+
void PriceDrawLine (datetime x1, datetime x2, double y1, double y2,
                    color lineColor)
  {
  string label="DivergenceLine#"+DoubleToStr (x1, 0);
  ObjectDelete (label);
  ObjectCreate (label, OBJ_TREND, 0, x1, y1, x2, y2, 0, 0);
  ObjectSet (label, OBJPROP_RAY, 0);
  ObjectSet (label, OBJPROP_COLOR, lineColor);
  }
```

```
//+------------------------------------------------------------------+
// |                                                                  |
//+------------------------------------------------------------------+
void IndicatorDrawLine (datetime x1, datetime x2, double y1, double y2,
                        color lineColor)
  {
   int indicatorWindow=WindowFind ("FX5_Divergence ("+fastEMA+", "+
                                   slowEMA+", "+signal+")");
   if (indicatorWindow<0)
      return;
//----
   string label="DivergenceLine$#"+DoubleToStr (x1, 0);
   ObjectDelete (label);
   ObjectCreate (label, OBJ_TREND, indicatorWindow, x1, y1, x2, y2, 0, 0);
   ObjectSet (label, OBJPROP_RAY, 0);
   ObjectSet (label, OBJPROP_COLOR, lineColor);
  }
//+------------------------------------------------------------------+
```